吕世伦法学论丛

第七卷

法学读本
The Law Reader

吕世伦　著

黑龙江美术出版社
Heilongjiang Fine Arts Publishing House
http://www.hljmscbs.com

图书在版编目（CIP）数据

法学读本 / 吕世伦著 . —— 哈尔滨: 黑龙江美术出版社，
2018.3

（吕世伦法学论丛；第七卷）

ISBN 978-7-5593-2700-0

Ⅰ . ①法… Ⅱ . ①吕… Ⅲ . ①法学—基本知识 Ⅳ . ① D90

中国版本图书馆 CIP 数据核字 (2018) 第 082844 号

法学读本
The Law Reader

著　　者 / 吕世伦
出 品 人 / 金海滨
责任编辑 / 赵立明　王宏超
编辑电话 / （0451）84270530
出版发行 / 黑龙江美术出版社
地　　址 / 哈尔滨市道里区安定街 225 号
邮政编码 / 150016
发行电话 / （0451）84270514
网　　址 / www.hljmscbs.com
经　　销 / 全国新华书店
制　　版 / 黑龙江美术出版社
印　　刷 / 杭州杭新印务有限公司
开　　本 / 710mm×1000mm　1/16
印　　张 / 17.75
版　　次 / 2018 年 4 月第 1 版
印　　次 / 2018 年 5 月第 1 次印刷
书　　号 / ISBN 978-7-5593-2700-0
定　　价 / 116.00 元

本书如发现印装质量问题，请直接与印刷厂联系调换。

探索理论法学之路

（总序）

　　《吕世伦法学论丛》出版了，此亦垂暮之年的一件快事。值此之际，几十年求法问道的点点滴滴，学术历程中的风风雨雨，不免时常浮现脑海，思之有欣慰也有嘘唏。当年如何与法学结缘而迈入法学的门槛，在浩瀚的法学领域中如何倾情于理论法学，理论法学的教学与研究中所经历的诸般坎坷与艰辛，对自己平生言说作文的敝帚自珍之情，如此等等，都时常萦绕心间。借这套书出版的契机，整理一下思绪，回首自己的学术人生，清贫守道，笔砚消磨，个中冷暖甘苦，或可絮叨一二，喟然叹曰："著书撰文求法意，一蓑烟雨任平生。"

一、"我是中国人"的觉醒

　　我的法学之梦是在一种极为特殊情况下形成的。本人出生于甲午战争后被日本军国主义侵占的大连地区。少年时期读过不到两年的私塾，先是接受童蒙类的教育，继而背诵《论语》《唐诗三百首》等。稍长便开始翻看一些信手拈来的古典小说如包公、彭公、施公"三案"书，当代文学小说，"四大才子书"等。尽管很多地方似懂非懂，但读书兴趣愈发深厚，颇有贪婪的劲头。彼时追求的是知识，与政治无关。进小学不久，太平洋战争爆发，学校里不准孩子讲中国话，只许讲日语（叫"国语常用"），否则便会遭受处罚；每周除了上几堂日语会话之外，其余时间便是军训，种地，四处捡废铁、骨头和采野菜，支援"大东亚圣战"。社会上传播的声音，一方面是因不堪忍受横征暴敛、苦工奴役、饥寒交迫、恐怖虐杀而引起的怒吼，另一方面是关内尤其是隔海相望的山东不断流进八路军率领群众抗日壮举之类所引起的欢呼。大连地区迅速变成一座即将爆发的反日火山。我们中间，也与日俱增地盛传鬼子兵必败的消息，背地里玩着诅咒日本的各种游戏。对我来说，这是头脑中第一次萌发反抗外敌压迫的观念。

　　1945 年 8 月 15 日，我的心灵受到从未有过的巨大震撼，因而这一天成为我永生难忘的日子。那天，我亲眼看到的历史性场景是：上午，日本宪兵、警察及汉奸们还在耀武扬威，横行霸道，民众敢怒不敢言地躲避着他们；而正午 12 点，收音机特别是街心的高音喇叭突然播出"裕仁天皇"宣布日本无条件投降的颤抖声音。顷刻间，人们蜂拥而出，塞满街巷，议论着、欢呼着，脸上挂着喜悦、激动的泪花。大连 42 年被殖民地化和民众被"亡国奴"化的耻辱,一洗而净。大约半个小时之后,鼎沸的人群中响起一片"报仇的时候到了""抓狗腿子去"的喊叫声,瞬间大家三五成群地分散奔跑而去。我们几个小朋友也兴冲冲地尾随大人们四处颠簸,眼瞅着一些又一些"狗腿子""巡捕"从各个角落被揪出来示众和推打;一些更胆大的人则手持棍棒,冲进此前唯恐躲避不及的"大衙门"(警察署)和"小衙门"(派出所)拍桌子、缴枪,而这些往日肆无忌惮的豺狼们,则个个瑟瑟发抖,交出武器,蹲在屋角,乞求给一条活命。

"八一五"这天上、下午之间的巨大反差和陡然引爆的空前的中华民族大觉醒,对我有着决定性的影响,就是使我确切知道了自己是一个中国人。追想起来,几世代大连人的命运,是那样难以表达的不幸。从我懂事的时候起,总听到老人们念叨:"这世道,大清国不回来就没个好!"这是由于他们所经历的是大连被沙皇俄国和日本占领,不知道有个"中华民国",也不知道有个大人物孙中山,而一直没有忘记自己生下来就是"大清国"的子民。

行文至此,我不禁忆起1944年冬天遇上的一件事:一天下午,金州城东街一个墙角处,有位衣衫褴褛、踏着露出大脚趾的鞋子的醉汉坐在地上晒太阳。不一会儿,迎面走来个腰挂短刀的日本警察,用大皮靴狠狠地踢他,问"你是什么人?"汉子被惊醒,连忙回答:"我是中国人。"那警察更凶恶地继续踢他,说:"我要踢的就是中国人!"汉子赶快改口说:"我是满洲国人(指伪满人)。"警察也说不对。汉子显得不知如何应答,便冒出一句:"我是日本人。"警察轻蔑地反问:"你够格吗?!"还告诫:"记住,你是洲人。"(当时日本把大连地区叫做其所属的"关东洲"。)"洲人",这个怪诞的称呼,包含多少令人心酸苦楚的蕴意。其时,我脑际里随即浮现一种强烈的感受:做一个中国人,做一个有尊严的中国人是多么艰难,又多么值得珍惜啊!

二、马克思主义的启迪

日本投降之后,大连地区一天之间变成无人管理的"无政府"状态。此时,出现了大多数人以前未曾说过、处于秘密状态的共产党与国民党两股力量的争夺战。街墙上贴满红红绿绿的条幅,红色的歌颂共产党、毛主席、八路军,绿色的歌颂国民党、"蒋总裁"、"中央军"。有识者解释,这叫"标语"。1945年8月22日,在居民的欢迎下,苏联红军进驻大连,社会秩序有了个支撑点。但苏军却并不怎么管事,其欠佳的纪律又造成新的秩序问题。当时,更醒目的现象是,猛烈的意识形态争夺战展开了。一方面,莫斯科国家外文出版局中文版的马列书籍大量输入,而且大都是漂亮的道林纸的精装本,摆满街道,几乎不要用钱购买。其中,我印象最深的有《马克思恩格斯选集》《列宁选集》(上、下集)、斯大林的《列宁主义问题》、《联共(布)党史简明教程》及《1936年苏联宪法》(又称"斯大林宪法")等,还有不少马克思主义经典著作的单行本。继而是刚召开的"七大"文献,如毛泽东的《论联合政府》、刘少奇的《论党》、朱德的《论解放区战场》。另一方面，国民党则以"正统"自居，兜售蒋介石的《中国之命运》和一个日本人写的《伟大的蒋介石》等几本书。当时，我面对这些令人眼花缭乱的各类书籍，感到非常好奇，尽力收集，而且勤奋阅读，细心琢磨。不用说，许多东西看不懂，但慢慢也大概知道什么叫马克思主义、列宁主义、社会主义与共产主义；而毛泽东的著作通俗易懂，讲的又是中国的事，读之更觉亲切。当然，作为一种先进的博大精深的意识形态体系，不会那么容易就能把握，遑论尚处在幼稚时期的人。但我确信它是真理，内心里希望追随它。由于这个缘故，便自觉地按照中共党组织的号召行事。当时主要围绕三个主题进行宣传活动：第一，拥护党组织领导的"人民政府"；第二，中苏友谊，向苏联"老大哥"学习；第三，解放战争的胜利。我还曾参加过金洲皮革厂"职工会"的成立工作，在城墙上刷大标语，在北城郊"山神庙"的外墙壁上办黑板报。1947 年进入中学之后，担任校学生会学习部部长与校通讯组组长，组织各年级喜欢写作与思想进步的同学，以消息报导、文艺小品或散文等形式，给大连地区各报刊撰稿，宣传党的政策。自己先后在《旅大人民日报》《民主青年》杂志及苏军司令部机关刊物《实话报》（即《真理报》的另一种中文译名）和《友谊》杂志等发表数十篇文章。

这一时期，由于读马列书籍引发了对理论的兴趣，我逐渐尝试写点小型评论，如对"生产力要素"的讨论、评维辛斯基联大演讲"原子弹已不再是美国专有的"，等等。使我无法忘记的是，从那时起，我已开始申请加入仍没公开的中共党组织，但因为出身家庭非工人、贫下中农而未遂愿，只能于 1948 年春加入"东北青年联合会"。就读高中期间，作为校党支部培养的"积极分子"，我担任"党的宣传员"，每周六下午到低年级各班讲解政治时事。我继续利用课余时间为报刊撰稿，获得过优秀作品奖。临近毕业，按照组织分配，经过简单的培训，我成为大连中学的一个教师。我讲授的是政治课，主要内容包括介绍毛主席和列宁、斯大林著作里的一些政治观点以及中国人民政治协商会议《共同纲领》。在《共同纲领》的备课与授课中，我认真比照那本一直保留着的《1936年苏联宪法》，这是平生第一次关注到法律问题，并对它产生了兴趣。后来还翻阅过新中国成立初期为数很少的几个立法文件。从此，我对政治理论方面的爱好逐渐同法学理论融汇起来，自此终身行走在这条专业道路上。

三、正式迈入法学之门

1953—1957 年，我在中国人民大学法律系读本科。因为学法律是当初报考的第一志愿，所以学起来很带劲。客观上，这四年恰逢国家处于完成国民经济恢复，转向全面进入社会主义经济建设的新阶段，因而猛烈的政治运动较少，大学生们能安稳地学习专业。通过一批青年老师的热心教学，学生系统掌握到苏联专家传授的苏维埃法学理论；有的老师还尽量做到联系当时中国法律的实际。除了课堂教学以外，还有较长时间到法院、检察院、律师所实习，来应用所学的东西。此间，令学生们获益匪浅的马列主义基础(《联共(布)党史》)、中共党史、哲学、政治经济学这"四大理论"课,对确立与强化未来一代法学家和法律实务家的马克思主义世界观与方法论起到重要作用。确实,离开这种世界观与方法论,很难称之为社会主义国家的法学。我热衷于理论法学的学习与研究,与此有重要联系。

本科毕业后留校任教,我选择了法理专业。十分遗憾的是,恰好从 1957 年起,政治运动浪潮一个又一个地滚滚而来。反右派,高举"三面红旗"(总路线、大跃进、人民公社),反右倾机会主义,"四清",社教,直至十年之久的"无产阶级文化大革命"。显而易见,这一来,留给教师们教学与科研和学生们课业学习的时间,几乎化为乌有了。即令断断续续上一些课,皆是重复政策性的内容而且每门课彼此相差不多,即"党的领导"与"群众路线";对立面便是批判"右派"观点。这种情况同 1958 年中央北戴河会议有很大关系。当时,中央一位领导人说:"什么是法? 党的政策就是法,党的会议就是法,《人民日报》社论就是法。法律不能解决实际问题,不能治党、治军,但党的政策就能解决问题。"另一位领导人补充说:"我们就是要人治,不是什么法治。"接着,各层级的领导干部便迅速传达和贯彻首长讲话的精神。我们教师正是以这种"人治"思想为指导,国家的宪法和为数不多的几部立法也被淡化了。

1958 年开展了"大跃进"运动,法学研究也跟着"大跃进"。法理方面,撰写《论人民民主专政和人民民主法制是社会主义国家的锐利武器》(出版前,作为兼职党总支学术秘书,我建议改为《论人民民主专政和人民民主法制》);刑法方面,撰写《中华人民共和国刑法是无产阶级专政的重要工具》;刑事诉讼法方面,撰写《中华人民共和国司法是人民民主专政的锐利武器》。其中都突出"专政",而社会主义法制如何保障和发扬社会主义民主则没有得到应有的研究与阐发。至于民法和民事诉讼法,因对私有制与私有权利的恐惧,没有出版教科书,也很长时间不开课。司法中的"重刑轻民",在学校中亦有明显的反映。事实证明,用政策替代法律、以"无法无天"的群众政治运动当作治国基本方略、讲专政不讲或少讲民主、重权力轻权利、重刑事法轻民事法,把法律程序说成是"刁难群众"等,皆同人治思想密不可分。

此外,当年还曾出现过的一种情况是,反右派之后,为配合批判资产阶级观点,还搞了一段时间的"教学大检查"。即发动每个学生仔细翻看课堂笔记,查找"错误"观点,然后写大字报贴在学生宿舍楼侧的墙壁上公示。例如,一些大字报认为"人情""爱情"这类字眼是"不健康"的,把自由、平等、人权、人性等词说成是资产阶级或右倾的,甚至个别大字报上说"人民"的提法也"缺乏阶级性"。在这种出口即错、动辄受咎的情况下,教师便难于登讲台;要讲,只能念中央文件和首长讲话。至于撰写文章,更令人不安:多一事莫若少一事,与其挨批判不如落个清闲自在。在国际间法学信息交流方面,新中国成立之后,来自国外的图书资料已基本上见不到,但毕竟尚有苏联的东西可谈。比如,我们能订阅到《苏维埃司法》等杂志。1959 年中苏交恶,读俄文资料的机会也失去了。之后,除需要批判右派言论、右倾机会主义、资产阶级法律思想之外,当然还需要批判苏联修正主义,法学的政治螺丝拧得更紧了。简言之,随着政治运动不断升级,尤其是十年"文革"的暴风骤雨,"知识无用"论、"资产阶级知识分子统治学校"论,以及"四人帮"倡导学生反对教师、"交白卷"等,不一而足。

我之所以回忆这些,不光是表明此二十余年间自己成长的客观环境与条件,更重要的是要总结在这样的环境与条件下自己的法学思维受到哪些影响。从积极方面说,它确实不断地强化我对党的领导、社会主义道路的信念。从消极方面说,主要是"极左"思想的影响。这些在我的讲课和撰写的文章中,都不乏明显的表现。

毛主席从来强调学习马列,在"运动"中尤其如此。学马列很投合我的喜好。在长期坚持翻读马克思主义经典著作的基础上,又加上系统的"四大理论"和国家与法权理论等课程的培养,我在法律系讲坛所授第一课便是"马列法学著作选读",对象包括本科生和研究生班。这些法学著作有:毛泽东《新民主主义论》《论人民民主专政》,马克思、恩格斯《共产党宣言》《法兰西内战》,列宁《国家与革命》等。可以说,我备课认真,讲课严谨。如,为了讲《国家与革命》,除广泛查阅国内资料之外,还看过苏联和日本出版的相关书刊,一般都做笔记或摘要。日本共青团(左派)机关报《青年战士》登载的长篇论文《〈国家与革命〉研究》,我甚至全部译出。凑巧的是,"文革"中人民大学解散,我被分配到北京医学院宣传组,仍然负责学院和各附属医院领导干部(也包括"工宣队""军宣队"负责人)学习马列著作的讲授工作。虽然这个讲授说不清有几多效果,但我本人是负责任的,积累下一大堆资料和手稿。

在法律科学研究方面,我深知一个理论法学教师欠缺扎实的学术功底是难以胜任的。这就需要以多读书、勤思考为依托,并训练撰写论文。1958年,我作为法律系科研秘书,不仅要定期向最高人民法院和司法部报告系内学术动态,还在《法学研究》杂志上发表相关的通讯报道。在1959—1961年三年经济困难期间,党组织要求师生尽量多休息,"保证身体热量",因而"运动"也暂时中止。

新中国成立后,党中央一直强调批判资产阶级法律观。因此,平时我经常考虑,要批判就必须弄清其对象究竟是个什么情形,否则就会陷于尴尬的境地。鉴于此种想法,我便集中力量阅读或复读西方法学名著以及法律思想史类的图书,觉得心得不少,制作了许多卡片,对西方法律思想史滋生了浓厚的兴趣。1963年4月,我在《人民日报》理论版发表《为帝国主义服务的自然法学》,继而在该报内部刊物发表《美国实在主义法学批判》。可以想见,在当时对发表文章存在恐惧心理的法学界,载于中央机关报上的这篇文章不免产生一些震动。自不待言,在那种"极左"大潮下,作者亦备受影响,从两篇文章的题目上就可看得出来。翌年,我又在《人民日报》国际版上发表了一篇关于美国儿童状况的政治短评。"文革"前夕给《光明日报》撰写《读列宁〈国家与革命〉》论文,打过两次清样,报社方面也收到人民大学党委宣传部"同意发表"的回复。但是,"文革"凶潮突然袭来,报社编辑部也被"造反",那篇论文亦不知所踪。此前,我还曾与孙国华教授合作,在《前线》杂志上发表《国家与革命》讲座文章。1958年,《苏维埃司法》杂志刊载《美国人谈美国司法制度》论文,我读完后便顺手翻译出来,并在1959年春《政法译丛》上发表。同年,从苏联归来的朋友送给我一本《苏维埃刑法中的判刑(函授教程)》小册子,以为颇有新意,便翻译出来交人民大学出版社打印。在日文资料方面,除前面提到的研究列宁《国家与革命》的论文外,还翻译过《现代法学批判》一书;该书重点是对西方和日本新兴起的"计量法学"的社会法学思潮的系统评论,国内尚没有介绍过。

四、后半生的理论法学探索

终于熬过漫长的十年"文革",国人无不欢欣。1978年,十一届三中全会提出"改革开放"新政策,使社会主义中国社会、经济、文化和科学焕发勃勃生机,亦为法治建设和法学繁荣创造空前有利的条件。邓小平深刻总结新中国成立以来成功的经验与失误的教训,提出始终以经济建设为中心,实行民主的制度化、法律化,大力建设社会主义法制,提出"有法可依,有法必依,执法必严,违法必究"十六字方针;提出近期需要培养一大批法官、检察官、律师。这就为中国社会主义法学的发展开拓了坦途。我的法学生涯由此而发生巨大的转折与提升。党中央倡导解放思想与实事求是的精神,使我倍加注重独立思考,走学术创新之路,理论思维与方法亦有颇大改变。与此相应,教学与科研的热情与进取心更加高昂。

我开出的课程,先后有:本科的西方法律思想史和全校法学概论,硕士生的法理学、现代西方法哲学、黑格尔法哲学、马列法学原著选读,连续多年为法学院和全校博士生进行法学专题讲座。此外,应邀为中国政法大学前五届研究生和西北政法大学(当时称"西北政法学院")开讲"现代西方法理学"课程;为浙江大学分出来的杭州大学和安徽大学本科讲授西方法律思想史;为国内数十所高校及日本一桥大学、关东学院大学、山梨学院大学、立命馆大学等做过法学专题演讲。在吉隆坡,同马来西亚下议院副议长和前财长进行中国法学问题的交流。

近四十年来,在报刊发表法学论文300余篇。与授课情况相一致,科学研究的主题集中于三个方向,即:理论法学①、西方法律思想史与现代西方法哲学、马克思主义法律思想史。

(一)发表的主要论文

(1)理论法学的论文。第一,法的一般理论,其中除纯粹法理学②之外,还有法哲学、法社会学、法经济学、法政治学、法伦理学、法文化学、法人类学、法美学等边缘性诸

---

① 理论法学包括法的一般理论和法史学两大部分。但是,法史学内容广泛,涉及古今中外,故应把它从理论法学中分别开来,独成体系。
② 纯粹法理学指专门研究法律概念与规范的学科,也有西方学者称之为"法教义学"。

学科。在法学的这些学科领域中,发表的论文多寡不一,有的学科极少涉及。第二,在研写论文的过程中,每每重视紧密联系中国特色社会主义理论与国家建设,尤其法治建设的论文。其内容包括普法评论,党的政策与法,社会主义民主与法治,人治与法治(大辩论),法治与德治,人权问题,当代中国社会性质(社会主义社会还是契约社会),社会主义市场经济的法律精神,依法治国基本方略,根本法·市民法·公民法·社会法,以人为本的法体系,从法视角研究市民社会的思维进路,和谐社会与法,法治思维与法治方式,社会主义政治的制度化、规范化、程序化,法学的基本范畴(权利与权力、权利与义务、职权与职责),社会主义司法制度,廉政建设,国家主义与自由主义法律观评析,公平与正义,中国先贤治国理政的智慧等。

(2)有关西方法律思想史与西方法学家的论文。第一,对西方法学思潮研究的论文,涉及自然法学、人文主义法学、分析实证主义法学、社会学法学、历史法学、存在主义法学、行为主义法学、经济分析法学、功利法学、德国古典法哲学、新康德主义法学、新黑格尔主义法学、符号学法学、美国现实主义法学、斯堪的纳维亚现实主义法学、后现代法学、女权主义法学、种族批判法学等。第二,对西方著名法学家的研究论文,包括托马斯·阿奎那、孟德斯鸠、卢梭、斯密、休谟、康德、黑格尔、费希特、彼得拉任斯基、杜尔克姆、赫克、马里旦、德沃金、拉德布鲁赫、布莱克等。第三,对西方政治法律制度的评论,包括政党政治、三权分立、选举制度、司法制度及现代西方主要政治思潮。

(3)马克思主义法律思想史和马克思主义经典著作的研究论文。第一,马克思、恩格斯法律思想研究,其中包括:马克思、恩格斯法律思想史教学大纲,马克思、恩格斯法律思想的历史轨迹,马克思主义与卢梭,马克思主义法哲学论纲,《黑格尔法哲学批判》中的法律思想,《德意志意识形态》中的法律思想,《共产党宣言》中的法律思想,《资本论》及其创作中的法律思想,《路易·波拿巴的雾月十八日》中的法律思想,《反杜林论》中的法律思想,《家庭、私有制与国家的起源》中的法律思想,恩格斯晚年历史唯物主义通信中的法律思想。第二,列宁法律思想研究,其中包括:列宁法律思想史的历史分期,列宁社会主义法制建设理论与实践,《国家与革命》中的法律思想,列宁民主法治思想。第三,毛泽东、邓小平法律思想研究,其中包括:毛泽东民主、法制思想研究,毛泽东湖南农民运动时期的法律思想,邓小平中国特色社会主义法律理论解读,邓小平民主法制思想解读,邓小平民主法治思想的形成与发展。

(二)出版的法学著作

自人大复校以来,出版法学专著40余部,其中不含主编的"西方法学流派与思潮研究"丛书(23册)、"西方著名法哲学家"丛书(已出20册)。

(1)理论法学著作。包括:《法理的积淀与变迁》、《法理念探索》、《理论法学经纬》、《社会、国家与法的当代中国语境》、《当代法的精神》、《法学读本》、《以人为本与社会主义法治》(司法部法学理论重点项目)、《法的真善美——法美学初探》(国家社科基金项目)、《法哲学论》(教育部人文基金项目)等。

（2）马克思主义法律思想史著作。包括：《马克思恩格斯法律思想史》（初版与二版，国家第一批博士点项目）、《列宁法律思想史》（国家社科基金项目）、《毛泽东邓小平法律思想史》、《马列法学原著选读教程》等。

（3）西方法律思想史著作。包括：《西方政治法律思想史》（教程）、《西方政治法律思想史增订版》（上、下）、《西方法律思潮源流论》（初版与二版）、《西方法律思想史论》、《黑格尔法律思想研究》、《现代西方法学流派》（上、下）、《当代西方理论法学研究》等。

（三）论著的意义与创新

尽管我在学术上执拗地努力，并出版了若干本著作和发表了一批论文，但表达的多属平庸之言。然而近几年来，经常有人尤其学生，非让我谈"学术成就"。每逢这种情况，我总是闻而生畏，设法回避，但有时又不允许我闭口不说。在这里，就把我考虑过的和别人概括的看法略示如下，就算是对自身的一点安慰吧。

（1）马克思主义法律思想史"三部曲"，是国内率先出版的著作①。该书的策划、研写和出版的过程，长达30余年之久。作者们埋头于马克思主义经典作家们浩瀚的书海中，竭尽全力进行探索才得以成书；每出一本著作皆需耗时数年。其中《马克思恩格斯法律思想史》（一版）在市场上销售告罄之后，又忙于出修订版（二版），也很快售完。直至近几年，仍陆续有人向出版社或主编索取该书。可以看出，它是备受欢迎的。当然，"三部曲"的主要意义并非在于其出版早的时间性，而在于能够帮助读者特别是从事法学研究的读者系统地了解马克思主义经典作家们有关法学的基本观点与其发展的历史脉络，并以之作为思考法律现象和问题的指导思想。平素间，亦可作为阅读或查阅马克思主义法学经典著作的得力的工具书。

（2）我在研究西方法律思想史的历程中，一个新的起点便是与谷春德教授一起编写的《西方政治法律思想史（上、下）》的教程。这是高等学校恢复招生之后面世的国内第一部西方政治法律思想史教程，因而产生了广泛的影响力。此后，我主持编写了关于西方法律思想源流、现代西方法学流派、现代西方理论法学和两套"丛书"，以及与此相应的一批论文。这些著作与论文，有些属于论述性的，有些属于评介性的。对于读者来说，或者用于教材，或者作为理论观点的参考，或者当成资料，都有一定的意义。

在这些著作中，需要专门说一下《黑格尔法律思想研究》，它开创了国内研究黑格尔哲学之先河。我国黑格尔研究泰斗贺麟先生在《光明日报》上发表的书评里写道，"熔哲学与法学于一炉，可以说填补了黑格尔研究的一个空白"。

《法的真善美——法美学初探》，是我用三年时间同博士生邓少岭探讨国内外少的问题，遑论法美学学科。此间，我们发表多篇相关的学术论文，并在这个

① 14年11月公丕祥、龚廷泰二位教授主编的《马克思主义法律思想通史》四卷本已出版，该书更为详尽与深刻。

基础上凝结成一部专著。它获得学界的赞许,还获得司法部的奖励。

（4）《法哲学论》。参与写作者有文正邦教授及张钢成、李瑞强、吕景胜、曹茂君等博士,亦系国内头一部系统阐发法哲学的作品。全书分为本体论、法价值论和法学方法论三部分,有青年学者对此研究分类持不同意见,这是令我高兴的好事。从总体上说,该书自成一体,有独立见解,而且引用率较高。

（5）论著中的主要创新观点。

第一,关于民主、法治问题。在法治与人治的大辩论中,我与合作者发表《论"人治"与"法治"》一文,力主法治,并有说服力地解释了"人治论"和"人治法治综合论"的偏颇。《人民日报》以"不给人治留有地盘"为题,转载了论文中的基本观点。在民主问题的讨论中,我率先提出政体意义上的民主和国体意义上的民主的区别,指出前者属于形式民主或程序民主,后者属于实质民主或实体民主,该观点得到普遍的认同。

第二,从法的视角阐发社会主义社会与市民社会的关系。我在《市场经济条件下的社会是怎样的社会》《"从身份到契约"的法学思考》《市民法·公民法·社会法》《"以人为本"的法体系》①等论文中指出:在现今的我国社会,社会主义属性是本体性的,而市民社会是从属性的;社会主义社会是"有契约的社会",而非等同于西方19世纪的"市民社会"或"契约社会"。

第三,批判国家主义与自由主义的法律观。我认为,马克思主义法律观是通过批判这两种法律观,或者说通过这两条战线的斗争而形成的。沿着这样的思考,对西方的政党政治、三权分立、选举制度进行批判性研究的同时,也对国家主义进行系统的探索,揭示了国家主义法律观的几个基本特征,即"重国家、轻社会,重权力、轻权利,重人治、轻法治,重集权、轻分权,重集体、轻个体,重实体、轻程序"。无疑,这种理论探索对我国民主与法治建设是有重要意义的。

第四,人权观点。从20世纪90年代初我国正式宣布"人权保障"伊始,便流行"主权是人权的前提和基础"的命题,而且把它当作不容争辩的真理。我在仔细考察马克思、恩格斯和列宁的人权思想之后,辩证地分析该命题。在《人权研究的新进展》论文中,我指出:从国家主权对国内人权的管辖、反对西方国家人权话语霸权和保护国家主权的独立性而言,这个命题是可取的。不过,从权力（主权）与权利（人权）二者基本关系方面来说,这个命题则是不正确的、不可取的。因为,在民主国家尤其社会主义国家奉行"人民主权"论,权力（主权）来自权利主体的人民并且是以服务人民权利为目的的,即通常所说的"人民当家作主"。所以,权利应当是权力的前提和基础。文中所讲的结论和基本论据均出自马克思主义经典作家的指教,是经过历史实践验证过的真理。这种论述尽管引起一阵"风波",但最终还是被广泛地默认,以至于很少有人再提

---

① 后三篇论文系与任岳鹏博士合写。

起那个命题了。后来,我又发表《权利与权力关系研究》①一文,进一步强化前述观点,具有很强的说服力与启发性。

于今,我已是80岁的老迈之人。回顾过往时日,自知碌碌无功,但却没有枉费宝贵的光阴。时至今日,倍感欣慰者有二:一是,目睹一茬又一茬学士、硕士、博士学成离开,并各有所长、各有作为,在各个岗位上为中华民族伟大复兴的梦想而奉献力量。二是,眼下幸运地逢到一个机会,将自己一生在理论法学方面的重要论著(其中许多得益于合作者的启发与帮助)予以系统整理和付梓。这是对个人学术经历的一个回顾,也希望可以得到更多的批评和指教。

在此选集的策划出版过程中,史彤彪、吕景胜、冯玉军、李瑞强、任岳鹏等多位教授与博士以及北京仁人德赛律师事务所负责人李法宝律师,对拙作的出版事宜先后予以大力的支持和帮助。拙作的出版资助款来自一直关心我的学生和学友以及南京师范大学法学院、南京审计学院法学院。我的2000级学生王佩芬为拙作出版的各项繁杂工作,陆续付出一年有余的心力和辛苦。这里,对于前列的相关人士与单位,一并表示深深的感谢,并铭记于怀。

吕世伦
2018 年 5 月

---

① 与宋光明博士合写。

第七卷出版说明

本书是 20 世纪 80 年代全民普法高潮中撰写的综合性的高等法学教材，为一些高校和部队干部、机关干部所采用，销量颇大。书中对法的一般理论、国内各部门法学和国际法学进行了清晰扼要的概括，效果良好。

本书原由南开大学出版社出版于 1987 年 7 月。本次编集，在原版的基础上稍作订正，并依照选集体例对本书结构略作调整。

编 者

2018 年 5 月

前　言

《法学读本》是一部综合性的高等法学教材。这本书是为讲授基础法学,以及有志于通过自学而进入法律工作者行列和希望获得一些较系统的法学知识的同志们编写的。

在这里,我想与读者们谈一谈有关法学和法律专业学习的几个重要问题,并期望同大家共勉。

(一)

在人类文明社会的历史上,法律一直充当统治阶级"经天纬地"和制约人们行为的重要准则。这一点早为人们所洞悉,因而力图把对于法和法律现象的认识提到科学的高度予以研究。我们的祖先早在春秋战国时代,就已着手建立比较完整的法律体系。在欧洲最早的大学里,法律也是设置最早的一门学科。

法律科学是人类智慧的结晶,这个领域曾涌现出许多杰出的天才。无产阶级的伟大革命导师马克思和列宁都毕业于大学法律系,并且正是他们,批判地借鉴前人的成果,创建了全新的马克思主义法律科学。

半个多世纪以来的无产阶级专政的历史经验充分证明,唯有坚实地掌握马克思主义法律科学,才能搞好社会主义法制建设。基于这一点,毛泽东同志在50年代就郑重地向全党和全国广大干部提出"要学点法学",这是完全正确的。不幸的是,由于法律虚无主义思潮的干扰,这一号召付之流水。只是在党的十一届三中全会路线的指引下,随着现代化建设高潮的兴起,我国社会主义法制建设才打开一个新局面,法律在各方面发挥着日益强大的威力。与此相适应,我国法律研究和法律教育工作也开始取得长足进展。

新形势召唤着越来越多的有志于"四化"建设的人们,特别是青年人,投身到法律科学的学习和研究的行列中来。

(二)

法学,归根到底是以法和法律现象为对象的,它的意义也要通过法律本身的意义来说明。因此，在学习法学之前，人们有必要对于什么是法以及我国社会主义法有什么意义之类的问题有一个大概的了解。

关于法的概念，我们的祖先在几千年之前就从理论上进行过一系列的有成效的探讨。仅以"法"这个方块字而言，其中就包含着对法概念的古老见解。"法"字的左边是个"水"，表示水平、公平、标准的意思，就是说，法是衡量人们行为的规则。那么，这个行为规则由谁制定和靠什么保证呢？法字右边的"去"字作了回答。"去"就是刑罚的刑字，表示国家的强制力量，意即，法这种行为规则同道德、风俗习惯及宗教等规则不同，它是由国家制定、依靠国家强制力保证实施的，显而易见，"法"字表达的法概念有相当的道理，不过它还不全面，特别是没有清楚地揭示出法的本质。唯有马克思主义才能提出关于法这一概念的科学见解。在马克思主义看来，法是一定社会经济基础的上层建筑，在阶级社会中，它是作为统治阶级意志集中表现的国家意识形态。它是由国家制定，靠国家强制力保证实施，调整有利于统治阶级的社会关系和社会秩序的行为规则的总和。这个法（律）的一般概念，对于社会主义法，也大抵是适合的。

那么，以现今的情况来说，我国社会主义法，其主要意义何在？

社会主义法维护社会主义民主。这也就是中央提出的"社会主义民主的建设必须同社会主义法制的建设紧密结合起来，使社会主义民主制度化、法律化"。社会主义民主标志着我们国家的根本性质，说明它是全体人民当家作主的国家。为了确保国家的这种根本性质，为了保障人民广泛的民主、自由权利，就需要用集中体现人民意志的法将其规定下来，使之成为神圣不可侵犯的准则。从前，由于我国法制不健全，也由于人们法制观念薄弱，不仅在十年内乱中，就是在平时正常情况下，违反社会主义民主和侵犯人民民主、自由权利的事情也是时有发生的。由于没有刑法和刑事诉讼法，审讯、定罪、判刑和刑罚的执行都失去根据，这样就难免任意为之。特别在"四人帮"统治时期造成大批冤、假、错案。不能否认，"文革"的狂热同人们的法制观念薄弱有关。

社会主义法打击犯罪行为，对人民的敌人实行专政。新中国成立初期，我们的法在同阶级敌人的破坏、捣乱行为作斗争中曾经发挥了强大的威力，有效地保卫了社会主义革命和建设事业的顺利进行，形成了极其良好的社会秩序，在世界树立了很高的形象。但是，后来由于林彪、江青反革命集团作孽，使我国的法制出现大倒退，无法无天代替了法，社会道德水平下降，到处一片混乱。这种祸害的流毒影响，至今尚未彻底清除。国内和国外的敌人，当然会钻这个空子，企图摧垮四化建设的伟大事业。一小撮社会渣滓和剥削阶级的残余力量，包括反革命分子，严重的经济犯罪分子，杀人、抢劫、强奸、放火、爆炸等形形色色的严重刑事犯罪分子，也会利用这些流毒兴风作浪。党的十一届三中全会以来，国家为清除这一批社会垃圾，积极地采取了一系列的法律措施，取得了显著效果，深为人民所拥护。这都是国家充分运用法律手段的结果。

社会主义法律为国家的社会主义现代化建设服务。现代化建设必须遵循客观规律才能成功。而社会主义法律，正是将对于客观规律的认识上升为明确、系统和定型的行为规则,以便整个社会一体遵行。否则,便会出乱子。社会主义现代化建设是绝对离不开法律手段的。以经济管理而言,它需要行政手段、经济手段和法律手段,但最终体现为法律手段。比如,我国的五年建设计划和年度建设计划,一经全国人民代表大会通过,就是法律。我国当前正在进行的经济体制改革也是这样。《中共中央关于经济体制改革的决定》中强调:"经济体制的改革和国民经济的发展,使越来越多的经济关系和经济活动准则需要用法律形式固定下来。国家立法机关要加快经济立法,法院要加强经济案件的审判工作,检察院要加强对经济犯罪行为的检察工作,司法部门要积极为经济建设提供法律服务。"这个指示是非常正确和适时的。但是,这方面的任务也是艰巨的。仅以经济立法来说,有许多方面如财政法、劳动法、土地法、合作社法、城乡农工联合体法、个体经营法、能源法、交通法、种子法、计划生育法、科学技术法、教育法、出版法等,有的很不完善,有的基本上是空白,更无须说具体实施细则了。

社会主义还要越来越多地调整各种涉外关系,以维护我国的利益。在这方面,除了一般的外交事宜以外,在经济的、民事的领域也需要法律手段。如,处理外贸关系,中外合资经营,以及涉外的继承、婚姻等问题都要依靠法律来解决。

(三)

应当明确,学习法学,不是感性地、直观地学习法律文件和记录法律现象,而是把它作为一种科学,加以系统地学习和研究。为此,在学习这门学问之先,也应当进一步明确法律科学包括哪些内容。

法律科学是一个严整的而且比较庞大的学问体系,它大体上由以下几个部分所组成。

第一,理论法学。其中包括:①法的一般理论。我国现在较为流行的提法是"法学基础理论";在西方,英美国家称"法理学",欧洲大陆国家称"法哲学"。②法史学。它包括中国法制史和外国法制史,中国法律思想史和外国法律思想史(大多讲授西方法律思想史)。③法社会学。研究法律与社会的关系及法律的社会意义,特别是探索在社会生活中实际起作用的法律即所谓"活的法"。④比较法学。就是对不同国家的法律体系、法律制度和法律部门进行对比研究的科学。比较法学主要是一种法学方法论的科学。

第二,应用法学。其中包括:①法政策学,也叫立法学。②法解释学,也叫法适用学。

第三,部门法学。这是根据我国实际存在的法律部门来划分的,主要有宪法学、行政法学、财政法学、民法学、经济法学、劳动法学、婚姻法学、刑法学、诉讼法学(刑事诉讼法学和民事诉讼法学),等等。每个部门法学大都有自己的分支,如刑法学之下有犯罪社会学、犯罪心理学、劳动改造学……

第四，国际法学。其中包括国际公法学、国际私法学、国际经济法学等。

第五，法律技术科学。其中有刑事侦查学、法医学、司法精神病学、司法会计学、司法统计学、司法文书学、法律逻辑学等。随着现代科学的发展，对于法律技术科学的要求也越来越高了。

第六，同法律科学紧密相关的其他科学。如政治学、国际关系学、外交关系史学等。

经过新中国成立以来三十多年的努力，我国法律科学的门类大抵是齐全的，这是一个很大的成就。但是，就目前情况来看，我国法律科学的研究和法律学科的建设是比较落后的，存在很多问题，至少可以指出下列各点：①沿袭苏联和欧美的老东西多，而总结具有我国自己特色的东西少。②知识老化。当今世界上法律研究的新成果很多，但我们没有去批判地借鉴和汲取，有的甚至闭塞到基本上不知道的程度。③对于已有的法学部门，有的刚刚动手搞（如经济法学、犯罪学），有的仅寥寥几个人在搞（如比较法学）。④多年的问题，至今无法解决。如法、法权和法律之争，法制含义之争，法律与政策关系之争，法律社会性和阶级性之争，法治、人治之争，国际法阶级性之争。⑤法律技术科学的情况则更差。法律科学的这些问题必然给我国的立法工作、司法工作及整个法制建设造成很大困难。

弥补我国法律科学的缺陷，需要一代又一代人的努力，这是一项非常光荣的任务。

（四）

高等法律专业教育的目的，在于为国家培养和造就法制建设人才、法律科学的研究和教育人才。

邓小平同志指出："现在我们能担任司法工作的干部，包括法官、律师、审判官、检察官、专业警察，起码缺一百万。可以当律师的，当法官的，学过法律、懂得法律，而且执法公正，品德合格的专业干部很少。"①

既然法律专业与法律科学不能分离开来，那么不懂得法律科学或者缺乏足够的法律科学修养的人，是难以搞好法律工作的。

长期以来，由于法律虚无主义作怪，国家的法制委员会、检察、内政、律师组织、司法行政、公证、仲裁等机构，法律科学的研究和教育机构，都遭到不应有的削减或撤销，法律人才奇缺。其中包括法学教师，法学研究人员，立法人才，公安、检察和审判人才，律师和法律顾问人才，法律技术人才，等等。这是极不正常的现象。

为解决这种燃眉之急，中央下了很大的决心，要求恢复"文革"前的所有法律专业院系，并要求有条件的综合大学开办法律系。这一决策收到了明显效果。目前，综合

① 《邓小平文选》第2卷，第277页。

大学的法律系已近四十个,综合性的和专科性的法律院校,其他有条件的院校(如师范院校、民族学院等)也多设置法律专业。除此而外,还有大量的地方上兴办的和业余的大专水平的法律教育机构,尤其是自学法学的人,与日俱增,蔚然成风,一批批法律专业人才从四面八方涌现出来。我国法律教育生机盎然的大好局面的形成,标志社会主义法制建设高潮的兴起。

目 录 CONTENTS

第一部分 法理学

第二部分 国内部门法学

第三部分　国际法学

第一部分

法 理 学

第一章 法的概念

第一节 法的定义

什么是法？法可以简要定义如下：在有阶级存在的社会中，法是奉为或上升为法律的统治阶级的意志，即国家意志，它是由国家制定或认可的、依靠国家强制力保证实施的行为规则的总和，目的在于确认、保护和发展对统治阶级有利的社会关系和社会秩序，为社会经济基础服务。

这个法的定义，系统地表达了法的本质和特征。

一、法是奉为法律的统治阶级意志，即国家意志

马克思、恩格斯合写的《共产党宣言》中，在分析资产阶级意识形态时，指出："你们的观念本身是资产阶级的生产关系和所有制关系的产物，正象你们的法不过是被奉为法律的你们这个阶级的意志一样，而这种意志的内容是由你们这个阶级的物质生活条件来决定的。"①无疑，这段话是直接揭示资产阶级法的本质和基本特征的。但是，它对于我们认识法的一般本质和特征，也具有普遍性的指导意义。

法是在经济上、政治上居于统治地位的那个阶级意志的体现，也就是统治阶级意志的体现。所谓统治阶级意志，指的是统治阶级的整体意志或共同意志，反映统治阶级的共同愿望和要求，而不是统治阶级中某一部分或集团的意志，更不是个别人的意志。在历史上，经常可以看到统治阶级的某个集团或个别权威人物对国家的法有巨大的影响，甚至他们的言论具有直接的法律效力。实际上，这并不排斥法归根结底还是反映统治阶级共同意志的本质属性。因为，在一般情况下，这样的集团或个人本身就是统治阶级共同意志的产物，即统治阶级共同意志的代表者，否则，他们迟早要被统治阶级所罢黜，而推出新的合乎其需要的人物。

法反映统治阶级的意志，排斥被统治阶级的意志。我们这样讲，并不意味着被统治阶级的意志对于统治阶级的法没有任何影响。在西方，特别是当代资产阶级法律中，常常可以看到一些关于社会福利，某些民主、自由权利等反映劳动人民要求的条

---

① 《马克思恩格斯全集》第 1 卷，第 268 页。

款。应当怎样理解这种现象呢？应当把这视为资产阶级的一种统治策略。资产阶级为了确保自己的统治，通常总是在维护其基本阶级利益（财产和政权）的前提下，在一些法律条文里，一方面照顾一下它的同盟者或者它试图争取的同盟者的部分利益，另一方面还要敷衍一下它的敌人即劳动人民。这一切，归根到底，取决于实际的社会阶级力量的对比状况，尤其取决于劳动人民开展斗争的状况。资产阶级是个极端贪婪的阶级，它决不会自愿地、主动地向劳动人民作出让步。究竟要不要让步以及作出多大的让步，就在于劳动人民进行斗争的程度和垄断资产阶级生产经营上的需要。前面说到的反映劳动人民要求的那些法律条款，正是劳动人民斗争的成果，而不是资产阶级的恩赐。重要的是，应当知道，既然这些法律规定是资产阶级为了维护自己根本利益所采取的，当然就反映它的意志，而不反映劳动人民的意志。对于劳动人民来说，这些法律条款或者是流于形式的东西，或者仅仅提供了一点使他们得以生存的、极其有限的条件。真正反映劳动人民意志的法律，只能是劳动人民自己制定的法律，即社会主义的法律。

说到法的意志性问题时，还应当进一步懂得，这种意志不是统治阶级的随便什么意志，它仅仅是"被奉为法律的"统治阶级意志，或者借助国家政权来表达的统治阶级意志，用拟人化的说法就叫作"国家意志"。列宁指出："意志如果是国家的，就应该表现为政权机关制定的法律，否则'意志'这两个字只是毫无意义的空气震动而已。"①唯有认识到法是国家意志，才能把握法的特性。因为，统治阶级意志的表现范围十分广泛，如国家、政府、军队、方针政策、伦理道德、风俗习惯、宗教信仰、理论观点等等，但后面这一切都不是法，即都没有上升为国家意志。

当然，如果更细致地理解，国家意志这个概念比法的概念的范围要大。因为，国家意志不全是法，如国家在个别性问题上所作的指示或决定以及具体的活动就不能说成是法，只有当国家意志采取普遍的或一般的行为规则的形式时才是法。

二、法是由国家制定或认可，并依靠国家强制力保证实施

法作为一种国家意志，主要表现在两个方面。

（1）法是由国家制定或认可的。法是由许许多多的法律规范所构成的，它们都是分别地由不同的国家机关，按照严格的法定权限和程序制定出来的。除了制定以外，国家还可以认可已经存在的一些社会规范（如风俗习惯、宗教信条等）具有法律效力，在这种情况下，这些社会规范也就上升为法律规范，即成了法。

在一切社会行为规范中，只有法这种规范才是由国家制定出来的，只有法才强制地要求全体社会成员一体遵行。

———————————

① 《列宁全集》第25卷，第75页。

（2）法是依靠国家强制力保证实施的。列宁说："如果没有一个能够迫使人们遵守法规的机关，权利也就等于零。"①这里所说的权利的概念，就是法的概念。

法是必须遵守的，但它不会自动地被社会一体遵守。被统治阶级把它视作自己身上的枷锁，而不愿遵守，并想要破坏它。统治阶级内部亦不免常常会有人破坏它。为此，要保证法的实施，就必须有强制力作后盾。这种强制力不是别的，正是国家权力（军队、警察、法庭、监狱等）本身。它表现在，当有人不执行法律规定时，国家就给予惩罚。当然，在不同类型的国家，法对于统治阶级内部的强制和对于被统治阶级的强制，有本质的区别，但任何法都具有国家强制性这一点，却是共同的。

三、法是特殊的社会规范

人们要在社会中从事生产和生活，必须有一定的行为规则或规范作指导，不能随心所欲。这些行为规范，可分为两类：一类是社会性规范，它调整人和人之间的相互关系，即社会关系；一类是技术性规范，它调整人和自然的关系，即规定人们如何运用自然界规律、运用劳动工具等的规则。

法是社会规范的一种。社会规范不限于法律规范，此外还有道德规范、宗教规范、习惯规范以及各种社会团体的规范，等等，它们都是调整人们之间相互关系的准则。而法律规范同其他社会规范是有区别的，它是一种特殊的社会规范。这种特殊性在于：①法是国家制定或认可的。②法是由国家强制力保证实施的。一切社会规范都有强制性，如道德规范由良心和社会舆论的强制作保证；宗教规范对于教德的强制力，表现在所谓神的惩戒和教会组织的惩罚；社会团体的规章，对其所属成员也有强制力。但这些强制，既不是国家的强制，也不由国家强制力保证执行。③法具有普遍的效力。法必须得到社会全体的遵守，而其他社会规范往往有一定范围的中制。即使像道德这样比较广泛的社会规范，在不同的阶级和阶层中间，在不同的地区，就会产生有效、无效以及效力大小的差别。

其次，关于技术规范。技术规范不同于社会规范，它受自然规律的制约，本身同人们的主观意志，包括国家意志无关，因而谈不到什么阶级性。如果硬说技术规范本身有阶级性或意志性，那无异于滥用阶级观点。但是，我们要知道，在阶级社会中，人们同自然的斗争是在一定的生产关系中进行的，因而这种斗争的成败便与统治阶级有直接的利害关系。由于这个原因，统治阶级必然要重视运用法律手段来调整人同自然的关系以及在同自然作斗争中的人与人的关系，这一点，在现代，尤其第二次世界大战以后，是非常突出的。例如，工业生产中的管理规程和技术操作规程，开发和保护自然资源的资源法、森林法、草原法、土地法，发展农业的种子法，交通管理法等等，其中就包

---

① 《列宁全集》第25卷，第485页。

含大量的技术性规范。这些由国家规定的技术性规范,实际上被纳入国家法的体系而成为其一部分,即成为法律技术规范,以便为统治阶级的整体事业服务。这样,遵守这些技术规范便成了人们的法律义务,违反了它们便要承担法律责任。

四、法的目的是确认、保护、发展有利于统治阶级的社会关系和社会秩序,为社会经济基础服务

统治阶级不是把法本身当作目的,而是把它当作达到一定目的的手段。这一定的目的是什么?就是要确认、保护和发展有利于统治阶级的社会关系和社会秩序。建立和巩固这种社会关系和社会秩序的办法,是用法律规范来设定人们在各种具体社会关系中的地位,也就是设定权利和义务关系。比如,在政治生活中,要服从国家的管理;在经济生活中,要维护社会主义所有制关系,合同(契约)中的双方当事人遵守自愿、等价、有偿等项原则;在家庭关系中,夫妻之间互敬互爱、互助合作,父母与子女间有相互扶养的义务等等。于是,人和人的关系都被控制在法律的轨道之内,社会就有了"秩序"。这种观点,战国时代的法家人物商鞅早已经提到了。在他看来,法的基本作用就在于"定分止争"。"定分",是确定人们在各种社会关系中的地位或权利、义务,即名分;"止争",是指只有定分了才可止邪分争,建立起秩序。这种论述是颇有道理的。

总起来说,统治阶级借助法律手段确立起有利于自己的社会关系和社会秩序,归根到底是要为这个社会的经济基础服务的。法是经济基础的上层建筑,由经济基础或统治阶级的物质生活条件所决定,一定的经济基础产生了相应的法,反过来又要求法为自己服务,这也就是为统治阶级赖以生存的物质生活条件的建立、巩固和发展服务,这一点是法的本质和作用的集中表现,也是评价一定社会和一定历史时期的法是进步的、落后的或反动的一个最主要的根据。

第二节 法与其他社会规范

为了深入地弄清法的概念和解决什么是法的问题,需要懂得法与经济基础的关系,需要懂得法与其他上层建筑现象(如国家、政治、政党、宗教等)的关系,其中也包括懂得法与其他社会规范的关系。在本节中,仅就法与道德的关系以及社会主义法与共产党的政策的关系作一论述。

一、法与道德

道德,是人们关于善与恶、正义与非正义、荣誉与羞耻等等的观念和行为规范的体系。它是依靠社会舆论的力量和人的内心信念来维护的。

道德是社会上层建筑物。在阶级社会中,道德具有鲜明的阶级性。每个阶级都有自己的道德体系,从这个意义上说,超阶级的道德是不存在的。在一个特定的社会里,占据统治地位的道德必然是统治阶级的道德。

由于法与统治阶级道德之间在根本的社会性质和阶级性质方面是完全一致的,这就决定了它们必然要相互配合、相互补充,它们都是统治阶级维护统治的手段。两千余年前孔子及其弟子们就曾提出过诸如"德主刑辅""德威兼施"之类的统治术。应当说,他们相当尖锐地意识到法与道德之间的密切联系,意识到二者对于统治阶级都是不可缺少的东西。如果把法与统治阶级的道德的相互关系分别地加以说明,那便是:一方面,法积极地保护统治阶级的道德,向全社会渗透统治阶级的道德,树立其权威性,甚至不断地通过国家政权把这种道德规范奉为法律规范加以强制推行。另一方面,统治阶级道德则积极替法作论证,以潜移默化的力量来引导人们去遵守法。事实上,几乎每条法律规范都有统治阶级的道德作根据。因此,在人们中间大力灌输统治阶级道德观念,对于维护法和法制必然具有重大意义。

尽管如此,法和道德(统治阶级的道德)毕竟有区别:

(1)从存在的时间上说,法仅是阶级社会中特有的现象;道德则是自始至终同人类社会共存的。

(2)从调整范围上说,道德调整的领域比法调整的领域要宽阔得多。凡是法所禁止的行为,必然同时是统治阶级的共同道德所不容的;但是,道德所谴责的行为,并非都是法律能明文加以禁止的。二者必须有严格的界限,否则会导致任意扩大违法的范围,破坏法制。

(3)从实施的方法上说,法是依靠国家强制力保证的;道德则是依靠舆论和良心保证的。

(4)从表现形式上说,法基本上是借助国家机关的规范性文件来表达;而道德规范基本上是存在于社会风俗习惯和人们的观念之中,并没有确定的形式。

(5)从体系上说,在阶级社会中,一个国家法的体系只有一个,即一元的;而每个阶级均有自己的道德体系,即多元的。

(6)从法与社会各阶级的道德之间的关系上说,法与统治阶级道德相一致;而被统治阶级的道德则与法相对抗。

我们所谈的法与道德关系的这些基本原理,一般地又适合于社会主义法与共产主义道德之间的关系。

二、社会主义法与共产党的政策

在社会主义国家,党的政策和法是联系得最紧密的两种社会现象。党的政策和法的关系说到底,就是党和国家的关系,即党政关系。党和国家的关系应当怎样,政策和法的关系就应当怎样。

（一）党的政策是法的指导

共产党是我们国家的领导核心。而这种领导,最为重要的恰恰是路线、方针、政策的领导。党的政策是以马列主义、毛泽东思想作指导,根据社会发展规律,适应革命和建设形势的需要,在总结人民群众实践经验的基础上提出和制定的,它集中反映我国社会历史发展的客观要求,集中代表人民的利益和意志。因此,党的政策就成为国家一切行动的出发点和归宿。当然,法律也不能例外。

所谓党的政策是法的指导,其含义无非就是说政策决定法的性质、内容和发展方向。具体些讲:

(1)我国的法是根据党的政策制定的,是政策的条文化、具体化。从这个意义上说,法的实质就是政策。列宁指出:"法律是一种政治措施,是一种政策。"①其含义就在于此。

(2)在国家的实践中,还要根据政策精神来理解法和适用法。

(3)在法律没有明文规定时,就要直接根据政策办事,这时,党的有关政策实际上起着法的作用。但即使在这种情况下,也不能说政策是法的渊源之一,因为,党在任何情况下都不能代替国家来制定法律。

从总体上说,法如果脱离党的政策就会偏离方向,就会使社会主义法制建设走上歧路。

（二）政策不能代替法

我们强调政策是法的指导,丝毫不意味政策就等于法。换言之,政策和法是有区别的。党的政策和社会主义法的不同,主要表现在如下几点:

(1)虽然党的政策和社会主义法一样,都是工人阶级和广大人民群众意志的表现,但党的政策本身是先锋队的意志,而不是国家意志,即不是人民群众的意志。它要成为国家意志,应必须经过国家机关的制定和认可。这也就是把先锋队意志转化为人民群众意志的过程。需知,国家是政权组织,不是先锋队组织。

(2)党的政策是由党组织提出和制定的,它同法相比,更多地带有一般的号召性和原则的指导性。

(3)党的政策本身不具有国家强制性。党不能代替国家来直接向人民发号施令,不能强制人民来遵守它的政策。

(4)党的政策的内容极为广泛,并不是所有党的政策都需要制定为法律,使人人遵守。例如,有些政策是为了解决党内问题而制定的,那只要求党组织和党员执行。我党的党章是党规,并不是国法,让全国人民都遵守党章无疑是荒谬的。至于哪些政策要制定为法以及制定成为怎样的法,应当根据客观形势和实际需要来确定。

---

① 《列宁全集》第23卷,第40—41页。

（5）党的政策的表现形式多于法。它除了法以外，更多的是借助党的文件以及各种理论的、宣传性的、文艺等并非一般规范性文件的形式来表达。

历史的教训已经证明，鼓吹所谓"政策就是法"甚至是"最好的法"的观点，是理论上的极左的错误观点，它必然导致以党代政、以政策代法，从而造成法律虚无主义，削弱广大干部和人民群众的法制观念。

第二章　法的历史发展

第一节　法的起源

一、原始社会的社会规范

原始社会是人类最早的社会形态。根据已知的科学资料,这个社会至少存在了二百余万年。

由于原始社会没有私有制和阶级,当然也就不需要、也不会有用来保护私有制和进行阶级压迫的国家和法。

原始社会中最典型、最重要的社会组织是氏族,即以血缘关系联结而成的集团。在氏族的基础上又形成胞族、部落及部落联盟,构成一整套社会组织体系。

原始社会的社会规范主要是习惯。这些习惯包括,对天、神、自然(如鸟、兽)和对祖先的崇拜与祭祀;敬重老年人和爱护妇女、儿童;氏族成员间的相互帮助;英勇果敢地共同与敌人和野兽作战;为遭到凌辱和杀害的本氏族成员,而向外氏族的侵犯者实行血族复仇或同态报复,等等。这些习惯规范,起着调整社会生活各个方面的关系和维持社会秩序的作用。

原始社会的习惯体现全体氏族成员的利益和意志,对所有的人都有同等约束力,因而没有必要依靠暴力设施来加以强制,而是完全依靠人们祖辈传留或自幼养成的观念,依靠社会舆论的力量,自觉地遵守。偶然遇有个别成员破坏了它,会被当成对整个氏族组织或全体成员的侵犯,而受到共同的谴责和制裁。这种制裁有时是很严厉的,例如,把侵犯者驱逐出氏族的惩罚,不只对于被罚者造成很重的精神打击,而且在当时的条件下也是难以继续生存下去的。

二、氏族制度的解体和法的产生

随着社会分工的发展和剩余劳动产品的产生,私有制和阶级出现了。从前,即在严格的氏族制度下,人们完全由血缘纽带联结在一起,相互之间的关系是平等的、不可分离的。后来由于分工和交换关系的发展,不同氏族的人们到处杂居着,血缘纽带渐渐松弛下来,特别是由于氏族内部贫富的分化,出现了剥削者和被剥削者、主人和奴隶,造成氏族制度的瘫痪。两个在利益上冲突着的社会集团,其矛盾愈益激化和不可调和。在这种情况下,那个在经济上占据优越地位的集团即奴隶主阶级,为保卫自己的利益,对付奴隶阶级和贫苦自由民的反抗,便使原有的氏族制度一步一步地变成特殊的暴力组织,即国家。

与此相平行的,氏族组织中的习惯规范,同样在不知不觉中越来越多的渗透了有产者的意志,反映有产者的利益,同形成之中的国家相互依存和促进,最后便彻底地变成一种国家意志——法。

原始社会的社会规范同阶级社会的法之间,有着本质的区别:

(1)原始社会的规范反映全体氏族成员的意志和利益,而法则仅仅反映社会中一小部分人即统治阶级的意志和利益。

(2)原始社会的社会规范是人们在长期的、共同的劳动中逐渐地、自发地形成的,主要靠人们自觉遵守,而法则是由国家制定或认可,并依靠国家强制力保证实施的。

(3)原始社会的社会规范是按照血缘系统来调整人们之间的关系,而法则是按照地域(行政区划)来调整人们之间的关系。

(4)原始社会的社会规范维护氏族社会中没有阶级差别的社会秩序,而法则是维护对于统治阶级有利的社会秩序。

最初出现的法律规范,主要是经过国家认可的习惯以及审判实践的记录和判决案例,而不是成文法。即使很久以后出现的成文法,开始时也无非是一些习惯规范及司法实践的文字表达。

三、法的历史类型

法的历史类型,是法的一种最基本的分类。即全部历史上存在过的法,不论是哪个国家或哪个国家的哪个发展阶段的法,只要是建立在同样经济基础之上或具有相同阶级性的法就归成一类。这每一类的法便是一种历史类型的法。

法的历史类型是与社会形态的划分、国家历史类型的划分相一致的。除了原始社会以外,有阶级的社会形态有四种,相应地就有四种类型的国家和四种类型的法。奴隶制法、封建制法、资本主义法,统称为剥削类型的法。唯有社会主义类型的法,是非剥削类型的法。

法的历史类型的更替是符合社会发展的必然,但不是自发实现的。由于代表旧生产关系的反动统治阶级总要维护其既得利益,维护他们的法,因而革命阶级不运用社会革命的手段夺取政权,就不可能用新类型的法来代替过时的旧类型的法。这是法的历史类型变革的一般规律。

第二节 奴隶制法的特征

一、保护奴隶主阶级的私有制

奴隶主阶级的财产私有制的一个显著特征,表现在它不仅包括对生产资料和消费资料的占有,而且包括对生产者奴隶人身的占有。

奴隶制法公开规定,奴隶是奴隶主的生产资料的一部分,是会说话的工具。因此,奴隶的人身和人格是不被承认的,奴隶可以对他们任意生杀予夺,奴隶不能成为法律关系的主体,而仅是法律关系的客体(物)。普遍的情况是,奴隶主杀伤他人的奴隶不算触犯刑律,不是犯罪,不负刑事责任,而仅仅属于民法上财产损害赔偿性质的法律事实。但是,如同法律保护奴隶主土地及各种动产一样,对于故意盗取或隐匿他人奴隶的人,则要科以极为严厉的刑罚,直至死刑。

二、运用十分残酷的惩罚措施维持奴隶主阶级的政治统治

奴隶制法对于任何敢于进行反抗的奴隶,规定了极其野蛮的刑罚。在我国西周时代,有"五刑"制度,即面上刺字、割鼻、刖足、阉割生殖器官、肢解躯体的刑罚。在古罗马国家,对于参加暴动的奴隶,广泛地处以钉十字架和绞架的刑罚。

三、公开确认自由民之间的不平等

奴隶制社会是一种人与人之间极度不平等的社会。这除了奴隶主对奴隶的血腥统治之外,即使在奴隶主阶级内部,也有一套森严的等级特权制度,这套制度通常要借助法律形式明确地表达出来。

恩格斯曾指出,在古代希腊人和罗马人那里,如果要求平等的政治地位,简直就是发了疯。在古希腊国家,不论是梭伦宪法还是克里斯特纳宪法,无不把财产和收入的多少作为确定各个自由民政治权利多少的根据。古罗马国家的《十二铜表法》则规定,外来的自由民(平民)不得担任官职,不得与贵族自由民通婚。

古东方国家亦莫不如此。巴比伦国家的《汉穆拉比法典》把自由民分成上层的阿维鲁姆和下层的穆什根奴,他们的法律地位不同。古印度的《摩奴法典》把整个社会居民划分为婆罗门(僧侣贵族)、刹蒂利(武士贵族)、吠舍(一般自由民)、首陀罗(奴隶式的自由民)四个种姓。至于夏、商、西周时代的中国,已经开始了神权、政权、族权、父权、夫权等多层次、多系统之下的、无孔不入的等级特权制度。而这一切都或先或后、或多或少地变成了法律制度。

四、遗留浓厚的原始社会规范的残迹

奴隶制法在许多方面保持着原始社会习惯规范的痕迹。例如,生产关系中的农村公社和土地的自由民集体所有制,君主之下设立贵族代表会议的政治制度,以眼还眼、以牙还牙的报复主义刑罚制度,宗法式的家庭制度,直至宗教规则、礼仪制度,等等。但是,这些现象上很相类似的行为规范之间,却有着本质的不同。

第三节　封建制法的特征

一、维护等级性的土地所有权

典型的封建社会是一种农业社会,因而土地所有制具有决定性的意义。

从法律上说,封建土地所有权是一种带有明显的等级性的、受到严格限制的土地所有权。①封建阶级的哪个阶层能够拥有多少土地以及拥有什么样的土地,均由法律加以规定。②为了保证各个封建阶层,尤其是贵族的经济实力,不准任意分散和转让土地。③实行世袭的长子土地继承制度。

破坏封建土地所有制的行为要受到严厉的惩罚。

二、确认农民对封建主的人身依附关系

封建制法是巩固封建主压迫农民这样一种社会秩序的法。这种社会秩序,就是确认农民对于封建主的人身依附关系,把农民世世代代地终身束缚在封建主的土地上,从事沉重的苦役式劳动。

在封建法律关系中,农民虽然已不像奴隶那样可由主人任意杀死,但仍然没有摆脱法律关系客体的地位。法律禁止他们脱离一个封建领主而依附另一个领主,强迫他们服从领主的超经济剥削,承担徭役地租和各种无偿劳动,特别是封建领主有权把他们连同土地一起进行转让。

封建制法允许封建领主私设公堂,对农民进行拷问和审判,把农民投入私人监狱。

三、等级特权法和强权法

封建制国家继承奴隶制国家的等级特权制,并把它推向极端。这种等级特权制度在法律上的表现是:

(1)把社会中的每一个人都归属于某一个等级之中,而且这种等级地位常常是世

袭的、不能改变的。这种金字塔式的等级特权制度,不仅意味着封建主阶级和农民阶级的不平等,也意味着封建主阶级内部的不平等,等级越高,特权越大。其中,享有最高特权的是君主。在我国,封建君主(皇帝)的地位是神圣的。法律把触犯君主的权力、尊严、人身、言论乃至思想的行为都视为"大逆罪",即最严重的犯罪,而处以酷刑和极刑,甚至还要株连亲族。

(2)每一个等级、某些个别社会集团,甚至个人都拥有自己的法。例如,在封建主之间、僧侣之间、城市市民之间,都有相对独立的法律规范来调整。

(3)封建刑法制度和审判制度因人而异。在欧洲的一些封建国家的法律中,公开规定:判处刑罚时,必须考虑犯罪人和受害人的身份地位。例如,语言侮辱罪,要根据受害人的身份地位,处以不同数量的罚金;杀人罪也有类似的法律规定。在我国,从魏律开始,长期实行"八议之制"(议亲、故、贤、能、功、贵、勤、宾),列入八议内的人违反法律,除犯有"十恶"罪之外,均可以按照法律减免刑罚。

封建法作为一种强权法,表现在它认许封建特权者到处求助和滥施野蛮的强力、暴力和实力。封建法为封建主不受限制地使用暴力开辟了广阔的天地。另外,它也允许封建主之间,如世俗贵族之间,世俗贵族与宗教贵族之间及地方贵族之间,动辄诉诸武力,直至无休止的、大规模的战争。

四、混乱的法律渊源

封建国家的法,由于政权四分五裂,所以,在法的渊源方面,也表现为多种法相互并行没有一个统一体系。

(1)习惯法。封建社会长期停滞不前和文化的僵化状态,决定了习惯法居于主导地位,即使制定一些成文法,也多是习惯法规范的文字化。例如,在封建制的法国,地方的习惯法体系不下三百余种。

(2)教会法。在封建社会中,宗教的教规和教条起着巨大的法律规范作用。这些教规和教条不仅对于神职人员和教徒适用,而且也往往调整世俗事件。中世纪欧洲的天主教教会法院,既处理婚姻等民事案件,也处理被视为异端行为的刑事案件。宗教裁判所对案件的处理是极端野蛮的。例如,它惩罚伟大的波兰天文学家哥白尼,烧死意大利天文学家布鲁诺,判处七十多岁的意大利著名科学家伽俐略死刑,等等。宗教法规,如13世纪编纂的《宗规大全》,是封建法的重要组成部分。需进一步指出,在教会法体系中,《圣经》(旧约全书和新约全书)居于最高地位;在封建时代的伊斯兰国家里,《古兰经》也是最根本的法律。

(3)城市法。在封建社会中期和后期兴起的城市,有不同于其他地区的特别法规。按照这种特别法规,城市有特别的行政管理制度和司法制度,在城市法中占据非常重要位置的是联合独立手工业者的行会、联合商人的商会的规定。城市法就其基本性质而言,仍然是封建性的,但其中却不可避免地包容着日益增长的资本主义法的因素。

(4)条约。封建邦国之间订立的条约,是重要的法律渊源,这点在中世纪欧洲最为突出。例如,天主教皇同神圣罗马帝国皇帝和各国国王签订的条约,国王同封建主和城市签订的条约,封建主同城市签订的条约等等。

第四节　资产阶级法

一、资产阶级法的产生和资产阶级两大法系

资产阶级法,是资产阶级革命的产物。

资产阶级革命依然是一个剥削阶级推翻另一个剥削阶级的革命,因此,它直接利用现成的旧国家机器,略加改造就可以为自己服务。根据同样的道理,它也可以直接继承封建制法。但是,由于各国历史条件不同,资产阶级在继承旧法时的情况也必然有差别,在这方面,英国和法国可以算作鲜明对比的典型。英国 1688 年"光荣革命"以后,由于资产阶级和封建贵族实行妥协,仍然承认封建旧法的效力,保持了大量的旧法形式;相反,法国 1789 年大革命是资产阶级对封建阶级的彻底胜利。因此,资产阶级便宣布不承认封建旧法的效力,而重新制定一套完整的新法律。西方著名的两个法系即英国法系和大陆法系,是同上述情况分不开的。

法系,一般是指一套独具特点的法律系谱或法律传统,因而它有别于一个国家的法体系的概念。

英国法系,又叫英美法系、普通法系。英国法系,直接来源于英国封建时代的传统。从 11 世纪起,英国王室巡回法官经常参考地方的习惯审理案件,逐渐产生一系列的判例。至 15 世纪,这些判例便构成全国性的法律体系,称之为"普通法",以表示高于并区别于地方法。当然,英国的普通法没有,也不可能完全排除罗马法的影响,但这并不排斥普通法系的独具特点。

大陆法系,又叫罗马法系、民法法系、法典法系。它直接来源于古罗马法(主要指罗马私法),经过中世纪封建时期的日耳曼法、大陆国家的地方习惯法和教会法等的媒介,最后以十九世纪初的法国《拿破仑民法典》作为近代大陆法系正式开端的标志。但须知,《拿破仑民法典》的主要渊源是罗马私法,它是一部最典型的资本主义民法典。

英国的法系对于美国以及其他前英国殖民地国家有重大影响,而大陆法系,除欧洲大陆国家(尤其法、德)以外,对日本、旧中国等有重大影响。

资产阶级两大法系各具特色,其主要区别是:

(1)普通法系国家有判例法,即承认上级法院的判例有法律规范的意义。所以,法官审理案件时,首先需要研究和引用和以前相类似的案例。大陆法系国家则没有判例

法,所以,审理案件时,只能引用立法机关的制定法。

(2)普通法系国家仅有零散的法规,很少搞法典,尤其是民法典。大陆法系国家倾向于尽可能地制定法典,尤其是民法典,因而各种法律部门的划分比较清楚。

(3)在审判中,普通法系国家实行当事人间的辩论或对抗的办法,大陆法系国家则实行法官讯问的办法。

(4)其他诸如法律范畴、用语方面的不同,等等。

不能忽略的是,从现代以来,资产阶级这两大法系越来越多地表现出相互靠拢的趋势。

二、资本主义法的主要特征

(一)宣布私有财产神圣不可侵犯

资产阶级法的基本任务之一,就是要确保资本不受侵犯。所以,在法国《人权宣言》中就已明确地宣布:"财产权是不可侵犯的神圣权利。"1891年美国宪法修正案及其他各主要资本主义国家的宪法,均有类似的规定。

在资本主义社会中,少数资本家拥有财产,而无产阶级是没有什么财产或极少有什么财产的。因此,财产权利、财产自由,实际上只是资本家的权利与自由,是他们任意地剥削雇佣劳动的权利与自由。

值得注意的是,资产阶级法在确认资本所有权时,力图将财产权说成是人对物的统治,即"物权"。实际上,这不过是借助法律的形式,巧妙地掩盖资本对人(劳动者)的统治,掩盖其剥削。所以,这种被称作"物权"的东西,实质上是资本家的"人权"——统治和剥削他人的权利。

(二)契约自由

所谓"契约自由",指法律规定所有的人都能按照本身的自由意志向他人订立商品交换契约,而不受任何人的限制和一切外来的干涉。

契约自由原则的本质,表现在:

(1)资产阶级国家用契约来调整资本家和雇佣劳动者之间的关系,这就意味着让工人"自由地"出卖劳动力,资本家自由的购买劳动力这个特殊的商品。对于一无所有的工人来说,这种契约自由无非是使资本家的意志强加给自己,以供资本家榨取剩余价值。

(2)在资本家之间,契约自由意味着交换产品、原料、设备等自由,也就是保证资本主义的自由竞争,弱肉强食,保证资本的无限积累。由此可知,契约自由就是私有财产(资本)的绝对自由。

(三)法律面前人人平等

资产阶级在反对封建特权和封建等级制度的斗争中,提出"法律面前人人平等"的口号,在资产阶级夺取政权之后,就把它提升为一项宪法原则。

对于资本主义国家的"法律面前人人平等"的原则,必须注意的是:

(1)在资本主义社会,一个人权利的多少,实际是按照资本的多少来区分的。因此,资产阶级废除封建等级特权,以资本的特权取而代之。

(2)资产阶级的法律,一方面规定公民的某些民主自由权利,另一方面又有许多"但书",限制和取消这些权利。

(3)资产阶级国家的司法人员及律师们,是资本的工具。所以,他们的偏颇是必然的。这些人竭力地袒护有钱人,歧视、刁难和坑害穷人。这些都说明,资本主义国家中的"法律面前人人平等"原则对于资本家是真实的,而对于无产阶级和广大劳动者是虚伪的。

(四)法制原则

在资产阶级革命的年代,这个阶级针对封建阶级反动的、野蛮的"人治",提出所谓"法的统治",即法治,提出依照法律办事的法制。正像列宁指出的:"法律为资产阶级所确立。"①例如,法国《人权宣言》规定:自由的"界限只能由法律确定";"凡未经法律禁止的一切行动,都不受阻碍,并且任何人都不得被迫从事未经法律律令的行动"。1791 年美国宪法修正案第五条规定:"未经正当法律手续不得剥夺任何人的生命、自由或财产。"

资产阶级之所以需要法制原则,同他们需要法律平等原则一样,其实质是由资本主义生产关系的特点决定的。从资产阶级内部来说,法制原则可以保障资本不受任何特权者的侵犯,能够自由地进行竞争。从资产阶级同人民群众的关系上说,除了用法治来掩盖资本所有者的统治之外,还由于资本不需要人身依附的劳动者,而需要能够自由地处理自己劳动力的劳动者,这样,资本家才享有任意雇佣工人和解雇工人的自由,才能保证他们对于利润的无限制追逐。正是由于这个道理,列宁说,一般的自由资产阶级"不能不追求自由和法制,因为没有自由和法制,资产阶级的统治就不彻底,不完整,无保证"②。

到了帝国主义时期,由于垄断资产阶级总的趋向是反动政治,因而也趋向于法制的破坏,尤其在阶级斗争形势比较紧张时,还会出现较长时期的法制危机。最明显的,就是第二次世界大战前和战争中的日、德、意三国的法西斯统治。但是,垄断资本主义的本质仍然是资本主义,因此,在一般情况下,它还不会完全抛弃法制。就是说,垄断资产阶级也需要凭借法制手段来调整其内部关系,来欺骗和镇压人民。

---

① 《列宁全集》第 16 卷,第 309 页。
② 《列宁全集》第 18 卷,第 250 页。

三、殖民地半殖民地的法

帝国主义时代,亚、非、拉地区的绝大多数国家沦为帝国主义的殖民地或半殖民地。解放前的中国,是一个半殖民地、半封建国家,这种政权是建立在封建土地所有制和买办资本相结合的经济基础之上的。旧中国的法,也是半殖民地、半封建性质的法。在国民党统治下,法集中体现了封建地主阶级、官僚买办资产阶级的意志和利益,是这两个反动阶级实行专政的工具。国民党的主要法律,就是由这两个反动阶级的政府颁布的《六法全书》,包括宪法、民法、刑法、商法、诉讼法、法院组织法。《六法全书》一开始就具有封建性、买办性,20世纪二三十年代法西斯主义兴起后又具有法西斯性,所以是非常反动的。

第五节　社会主义法是最高类型的法

一、社会主义法的产生

社会主义法是无产阶级革命推翻资产阶级和一切剥削阶级的统治,取得国家政权以后建立起来。

社会主义革命的性质和任务决定了这场革命不能像以往剥削阶级革命那样利用现代的旧国家机器和旧的法来为自己服务,而必须打碎旧国家机器,并且根本废除旧的法。这是一条重要的马列主义原理。1849年马克思说:"旧法律是从这些旧社会关系中产生出来的,它们也必然同旧社会关系一起消亡。"①列宁在俄国革命实践中进一步说:"社会主义的无产阶级时刻刻都要记住,它所面临的、必然会面临的是一场群众性的革命斗争,这场斗争将捣毁注定要灭亡的资产阶级社会的全部法制。"②后来的事实证明,这条原理是正确的。

不过,由于各国情况和条件不同,革命运动的具体道路不同,每个国家的无产阶级革命在废除旧法、创建新法方面的具体情形也不会尽然相同。

中国的无产阶级革命分为新民主主义和社会主义两个阶段,国家政权即人民民主专政相应地也有两个阶段。这样,革命的法也必然随之而分作两个阶段,即:在新中国成立以前革命根据地颁布实施的新民主主义法和新中国成立以后颁布实施的社会主义法。社会主义法是新民主主义法的继续和发展。这是我国社会主义法产生的一大特点。

---

① 《马克思恩格斯全集》第6卷,第292页。
② 《列宁全集》第16卷,第309页。

中华人民共和国诞生前夕,1949 年 1 月毛泽东主席代表党中央发表《关于时局的声明》,提出必须废除伪宪法和伪法统。同年 2 月中共中央发布《关于废除国民党六法全书与确定解放区司法原则的指示》,其中规定:"在无产阶级领导的工农联盟为主体的人民民主专政政权下,国民党的六法全书应该废除。人民的司法工作,不能再以国民党的六法全书为根据,而应该以人民的新的法律作根据。在人民的新法律还没有系统地发布以前,应该以共产党的政策以及人民政府与人民解放军所发布的各种纲领、法律、条例、决议作根据。"这个文件总结了巴黎公社以来无产阶级革命废除旧法的历史经验,为我国社会主义法体系的建立和发展,确立了根本指导思想和原则。

二、社会主义法的性质和历史地位

社会主义法是最高类型的法,这一命题本身就意味着社会主义法的性质和历史地位同以往历史类型的法有重大区别。

长期以来,对于社会主义法的性质问题的探讨,多采取横向的方法,特别是喜欢套用法的一般概念中所包含的几个方面(意志性、阶级性、规范性、强制性、目的性),而忽略了纵向的、历史的方法。

马克思主义经典作家不认为社会主义社会是一个独立的社会形态,而认为它是从资本主义向共产主义的过渡时期。过渡,表明了社会主义将经历若干个不同的阶段,表明了社会主义是一种性质的社会形态向着另一种性质的社会形态的根本变化。社会主义的国家和法,都要与此相适应地经历着变化。就是说,固定不变地了解社会主义法的性质是不恰当的。

在我国,从 1949 年新中国成立到 1956 年生产资料社会主义改造的基本完成,这一时期社会的性质是新民主主义的,国家和法的性质也是新民主主义的。它们反映着工人阶级领导的、以工农联盟为基础的,包括民族资产阶级和一切爱国者的共同意志和利益。它们所担负的任务主要是完成民主革命时期所未完成的任务,并在这个基础上实现向社会主义的转变。列宁说,无产阶级所需要的是一开始就走上消亡道路的国家。既然这时的国家已是人民当家作主的国家,那么就意味着它在国家消亡的历史长途中迈出了头一步,即首先消灭了完全凌驾于社会之上的、由少数剥削者统治社会绝大多数人的那种传统的本来意义上的完整的国家,而成为非本来意义上的国家、半国家。但它还是国家,还是政治国家,因为还要对敌对阶级残余势力进行镇压。同样道理,在社会主义社会发展的头一个阶段中的法,也不是原来意义上的法,而是"半法",但它还是政治性的法。

1956 年,随着生产资料社会主义改造的基本完成,剥削阶级作为阶级已经消灭了。我国已由新民主主义性质的社会,进入社会主义性质的社会。由于剥削阶级的残余还存在,国家政权的镇压职能还存在,所以,这时期的国家和法并没有消除其政治性质。

但作为国家主人的公民范围毕竟是大大扩大了,半国家和半法变成三分之一、四分之一甚至更少的国家和法。

社会主义国家和法发展的下一个阶段,应当是非政治国家和非政治性的法。根据马克思和列宁的分析,这个阶段的历史根据在于:当阶级彻底消灭,社会中已没有什么人需要镇压,因而作为镇压工具的国家和法便消除其政治性质。从这个意义上来说,国家便完全消灭了。但是,这时消亡的国家和法,仅仅是其政治性的一面。除此而外,非政治性的国家和法依然存在。这是由于社会生产力和人们觉悟的水平尚不足以实现共产主义制度,国家和法要继续充当监督劳动和分配的强大手段,即保卫"资产阶级式的权利"。

社会主义国家和法,也是最后一种类型的国家和法。当社会主义社会发展到完全共产主义的一切必备条件均已实现的时候,国家和法便因自己彻底完成了历史使命而完全消失。这可以看作是社会主义国家和法发展的最后阶段。

第三章 社会主义法的作用

第一节 概 说

研究法,就需要充分地了解法的现实意义。不问法的现实意义,仅仅是一般地说明法的原理,必然会使法学变成一种玄虚的、渺茫的东西,从而使法学本身也失去了意义。法的作用,正是法的意义的集中体现。

法的作用讲的是法对现实社会生活所发生的影响,以及法所可能造成的后果,也就是法的实际价值。法的作用问题虽是一种客观的、经验的历史现象,但人们对于法的作用的理解和态度却是一种主观的东西。由于阶级地位和政治立场的不同,不同的人对于这个问题就会有不同的观点。概括起来,大致是三种观点。

一、法的万能论

法的万能论是典型的资产阶级的观点。持有这种观点的人认为,整个社会生活,特别是经济生活,由法所决定,以法为转移;认为国家的权力或国家的统治与管理是"法的统治",而不是人的统治、阶级的统治,甚至像某些规范主义者宣扬的,连国家本身也是一种"法律体系"或"法律秩序",是法的工具。显然,这种观点完全颠倒了法与社会经济基础的关系,完全颠倒了法与国家、法与政治的关系。这是历史唯心主义的法律观。

法的万能论在17—18世纪资产阶级革命时期,在对抗封建阶级的特权和专制主义的统治,宣扬法制主义和建立先进的近代法律制度方面,曾经起过进步的作用。但是它终究不是科学的理论。

在帝国主义产生之后,这种观点有时候(如在反对法西斯主义的时候)也会起到一定的进步作用,但在更多的情况下,它则是借助法的旗号掩盖垄断资产阶级的政治统治,甚至替垄断资产阶级的非法专横进行法律上的辩护。

二、法律虚无主义

法律虚无主义最突出之点就在于它抹煞法的作用,极力贬低、排斥法的价值,把法当作可有可无的东西,或者把法当作一种祸害。

历史地看,法律虚无主义来源于两种社会阶级倾向:

(1)剥削阶级的专制主义。作为统治阶级的剥削阶级,当他们感到需要更多地求助于法律手段的时候,就比较多地强调法的作用;而当他们感到这样做不利的时候,就会毫不犹豫地降低甚至不惜抛弃这个手段。前者通常是出现在统治阶级的统治相对稳定的情况下,后者则大多出现在其统治发生动摇的情况下,所以并非绝对的。

(2)小资产阶级的无政府主义。小资产阶级自由散漫的生产和生活方式,决定了他们不愿意、不习惯于接受统一的纪律和制度的约束,再加上千百年来剥削阶级法律对他们的残酷压迫,造成了他们对一切法律的仇恨或不信任的心理。这样就很容易产生一种反对政治权威、反对法律的盲目性,使他们不能正确地、历史地认识和对待法的作用的问题。尤其在中国这样曾经是小资产阶级汪洋大海般的国度里,法律虚无主义比资产阶级法律万能论更有社会基础。如同我们已经看到并已经饱尝其苦果那样,新中国成立以来法律虚无主义给我们这个社会主义国家带来重大的损害。

三、马克思主义的法律观

只有马克思主义法律观,才足以科学地揭示社会主义法的作用问题。这是由于它以唯物主义历史观分析法这一特殊的社会历史现象,并能够实事求是地、批判地汲取法律文化遗产,排除法律万能论和法律虚无主义倾向,正确指出法同社会物质生活条件、同政治(尤其国家权力)、同其他非规范的和规范的社会现象的关系,正确指出法的特征、本质和目的等基本问题,所以,就有可能恰如其分地说明法的作用。这就要求我们用唯物史观去探讨社会主义法的作用。

第二节　社会主义法对敌对分子的专政作用

在我国,剥削阶级作为阶级消灭以后,社会的主要矛盾已不再是阶级斗争,因为,推行"以阶级斗争为纲"的方针是错误的,必然导致阶级斗争的扩大化。但是,如同前面已经指出的,阶级斗争还将在我国社会的一定范围内长期存在,并且在某种条件下还有激化的可能。所以,我们绝不能放弃人民民主专政,绝不能听任一小撮敌对分子瓦解和颠覆我们的社会主义政权。

新的历史形势要求我们必须善于使用法律武器对敌对分子实行专政。既然阶级斗争已不是当前我国社会的主要矛盾,那么,在开展对敌斗争过程中,就不能沿用老办法来采取大规模的、急风暴雨式的群众直接行动的方式,而应主要地采取由国家机关自上而下的有领导的方式。即主要地应当依靠法律的手段,凭借国家法制来进行,否则便会损害社会的安定和生产秩序的稳定,甚至会造成混乱。

那么,我国社会主义法怎样发挥对一小撮敌对分子的专政作用呢?

一、社会主义法确定了专政对象的范围

我国的宪法和各种法律文件,不仅明确地指出对敌对分子必须实行专政,而且明确指出敌对分子的具体范围。他们是:没有得到改造的剥削阶级分子,反革命分子,严重经济犯罪分子,杀人、抢劫、强奸、放火、爆炸等严重刑事犯罪分子。

二、社会主义法对于敌对分子规定了如何加以惩办的措施

这主要是指我国刑法中针对这些敌对分子实施的各种行为,分别确定以不同的犯罪罪名并视其情节规定了相应的刑罚。

三、社会主义法贯彻对敌对分子实行劳动改造的方针

社会主义法规定对敌对分子实行专政、进行刑事惩罚的根本目的,是与剥削阶级的单纯惩办主义和报复主义完全不同的,它体现着无产阶级解放全人类的崇高精神。除了极少数失去改造可能的、罪大恶极因而必须从肉体上加以消灭的罪犯以外,一律都要通过劳动改造的方法,力图把他们改造成为适应社会需要的新人,化消极因素为积极因素。

第三节　社会主义法维护社会主义民主的作用

社会主义法是人民意志的体现,因而人民必然要把法当作自己的护身工具。从这个意义上说,社会主义法的首要任务就是保卫社会主义民主。

关于社会主义民主与法制的相互关系的原理,下面拟做专门阐述,这里仅仅指出:社会主义民主作为一种法的概念,包含着人民整体当家作主的权力和人民中各个分子享有的广泛民主、自由权利这两个方面的内容。因此,社会主义法就要在这两个方面发挥其作用。

一、维护人民的政治权力

这主要表现在:

(1)在国体方面,宪法确定了我们国家的一切权力属于人民,人民享有管理国家、管理社会的全权。

(2)在政体方面,宪法确定了以人民代表大会制作为人民行使权力的基本形式,确

定了以民族区域自治的方式使各族人民享有自己管理自己地方性事务的权力。

（3）在全体国家机关的组织和活动方面，宪法规定必须贯彻群众路线原则。如，政权机关的代表制，行政机关工作同人民团体和居民组织的配合，审判机关采用的人民陪审制以及其他依靠人民群众办案和方便人民群众的制度，等等。

（4）在确保人民群众的选举权和被选举权方面，宪法及部门法没有完整的规定。这不仅有宪法关于选举权问题的原则规定，还有专门的选举法所作的具体规定，刑法关于破坏公民选举权的惩治措施和民事诉讼法关于选民名单案件的特别审判程序的规定。人民的选举权和被选举权是人民管理国家权力的重要体现，也是实现人民这种权力的重要保证。

二、维护人民的广泛民主自由权利

按照法律的规定，这些权利有：公民在法律面前一律平等；选举权和被选举权；言论、出版、集会、结社、游行、示威的自由；宗教信仰自由；人身自由，即人身、人格尊严、住宅、通信不受侵犯；对国家机关和公职人员的批评、建议、申告的权利；物质保障权利、劳动的权利和义务、休息权利、工薪职业者退休的保障、获得物质帮助的权利；男女平等和婚姻家庭的保护；华侨、归侨和侨眷的保护。

与此同时，法律也按照人民利益的需要，相应地规定了公民的义务。

第四节　社会主义法的经济作用

经济是个广泛的、复杂的概念。它包括经济基础和生产关系，包括经济的管理和经济组织之间的分工协作，也包括生产力方面的内容。

我国社会主义法的经济作用，可归纳为以下几个方面。

一、社会主义法积极建立和发展社会主义生产关系

社会主义法的这种作用表现在：

（1）坚决摧毁在华的帝国主义所有制、封建土地所有制和官僚买办资本，建立全民所有制经济，并使之在国民经济中占据领导地位。

（2）改造私人资本主义，改造农民和手工业的个体所有制，建立社会主义集体所有制。

（3）积极鼓励合法的个体生产和经营的商品经济，以此作为社会主义经济的补充。建立起完整的社会主义生产关系，尤其是所有制的体系。

相应地，社会主义法就要保护这种经济关系体系，即保护国有财产和公共财产，保护集体的财产，保护公民合法的私有财产。

二、社会主义法在经济体制改革中的作用

《中共中央关于经济体制改革的决定》中指出："经济体制的改革和国民经济的发展,使越来越多的经济关系和经济活动准则需要用法律的形式固定下来。国家的立法机关要加快经济立法,法院要加强经济案件的审判工作,检察院要加强对经济犯罪的检察工作,司法部门要积极为经济建设提供法律服务。"这个指示,基本上概括了我国社会主义法在组织国民经济、维护经济秩序方面的作用,也就是在经济体制改革中的作用。法的这种作用是通过经济立法、经济司法及其他法律保障来实现的。

（一）经济立法

经济立法,在当前主要是把中央关于经济体制改革的精神和经济体制改革的实践经验,及时地用法律规范的形式表达出来,以便向全社会指明改革的方向。

经济立法包括如下的内容：

(1)法要规定国家对于国民经济的横向领导和管理。这就需要制定国民经济和社会发展计划法,以便全力贯彻发展社会主义有计划的商品经济的方针;需要制定国家基本建设法、国营工业企业法、商业法、农业法(巩固和发展农村联产承包责任制)、财政法、金融法等。

(2)法要调整社会经济组织之间的横向分工协作关系,也就是各经济实体之间的经济交往关系。法要使各经济实体成为自主经营、自负盈亏的社会主义商品生产者和经营者,具有自我改造和自我发展的能力,成为具有一定权利义务的法人;要规定它们在经济交往中遵循独立、平等、等价、有偿等原则,使彼此能保证履行自己的义务和实现经济上的权利。例如,经济合同法就是这方面极其重要的法律。

(3)法要调整国营企业内部的纵向和横向的经济关系。

(4)法还要调整中外合资企业、中外合作企业、外国在华独资企业的经济关系,调整各种涉外经济关系。

（二）经济司法

经济司法指国家司法机关对于经济纠纷案件的审判和对经济犯罪案件的侦查、检察、审判的活动。

近几年来,为保证经济司法工作的开展,我国在法院中设立了经济审判庭,有的还设立了保证经济案件和民事案件判决裁定及有关的仲裁与公证等执行的执行庭,在检察院中设立了经济检察机构;而且设立了森林、海事、水运等专门法院和专门检察院,大量地、及时地处理同经济密切相关的案件。

（三）其他的法律保障

这里所说的其他的法律保障,如：在国家行政机关中设立经济调节机构和经济仲

裁机构,发展在司法行政机关统一领导下的公证机构及律师机构(提供法律顾问和咨询、担任经济案件的代理人和经济犯罪案件的辩护人等)。

特别重要的是,在当前,法律在调整纵向和横向的经济关系中,关键的环节是要真正担负起实行经济体制改革的重要任务。为了打破原有的僵化经济管理体制和"吃大锅饭"的平均主义经济模式,十一届三中全会以来,尤其是《中共中央关于经济体制改革的决议》颁布以后,国家制定出一大批法律文件。例如,为保证多种经济形式的全面发展而颁布《关于城镇非农业个体经济若干政策的规定》(国务院 1981 年)、《集体企业所得税暂行条例》(国务院 1985 年);为扩大国营工业企业独立自主权而颁布《关于扩大国营工业企业管理自主权的若干规定》(国务院 1979 年)、《国营工业企业暂行条例》,特别是《国营工业企业法》(全国人大 1985 年);为发动国营工业企业职工参加生产管理而颁布《国营工业企业职工代表大会暂行条例》(国务院 1981 年);为改革商业而颁布《物价管理条例》(国务院 1982 年)、《城乡集市贸易管理办法》(国务院 1983 年)、《改革农村产品流通体制若干问题的试行规定》(国务院 1983 年批转);为缩小指令性指标、扩大指令性指标和市场调节的范围,用经济杠杆(尤其是价值规律和市场供求情况)调整经济实体间的关系而颁布《经营合同法》(国务院 1981 年)、《国营企业利改税试行办法》(财政部 1983 年);为吸收外资、搞活对外开放而颁布《中外合资经营企业法》(全国人大 1979 年)、《中外合资经营企业所得税法》(全国人大 1980 年)、《外国企业所得税法》(全国人大 1981 年)、《对外合作开采海洋石油资源条例》(国务院 1982 年)、《中外合资经营企业法实施条例》(国务院 1983 年)、《海外经济合同法》(全国人大常委 1985 年)。

三、社会主义法保证和发展社会生产力

(一)保护劳动者

劳动者是国家的主人,同时又是最基本的生产力。因此,保护生产力首先要保护劳动者的身体安全,促进劳动者的体力和智力发展。在这方面,我国有关国家机关制定了大量的法律规范。

(二)制定生产和技术操作规程

生产必须按照客观自然规律进行。为了科学地生产,国家根据自然规律制定了各种利用生产工具,同自然界作斗争的程序,保证生产的效能。

(三)自然资源的计划利用和监督

生产必须以自然资源为条件。国家法律要规定这些自然资源的所有权、占有权、使用权,规定对自然资源的合理开发和利用,以及与此相关的生态平衡、自然环境的保护,等等。这些法律有《森林法(试行)》(人大常委 1979 年)、《水产资源繁殖保护条

例》(国务院 1979 年)、《环境保护法》(人大常委 1979 年)、《海洋环境保护法》(人大常委 1979 年),等等。

(四)促进科学技术的发展

科学技术不仅能够积极地推动生产力的发展,而且许多科学技术本身就是一种生产力。科学技术作为生产力的要素,越来越重要,因此,用法律来自觉地维护和推动科学技术的发展,是我国的当务之急。这方面的法律文件有《发明奖励条例》(国务院 1978 年)、《优质产品奖励条例》(国务院 1979 年)、《自然科学奖励条例》(国务院 1979 年)、《合理化建议和技术改进条例》(国务院 1982 年)、《专利法》(人大常委会 1985 年)、《关于技术转让的暂行规定》(国务院 1985 年)。

第五节　社会主义法促进社会主义精神文明建设的作用

在现今的世界中,社会主义社会是最先进的社会形态,因而它应当拥有比资本主义社会文明更高的文明。党的十二大提出,社会主义精神文明建设是社会主义现代化建设的目标之一。社会主义精神文明建设包括以共产主义为核心的思想建设和文化建设两个部分。相应地,社会主义法也在两方面发挥其应有的作用。

一、社会主义法与社会主义思想建设

社会主义思想建设的重要目标之一,是造就有理想、有道德、有文化、守纪律的人。

社会主义法从各个方面,以各种方式,经常地和广泛地引导人们把社会主义建设同共产主义事业联系起来,自觉地树立共产主义远大理想。

如前所述,社会主义法与共产主义道德是相互促进的。

社会主义法与社会主义纪律也是相互促进的。纪律表现着个人同组织与集体之间的关系,也就是服从组织与集体的统一要求。社会主义法对于人民内部而言,也可以说是一种纪律或法纪,即国家的纪律。由于社会主义国家同一切社会主义社会组织或团体之间的本质上的一致性,决定了人们遵守法同遵守纪律也是一致的。由此可知,对人们进行法律教育本身就包含着纪律的教育,加强法制的同时就意味着加强人们的纪律观念。

二、社会主义法与社会主义文化建设

我国是一个文明古国,但近代以来在帝国主义和封建主义的压榨下,却沦为文化落后的国家。因此,社会主义法在开拓社会主义文化阵地中担负着重要任务。

国家要制定教育法以及各种具体教育法律规范,发展初等、中等和高等教育,成人教育,幼儿教育,各种形式的社会教育与普及教育,充分开发智力,开发人才资源。

国家要借助科学法和各种技术法的规范,振兴科技事业。

国家要以法律推动文学、艺术、卫生、体育和计划生育工作。

法律在调整文化建设方面,极其重要的一点是要切实贯彻"百花齐放,百家争鸣"的方针。

第六节　社会主义法的对外作用

社会主义法的对外作用,是同国家的对外职能相一致的。法的对外作用是其对内作用的延伸,并且归根结底服务于对内作用。

法的对外作用,可归纳为以下几个方面:

(1)广泛地促进同世界各国间的经济、文化、科技的交往,以利于我国经济、文化、科技事业的发展。

(2)维护世界和平,密切同各国人民之间的友好关系,反对霸权主义,履行国际义务,以便为我国社会主义建设事业创造良好的国际环境。

(3)防御与抵抗来自外部的侵略,以保卫社会主义建设事业。我国宪法的有关规定以及兵役法,对军属、烈属的优抚条例,有关国防建设的法规等,都具有这种意义。

第四章　社会主义法的制定

第一节　社会主义法律规范

一、社会主义法律规范的概念

社会主义法律规范,就是社会主义国家制定和认可,反映工人阶级领导下的广大人民群众的意志,由社会主义国家强制力保证实施,以便确认、保护和发展社会主义社会关系和社会秩序的行为规则。它作为社会主义法的单位分子,含有社会主义法的一切特征。

为了准确地把握社会主义法律规范的含义,不仅需要把它同各种非规范性的社会现象相区别,同其他的行为规则相区别,而且也要同某些具有法律性质的规定相区别。一项社会主义法律规范,必须是具有一定程度的抽象性或一般性的行为规则。就是说,第一,作为社会主义法律规范对象的行为,应当是一个种类的行为。它包括这一类行为的全体,但又不是这一类行为中的各个具体行为的量的总和,而是经过抽象了的典型行为(模式)。第二,正因为这样,社会主义法律规范不着眼于某一特定行为,而着眼于这一类的行为。比如,它规定某些国家机关拥有任免干部的权力,但不规定任免哪一个人的职务,任免哪一个人担任什么职务。它仅仅是一个非规范性的法律文件,而不是法律规范。在社会主义国家,属于非规范性的文件有很多,像国家机关的上级人员对某一下级人员的指示或命令、行政部门发给的营业执照、检察机关的起诉书或签署的逮捕证、法院的判决或裁定等。一切非规范性的法律文件都要以有关的现行法律规范为根据,并且是为了实施法律规范的。否则,便是非法的文件或违法的文件,颁发这种文件的有关人员要承担法律上的责任。社会主义法律规范的抽象性或一般性表明,它具有要求人们一体周知和一体遵行的普遍意义。同时,只有这样,才能建立和维持稳定的法律秩序。

二、社会主义法律规范的结构

所谓社会主义法律规范的结构,是指形成法律规范内容的各个要素(组成部分)及其相互关系。

任何一项社会主义法律规范,不管它的表现形式怎样(法律、命令、决议及其他规则），都包含假定、处理、制裁三个要素，都是这三个要素密切结合的整体。

假定，是规定适用这项法律规范的条件和情况的那一部分。就是说，规范中所要求或禁止的行为，应当在什么具体的时间、地点以及对什么人才能够适用。

处理，是法律规范中的行为规则本身的那一部分。它就是准许做什么和不准做什么，必须怎样做和不许怎样做的规定。这是法律规范的主体要素，是其规范性的主要表现。

制裁，是指明不遵守这项法律规范时将要引起什么法律后果的那一部分。在我国，根据违法的性质，法律的制裁大体上可分为民事制裁、行政制裁和刑事制裁三种。制裁是法律规范的强制性的主要表现。

法律规范总是借助法律条文表达的，但法律规范和法律条文并不是等同的东西，它们之间是内容和形式的关系。一项法律条文正好表达一项法律规范是常见的，然而这并不是通例，实际情况要复杂得多。一项法律条文可能表达几项法律规范；反之，一项法律规范也可能借助几项法律条文来表达。同样，一项法律条文仅仅规定法律规范的一个或两个要素也是可能的。但是，从逻辑上说，作为一个完整的判断，任何一项法律条文都必须有法律规范的处理部分，如若不然，这项条文就失去其法律规范的意义，而不能成为一项法律条文。

更具体地说，在很多情况下，因为法律规范的假定部分或适用条件十分明显，法律条文中就没有必要专门加以规定；有时，法律规范的假定部分则被包括在处理部分之中，也不单独规定出来。这些，依靠人们的常识性的推理就能判断出来。在许多法律条文里，对于制裁部分也有类似的处置。作为违反某项法律规范的行为的制裁，它完全可以规定在同一个法律文件的其他条文中，或者规定在另外的法律文件中。比如，有关刑事性的制裁，就大量地由刑法来规定。

特别需要指出的是，在我国的立法文件中常常设有序言部分，序言部分里面也许包含着法律规范或法律规范的一些要素的规定，也许并非如此。但不管怎样，它都是表达这个法律文件的立法精神，即表达其指导思想（原则）和政治意义的，这有助于人们对这个法律文件的统一的、准确的理解和贯彻执行。1982 年通过的《中华人民共和国宪法》的序言，就以这种形式出现，使全国人民正确地理解其深远的政治意义。

三、社会主义法律规范的种类

我国社会主义法律规范，数量巨大，内容广泛，系统地加以把握是十分困难的，为此，很有必要对它们进行科学的分类。这种法律规范的分类，可以出于各种不同的目的和从各种不同的角度来确定。

（1）根据法律规范内容所包含的权利和义务方面的特性，可以分为禁止性规范、义务性规范和授权性规范三类。

　　禁止性规范,是直接规定禁止公民在某种情况下做某一行为,如果做了就要受到制裁或惩罚。

　　义务性规范,是直接规定公民有义务在某种情况下做某一行为,如果不做就要受到制裁或惩罚。它要求的形式,恰好是同禁止性规范相反的,即一个是要求积极性的作为,一个是要求消极性的不作为。

　　授权性规范,是授予公民在某种情况下能够通过自己的行为(作为或不作为)来享受一定的权利。如果说禁止性规范都带有命令性质(即命令性规范)的话,那么,授权性规范则是任意性质的(即任意性规范)。一个公民对于这种取得自己权利的行为,可以做,也可以不做,完全取决于他本人的意志。

　　当然,对于把法律规范划分为禁止性的、义务性的、授权性的这种方法,应当辩证地理解。在最严格的意义上,任何一项法律规范(不论条文中如何表达)都责成人们做一定的行为,差别仅仅在于,或者是责成公民做一定的行为(义务性规范),或者是责成公民抑制一定的行为(禁止性规范),或者是责成其他公民不得有妨碍某一公民依法自由表达本人意志的行为(授权性规范)而已。其次,还要知道,有许多法律规范,既属于义务性规范或禁止性规范,又属于授权性规范。比如,关于国家机关权限的规范,往往就不好死板地说这是它们的权利还是它们的义务。概言之,社会主义法律规范总是体现着权利和义务的统一性。

　　(2)根据法律规范所包含的行为规则的确定程度,可以分为确定性规范、委任性规范和准用性规范三类。

　　确定性规范,即直接规定某一行为规则的内容和制裁方式,而不依赖别的规范来说明或补充。在我国的法律规范体系中,这类规范占绝大多数,它直截了当,最便于了解和遵行。

　　委任性规范,是不确定的规范。就是说,它本身不包含确定的行为规则的内容,而是委任特定的机关或特定的人来确定。例如1982年宪法的第一百条就委任省、直辖市,可以制定地方性的法规。委任性规范是特殊授权性规范,但又因为受委任者在被要求的范围内所做的行为,不仅是它的权利,也是它的义务,所以不完全是任意的。

　　准用性规范,规定在适用此项规范时准许引用其他有关的规范,其本身则没有就有关的内容作出具体的表达。例如《中华人民共和国刑事诉讼法》第二十五条规定,书记员、翻译人员、鉴定人员的回避,也适用该法的第二十三、二十四条的规定。准用性规范所准用的内容范围,可以是法律规范的全部要素,也可以是一两个要素。

　　委任性规范和准用性规范都依靠别的规范来表达自己的具体内容。但准用性规范所引用的那些规范,是事先已经存在的和确定了的,所以也应当看作是确定性规范,只不过是没有把准用的具体内容直接表达出来而已。

第二节　社会主义法的制定

一、社会主义法的制定的概念

社会主义法的制定,就是有关的国家机关,在其权限范围内,按照一定的程序,创制、修改和废除法律规范,从而实现把工人阶级领导的广大人民的意志上升为国家意志的活动。

(1)社会主义法的制定是社会主义国家的特有的活动之一,一切其他的社会组织和个人都没有这种权力。但是,国家活动的范围十分广泛,除了制定法律之外,还有行政管理、军队建设、审判、检察等等。我们说只有国家才能进行法的制定的活动,完全不意味着所有的国家机关都拥有这方面的权限,也不意味着有权制定法律规范的国家机关的权限范围都一样。根据我国 1982 年宪法的精神,只有全国人民代表大会及其常委会才拥有立法权。这是通常所说的狭义上的法的制定。除此之外,广义的法的制定,还包括国务院及其所属各部委、各级地方国家机关制定行政法规和地方性法规等活动。

(2)社会主义法的制定,要遵照一定的程序。这种程序由法律明文规定,其中包括草案的提出、讨论、通过、批准、公布等方式和方法。任何违反法定程序而制定出来的法律规范,其本身就是非法的,当然就是无效的。强调法的制定程序,是保证法律规范的正确性、合法性和权威性所必需的,也是坚持民主集中制原则和社会主义法制的表现。

(3)社会主义法的制定不仅包括创立新法律,也应当包括修改和废除过时的旧法律规范。列宁早就指出:"如果旧的法令不行了,已经变化了的形势要求改变它,那就应该改变。"①修改过时的法律规范,实际上是以新法律规范代替它;而废除过时的法律规范,则意味着为新法律规范的制定创造条件。二者同创制新法律规范,具有同等的意义。此外,根据宪法和法律的精神,有关国家机关进行法律规范的创制、修改、废除活动的权限和程序,也往往是一致的。

(4)社会主义法的制定,就其本质而言,是把人民的意志上升为国家意志的过程。社会主义国家是人民的利益和意志的代表者,所谓国家意志就是人民意志的集中表现。人民只有通过国家的创制、修改和废除法律规范的活动,才能够使自己的根本利益和各个时期的具体利益上升为法,取得明确的、系统的形式,以保证其实现。所以,社会主义法的制定,生动地体现了人民在国家中的主人翁的崇高地位。

---

① 《列宁全集》第 28 卷,第 204 页。

二、制定社会主义法的原则

坚持社会主义道路,坚持无产阶级专政或人民民主专政,坚持共产党的领导,坚持马列主义、毛泽东思想,这是指导全部国家机关工作和全国人民行动的四项基本原则。当然也是我国法的制定所必须遵循的基本原则。我们这里所要阐述的法的制定的原则,从本质上说,正是总结了我国法制建设中贯彻和实现四项基本原则的经验而提出来的具体原则。

（一）从实际出发

从实际出发,是我党实事求是的思想路线在社会主义法制建设中的具体体现,只有坚持这一原则,才能使我国的立法工作符合社会主义建设的需要,才能更好地发挥法在社会主义建设中的作用。

制定法要从实际出发,就要做到把马克思列宁主义同中国具体情况密切结合起来,既能完整地、准确地掌握马克思列宁主义关于社会主义国家政权建设和社会主义法制建设,尤其是立法工作的一般原理,又能运用它分析、提出和解决立法工作中的种种问题。

要进行大量的、切实的调查研究,重要的在于摸清新中国成立以来我们自己的实际情况,总结我们自己的第一手经验。同时,也应该认真研究我国历史上及外国的一切对我们立法工作有用处的东西。

要善于及时地考察我国社会主义社会各个历史阶段的经济、政治及文化思想领域的变化情况,相应地开展法的立、改、废的活动。

要恰如其分地掌握法的制定的时机。当客观形势和主观经验尚未成熟的时候,人为地去追求法的"完整化",是脱离实际的。但是,当条件已经具备,还寻找这样那样的"理由",按兵不动或固守陈规,也是脱离(落后于)实际的。

（二）国家机关与群众相结合

群众路线是社会主义国家的根本工作路线,制定法律的工作也不例外,我们说法的制定是特定国家机关专有的职权,不能由群众自发地进行,但这丝毫不表明这项工作可以脱离人民群众。制定法的工作中的群众路线,恰如毛泽东同志概括的,就是"领导和群众相结合,领导和广大积极分子相结合的方法","一切重要的立法都要采用这个方法"。这儿所说的领导和群众相结合,就是专门的国家机关和群众相结合,其实际内容是将"从群众中来,到群众中去"作为制定法律的动机和目的的唯一根据。只有这样,才能反映广大人民的意志,实现人民的长远利益和其他的具体利益。立法工作要立足于总结人民群众的实践经验,积极主动地、广泛地听取人民群众的意见,吸收他们参与法的制定。

在我国,许多重要法律,都是我们党在实际工作中,经过调查研究,提出初步意见,同民主党派协商,逐渐形成草案,经过国家机关讨论修改以后,有的仍以草案的形式交地方国家机关、人民团体,一直到县乡,发动群众广泛讨论;有的应经过一定时期的试行,再由国家机关审议通过,成为正式法律。

(三)原则性和灵活性相结合

原则性表现法律的基本目的和要求,属于本质的规定;灵活性则表现为实现法律基本目的和要求的各种条件和方式。原则性是主要的、决定性的;但没有灵活性,原则也是不能得到贯彻和落实的。

我国社会主义法律的原则性,基本上体现于两个方面。在政治方面是民主原则,即对于人民内部的民主和对少数敌人实行专政二者的结合。在经济方面是社会主义原则,其中包括经济上的社会主义改造,尤其是实现整个国民经济的社会主义现代化。

至于灵活性,也包含两个要点。其一,在制定法律的时候,对某一项原则规定,要考虑到其实现的时间上的步骤性和方式,以及方法上的多样性。其二,要全面地考虑到社会主义法制的统一性与各地方、各部门有适当的制定法规的权限这两者的相互关系。既要保证中央的集中统一领导,又要充分发挥各地方、各部门的积极主动性。

社会主义法律的原则性和灵活性的结合,关键在于"正确"或"恰当"。一个法律文件失去原则性,就不成其为行为规则;"但是缺乏灵活性,就行不通,就会遭到对抗,就会失败。"

(四)保持法的稳定性、连续性和权威性

保持法的稳定性,指的是一个法律文件一经制定生效,就不能轻易地予以变更。我国社会主义法是一定客观形势的产物,在更深刻的意义上是潜藏在这种形势背后的客观规律的反映。只要这种形势没有发生根本性的变化,没有提出新的要求,只要该法律规范所反映的客观规律没有中止其作用,没有出现新的规律要求代替它之前,这些法律规范就应当继续发挥作用。

保持法律的连续性,指的是被取代了的旧法律和新法律之间的承接关系。社会主义事业是不间断地、前后继接地发展的。因此,新旧法律之间,也不会毫无关联,强调法律的连续性,就在于:第一,在新法律没有正式生效之前,旧法律要继续保持它的效力;第二,新法律应当尽量吸收旧法律中那些合理的、仍然有用的成分。通常的情况是,前一个法律是后一个法律的基础,后一个法律是前一个法律的自然的继续和发展。

保持法律的权威性,指的是整个社会对法律有崇高的信仰和积极的服从。社会主义法律主要依靠人民自觉自愿地服从,因为社会主义法律的权威,就是总体的人民自身的权威。绝大多数人热爱这个法律,当然不会感到它怎样地强制了自己。只有对极少数的敌对分子和人民中间的不轨分子,社会主义法律的权威才表现为威吓和强制。

(五)使法律具有纲领性

社会主义法律的意义不局限于总结过去的经验和记录人民群众奋斗的成果,而且

也应当向人民群众提出未来的目标和进一步努力的方向。列宁指出:"假使我们拒绝用法令指明道路,那我们就是社会主义的叛徒。这些在实际上不能立刻完全实行的法令,在宣传上起了很大的作用。"①毛泽东同志在论述宪法的作用时也说过,它"使全国人民有一条清楚的正确的道路可走,就可以提高全国人民积极性"。说社会主义法律应当具有纲领性,并不意味着专事讲一些太远的前景。法律要侧重于指出国家发展的现阶段所迫切需要的一些事情。否则,就容易使法律成为一般性的宣传和号召的手段,不能激发人们遵守法律规范的迫切感和现实感。

第三节　社会主义法的渊源

法的渊源,是指各种法律规范由哪些国家机关制定,并借助于什么具体形式表示。通常,不同的法律规范由不同的国家机关制定,采取不同的具体形式,其效力也有差别。

我国社会主义法的渊源,主要可概括为两大基本部分:第一部分是法律规范或文件;第二部分是从属于法律的其他规范或文件。

一、法律

法律,是由拥有立法权的最高国家机关,按照严格的程序制定和颁布,有最高法律效力的规范性文件。

法律的特征在于:首先,法律是由国家的最高权力机关制定的。我国 1982 年宪法规定,唯有全国人民代表大会和它的常委会才能行使立法权,制定法律。其次,法律是经过特别的法定程序制定的。在我国,一般要经过立法倡议、法律草案的讨论、表决通过和公布四个阶段。再次,法律所涉及的是社会制度、国家制度以及主要社会关系的基本问题。最后,法律具有最高的效力,其他一切法律规范都要从属于它,并且都是为了保证它的贯彻实施。如果同它的精神相抵触,均为无效。

我国的法律就其内容和效力而言,可以分为:

(1)宪法性法律。这是国家的根本法和最高法律,是一切法律的基础。它经过最严格的宪法程序,由全国人民代表大会制定。

(2)基本性法律。它规定国家某一方面的基本制度,如有关国家机构、刑事、民事、诉讼、婚姻家庭等,也由全国人民代表大会制定。

(3)其他法律。指的是,应当由全国人民代表大会制定的以外的各种法律。这些法律由全国人民代表大会常委会制定。根据1982年宪法的规定,在全国人民代表大会

---

① 《列宁全集》第 29 卷,第 180 页。

闭会期间,人大常委会对全国人民代表大会制定的法律可以进行部分的修改,但是不得同该法律的基本原则相抵触。

法律,除了可分为宪法性法律和普通法律(上述宪法性以外的法律)之外,还可分为:对全国公民都适用的一般性法律和只适用于部分公民的特殊性法律;在全国范围内有效的全国性法律和只在特定地方范围内有效的地方性法律;平时法律和战争等时期的非常法律;以及其他。

二、从属于法律的其他规范性文件

1982年宪法规定,国务院有"根据宪法和法律,规定行政措施,制定行政法规,发布决定和命令"的职权。这些行政措施、行政法规、决议和命令,是我国最高的行政性规范文件。此外,国务院所属各部、各委员会,为了执行宪法、法律和国务院规范性文件,有权发布命令、指示和规章。国务院及其所属机构的规范性文件,均有全国性的效力。有时由于特殊的需要,党中央和国务院发布联合指示。它是党中央的指示,也是中央政府的规范性文件,各级党组织和党员、全国各级国家机关以及公民都必须遵守。

根据1982年宪法的第一百条、一百零四条、一百零七条的规定,全国县级以上的各级人民代表大会及其常委会、各级人民政府,有依照法律规定的权限制定地方性法规、决议、决定和命令的权力。这些都属于地方性的规范性文件,在所辖区域内有效。宪法第一百一十六条又规定:"民族自治地方的人民代表大会有权依照当地民族的政治、经济和文化的特点,制定自治条例和单行条例。自治区的自治条例和单行条例,报全国人民代表大会常务委员会批准后生效。自治州、自治县的自治条例和单行条例,报省或者自治区的人民代表大会常务委员会批准后生效,并报全国人民代表大会常务委员会备案。"这种民族自治地方的自治条例和单行条例作为法律规范或法律文件,在所辖区域内有效。

在我国,由国家机关认可的习惯,是法的渊源之一。例如,1950年婚姻法第五条规定:"其他五代的旁系血族间禁止结婚的问题,从习惯。"把习惯当作法律渊源,主要目的在于照顾我国人民群众,特别是照顾少数民族中长期形成的、同社会主义法律的本质不相抵触的风俗习惯。国家机关认可的习惯,不是我国法的主要渊源,其数量极少。

我国法的渊源,还有我国同各国直接签订的包含规范性内容的条约,以及我国宣布承认或参加的一些已经存在的国际条约。这些条约对于各缔约国和参加国都有约束力。

第四节　社会主义法律规范的系统化

我国有关的国家机关,在不同历史时期,针对不同领域的问题,以不同的形式,颁布过大量的法律规范。为使法律规范易于应用和便于制定新法律规范时参考,并便于研究和查阅,需要对已经颁布过的法律规范进行加工整理,使之系统化。这种系统化,分为法规汇编和法典编纂两种。

法规汇编,就是由任意的单位和个人,出于多种需要,按照年代、法律部门及其他分类方法,对法律规范简单地加以集中和编排,汇成书册,而不改动法律规范的内容。法规汇编不是立法工作,仅仅属于技术性工作。这项工作本身也不具有任何法律上的权威性和约束性。

法典编纂,同法规汇编有本质的不同。它不只是要使法律规范系统化,而且本身就是立法活动。在这一活动过程中,要按最新宪法的精神和统一的原则,将一个部门的法律规范,全部重新进行审查,然后编纂成为一部有严密内在联系的、系统的法律文件,即法典。法典编纂包括法律规范的创制、修改、废除的工作。就是说,要以新规范填补空白,消除旧规范之间的相互冲突或不一致之处,修正那些含糊不清的、过时的和个别失误的地方,废止已经不适用的规范。由此可见,法典编纂实际上是用一部完整的部门法文件,来代替以前的全部本部门的法律规范或法律规范文件。

第五节　社会主义法的体系

一、社会主义法的体系的概念

社会主义法的体系,指一个社会主义国家现行法的各个部分(规范、制度、部门)所构成的有机统一整体。

在一个特定的社会主义国家中,它的法是作为统一整体而存在的,法的各组成部分有着紧密的联系。这里所说的法的组成部分,包括:第一,各项法律规范;第二,由若干法律规范构成的法律制度,如所有权制度、合同制度、审级制度等;第三,由若干法律规范,或由若干法律制度构成的法律部门,如宪法、民法、刑法、诉讼法等。该社会主义国家法的体系,就是由这些法律规范、制度、部门的相互协调而成的。其中,特别是法的部门,对于一个国家法的体系的建立和发展,有着直接的关系。

社会主义法的各个部门的区分,以客观存在的社会主义社会关系的多样性为基础,而不是人们任意确定的。在这方面,立法机关的任务就在于能够正确反映多样的社会关系的要求,及时制定出相应的法律规范来调整这些社会关系。一个法的部门,就是调整某一类社会关系的那些法律规范的总体。这意味着,划分法的部门的主要标准,是它所直接调整的对象的社会关系的性质。法所调整的对象的不同,决定了它对人们行为进行调整的方法不同。例如,对刑事方面的社会关系,多采取国家机关集中执行权力的方法来调整;对民事方面的社会关系,多采取当事人间分散的方法、自由表示意志的平权的方法来调整。尽管调整方法在区分法部门上是个派生的、从属的因素,但如果能够自觉地结合调整方法来分析法所调整的不同社会关系,无疑对于划分法的部门是大有裨益的。

社会主义法的部门的划分虽然有其质的规定性,但也包含相对性。首先,鉴于社会关系的复杂性,往往一种社会关系会同时由几个不同的法的部门来调整,其中每个法的部门只在本身特定的任务和直接调整对象的范围内调整这种关系,即它仅仅调整这种社会关系的某个侧面而不是全体。最明显的,像财产法、民法、经济法、财政法、行政法等部门,都对它进行部分的调整。其次,在社会主义事业的发展过程中,不可避免地会不断地产生出一些新的社会关系,消灭一些旧的社会关系,相应地就要求新的法的制度或法的部门的产生。

在西方资本主义国家,普遍地把法的体系划分为"公法"和"私法"两大部分,而法的部门是被分别统属于公法、私法之下的。这完全同资本主义私有制相一致。私法是私有制的直接表现;公法则是作为维护私有制的外部条件而存在,保障资本家们的整体利益。在社会主义国家,根本不存在划分公法、私法的基础。列宁指出:"我们不承认任何'私法'。在我们看来,经济领域中的一切都属于公法范围,而不属于私法范围。"①就是说,社会主义法建立在社会主义公有制的经济基础上,都反映全体人民的利益和意志。

一个特定的社会主义国家法的体系,同任何其他国家法的体系一样,不包括国际法这个特殊的法的部门,这由国际法本身的性质所决定。即国际法关系的主体是国家,国际法没有统一的立法机关,其规范是国际法关系参加者通过相互缔结国际条约的方法制定的,对国际法的实施没有一个统一的强制机构,只能由有关国家来强制,国际法的主要渊源是国际协议和国际惯例。由此可见,国际法同各国国内法的诸部门法相比较,在一些基本方面都有重大差异。

研究法的体系,有很重大的意义。首先,有助于国家的立法活动,使有关的国家机关弥补现行法中的缺陷,帮助其废除旧的法律,制定新的法律。其次,只有依据关于法的体系的知识,才可能从数量巨大的现行法律规范里找出适合于某个具体案件的规范。最后,法体系的知识还会帮助人们正确地领会各种法律规范的意义,即帮助人们把每一项法律规范同其他相近的规范联系起来,并把它同整个法的体系的基本原则联系起来进行评价。简言之,了解法的体系,不论对于立法、法的适用还是法学研究,都是不可缺少的。

二、我国社会主义法的部门

(一)宪法

我国宪法部门,由规定我国社会制度,国家制度,国家机关的组织和活动的基本原

---

① 《列宁全集》第36卷,第587页。

则,公民的基本权利和义务等法律规范所构成。这些规范主要集中在《中华人民共和国宪法》里,此外还包括在有关国家机关的选举及组织等法律文件里。

宪法部门是最高的法的部门,它的调整对象是我国最基本的社会关系。而且,宪法部门还规定其他法的部门的基本指导原则,从而为其他法的部门的建立提供了法律基础。

(二)行政法

我国行政法部门,由规定有关国家行政管理活动的法律规范所构成。它的主要内容是确定国家行政管理的体制,国家行政管理的职权,国家行政管理活动的基本原则及其方式和方法,国家机关工作人员的选拔、使用和任免的程序等等。行政法调整各级国家行政机关在履行职务的过程中同其他国家机关、社会团体、公民之间发生的社会关系。

我国行政法关系的主体,大部分是各级政府及其所属机构,其活动涉及到国家生活的各个领域。所以,行政法是很重要的部门法。

(三)刑法

我国刑法部门,由规定哪些行为属于犯罪,对实施犯罪的人适用什么刑罚,以及采取什么其他措施的法律规范所构成。

同其他各个法的部门相比,刑法的主要特征在于:首先,刑法调整的是犯罪人实施具有社会危险性行为而引起的一种特殊的、否定性的社会关系;其次,刑法是保卫其他各部门法律规范得以实现的法律规范的总和,这是由它所承担的根本任务决定的;最后,刑法所规定的制裁是最为严厉的。

(四)民法

我国的民法部门,由规定一定范围内的财产关系及同财产相关的某些人身关系的法律规范所构成。民法调整的财产关系并不是一切财产关系,而是限定于在社会主义社会中商品货币流通造成的财产关系的范围之内。我国民法也调整一些同财产相关的某些人身关系,如保障姓名权、著作权、发明权等。

民事法律关系的显著特征之一,是当事人(主体)之间处于平权的地位,互相均可自由地表示自己的意志,并且往往以等价或有偿为原则。

(五)婚姻家庭法

我国婚姻家庭法部门,由规定各种婚姻关系和家庭关系的法律规范所构成。

婚姻关系和家庭关系密不可分。婚姻是家庭产生的前提,家庭是在婚姻的基础上形成的人们之间的紧密的血缘关系。家庭是社会的缩影,因而是很重要的。

在资本主义社会,调整家庭婚姻关系的法律规范包括在民法部门之中,这是因为资产阶级把家庭婚姻关系视为简单的金钱财产关系所致。而社会主义婚姻家庭关系则是具有完全不同性质的、独立的社会关系,不容许同财产关系混为一谈。所以,不能把社会主义婚姻家庭关系视为隶属民法的部门,它应当是一个单独的法的部门。

（六）经济法

我国的经济法部门,由规定有关国家的经济领导机关、企业和组织,在经济管理活动中发生的相互关系的法律规范所构成。

在我国,经济法是一个新的法的部门。它是随着我国现代化建设的新形势的要求而产生出来的。经济法主要是民法、行政法交互作用下派生的法的部门,即一个边缘的综合性的法的部门。

经济法的内容极为广阔,包含从国民经济计划、合同,到工业、基本建设、农业、土地、环境保护、商业、外贸、中外合资经营,乃至科学发现、技术上的发明和创造等的法律规范。经济法是推动我国四化建设的一个强有力的手段。

（七）劳动法

我国劳动法部门,由规定有关职工在劳动过程中发生的各种关系的法律规范所构成。其中包括国营企业和事业单位以及国家机关与职工之间的劳动合同、工作制度、劳动报酬、劳动保护、劳动争议的解决等问题。

在社会主义社会,劳动关系是新型的社会关系。广大职工已不再是资本的雇佣奴隶,而是国家的主人。劳动变成了崇高的事业。调整劳动关系的主要原则,是民主集中制原则和各尽所能、按劳分配原则。因而,它同资本主义国家的劳动法有本质的区别。

（八）诉讼法

我国的诉讼法部门,由规定有关诉讼程序问题的法律规范所构成。按照具体调整的社会关系的性质,诉讼法又分为刑事诉讼法和民事诉讼法。

刑事诉讼法,是在处理刑事案件过程中,公安、检察、法院与其他案件关系人之间发生的关系。民事诉讼法,是在处理民事案件中发生的关系。两者都调整诉讼关系,所以必然在法律原则和法律制度方面有若干共同之处(如公开审判、合议、审级、证据等),但它们又有重大的不同。刑事诉讼关系中行使职权的国家机关与被告人及其他关系人,主要是权力从属关系;而民事诉讼关系中的原告、被告双方是平权关系。最终用以解决案件所依据的实体法(刑法与民法等)也不同,这是应当加以区别的。

第五章　社会主义法的适用

在我国,学术界习惯于把遵守社会主义法和法的适用统称为社会主义法的实施。所谓法的实施,就是法在社会生活中得到实现。

这里先讲社会主义法的适用问题,而把守法问题放到社会主义法制部分加以叙述。

第一节　社会主义法的适用的概念

社会主义法的适用,是国家机关及其工作人员,按照法定的权限和程序,为了完成其特定的职务而运用法律的活动。其特点在于:第一,法的适用的主体是国家机关,它以国家的名义进行活动;第二,这种活动必须严格地在法定权限范围内、按照法定的程序进行;第三,国家机关和公职人员适用法的目的,是完成其承担的职务。在我国,国家机关和公职人员适用法,也叫执行法律(执法)。

社会主义国家的公安机关、检察机关、司法机关(法院)以及某些行政机关(如行政监察机关、公证机关),是专门的法的适用的机关,或专门的执法机关。它们的主要任务,就是监督和保证法律的正确理解和执行,解决法律纠纷,处理违法事件。因此,它们对于社会主义法的适用,具有特别重要的意义。

为了确切地把握社会主义法的适用的概念,需要注意的是:第一,国家机关为实现宪法和法律而制定规范性文件的活动,不是法的适用,而是法制定的活动。第二,国家机关或公职人员以普通的法律关系主体的身份(如以法人的身份)参与法律活动,不是适用法律,而是遵守法律的问题。第三,国家机关、社会团体、公职人员和公民,组织和开展法制宣传教育活动等,也不是法的适用,而是为法的适用或实施创造条件。

法的适用最能表现法的阶级本质。在资产阶级国家,法的适用就是直接对广大人民群众实行专政。所以,马克思指出:"在这方面法律的运用比法律本身还要不人道得多。"①相反,社会主义法的适用则是直接实现人民群众的利益和意志。因而,它有极其深厚和广泛的社会基础。

---

① 《马克思恩格斯全集》第1卷,第703页。

第二节　社会主义法的适用的原则

社会主义法的适用的基本要求是正确、合法、及时。为了保证达到这一要求，必须有相应的原则作保证。

一、以事实为根据，以法律为准绳

以事实为根据，是坚持唯物主义认识论，即构成案件的事实是客观的存在。对于负有处理这个案件责任的国家机关工作人员来说，案件事实是他认识的对象，这些事实不以案件关系人的任何一方的意志为转移，当然也不以他的意志为转移。国家机关工作人员首先必须忠实于事实真相，这就要求他深入实际，深入群众，调查研究，查明事实真相，坚决摈弃一切先入为主、偏听偏信、歪曲事实等主观主义以及粗枝大叶和各种不正之风。

以法律为准绳，指的是国家机关工作人员要忠实于法律，即忠实于人民的意志或国家意志。这包括两层意思：一是他在查明案件事实的过程中，必须遵照法律规定的程序；二是对案件所作的处理结论，必须以法律的规定为标准。只有以法律为准绳，才能划清合法与非法、违法的性质、罪与非罪、处罚的轻重等方面的界限。为此，就要求国家机关工作人员坚决摈弃以自己的主观意志代替法律，滥用法律，以及各种枉法行为。

以事实为根据和以法律为准绳二者作为一项法的适用原则，是相互依存的。案件事实是构成案件本身的东西。所谓法的适用，正是适用于案件的事实，解决它所产生的问题。所以，离开这些事实，就谈不上法的适用。另外一方面，离开法这个准则，就弄不清案件的事实；即便弄清了，也不能作出正确的结论，解决不了案件问题。

二、公民在法律适用上一律平等

我们平常所说的"法律面前人人平等"，主要是指公民在法律适用上一律平等。这个原则表明，每个公民都要遵守法律，享有法律规定的权利和履行法律规定的义务，不允许任何人有超越法律之外和凌驾法律之上的特权。无论是谁，只要违反了法律，都要同等地追究其法律责任，无一例外。这就是说，凡属我国公民，无论其民族、种族、性别、职业、宗教信仰、教育程度、财产状况、居住期限有何差别，无论其家庭出身、本人成分、社会地位和政治历史有何不同，也无论被控告者是否犯过罪或者是否属于敌我性质矛盾，司法机关在适用法律时，一视同仁，平等对待。

公民在法律适用上一律平等的原则，同社会主义法的阶级性是完全一致的。因为,社会主义的法作为打击敌人、保护人民和促进国家经济建设的工具,其本身就具有十分鲜明的阶级属性。国家机关和公职人员,只要能够同等地、不折不扣地对每个公民适用法,就是严格地坚持了社会主义法的阶级性。与此相反,倘若允许借口坚持法的阶级性,对于同一性质的案件,因人而异地适用法律,势必破坏法律的统一标准,造成法律秩序的混乱,而且,还会给特权思想、各种枉法行为,甚至给一小撮阶级敌人的破坏捣乱大开方便之门。

三、坚持群众路线

坚持法的适用中的群众路线,意味着把国家机关的活动置于人民群众的严密监督之下。我们的法律是人民意志和利益的反映,因此人民对于国家机关和公职人员的活动是否真正符合法律的要求,是否真正符合自己的意志和利益最为关注,而且最有发言权。国家机关和公职人员只有虚心倾听人民群众的呼声,自觉接受人民群众的监督,才能把法的适用工作做好。

任何一个实施违法行为的人都不能不同人民群众接触,不能不在人民群众当中造成影响和遗有形踪。不论多么诡秘的伎俩,多么复杂的情况,都难以逃脱人民群众的视野。所以,执法人员只有深入人民群众中去进行调查了解才能揭示事实真相,为法的适用提供坚实可靠的根据。

人民群众参与法的适用的活动越普遍、越经常,就越能熟悉和掌握国家的法律,并从案件的处理过程中受到生动的教育,提高法制观念。这样,他们就能善于运用法律来衡量是非曲直,同一切违法现象作斗争,有效地维护社会主义法律秩序。

第三节　社会主义法律规范的效力

法律规范的效力,就是它的适用范围。它包括空间、时间和对人的效力。

一、空间效力

法律规范的空间效力,指它在什么地区内有效。

在我国,一般地说,全国性的法律规范,在全国范围内有效;地方性的法律规范,在相应的地区内有效。但是,法律规范本身也可以特别规定其效力的空间范围。

我国的领土,包括属于我国管辖的全部陆、海、空领域,以及驻外使馆、航行或停泊在国境以外的船舶和飞机。在所有这些区域内,均适用我国的法律。

我国法律和他国法律相互间的局部的域外效力问题,需要通过有关国家的具体协议来规定。

二、时间效力

法律规范的时间效力,指它开始生效、终止生效和是否溯及既往的问题。

我国法律规范开始生效的日期,一般都在规范文件中作出明文规定。这又有两种情况:一是规定从公布之日起生效;二是规定从以后的某个特定的日期起生效。

我国法律规范的终止生效的日期,大体情况是:或者由法律文件本身直接规定终止生效的日期;或者因新的法律规范的颁布,有关的旧法律规范当然地终止生效;或者有权机关作出特别的决定,宣布废止某些法律规范或文件,从而终止其时效。

我国新颁布的法律,按一般原则,对于过去发生的行为是没有溯及既往的效力的。这种引导公民按照已有的和他们已知的法律办事的精神,有利于社会主义法制的建设。但在个别情况下,为维护国家和人民的利益,法律也溯及既往,通常都采用从轻的原则。

三、对人的效力

我国公民在我国领土范围内,一律适用我国法律。我国公民在外国,其适用法律的问题比较复杂。我国法律,原则上对他们是适用的,但又存在适用所在国法律的问题,妥善的解决办法往往要依靠两国谈判。

在我国居住的外国人或无国籍的人,除享有外交特权和豁免权者外,都适用我国的法律。享有外交特权和豁免权者有违反我国法律的行为,对其责任的追究,通过外交途径解决。

外国人在外国侵犯我们国家或我国公民利益的事件,我国有权要求适用我国的法律。

第四节　社会主义法律规范的解释

法律规范的解释,从不同的角度,可以有不同的分类。

1. 从解释的主体上,可分为正式解释和非正式解释。

(1)正式解释(或有权解释),其中包括立法解释、行政解释、司法解释。

①立法解释,是立法机关对于法律的解释。根据我国 1982 年宪法的规定,解释宪法和法律的权力属于全国人民代表大会常委会,这种解释具有全国性的意义。更广义地说,立法解释也可以指制定该项法律规范的国家机关的解释。

②行政解释,是国家行政机关在自己职权范围内对法律规范所进行的解释。

③司法解释,是法院在审判过程中对其所适用的法律规范进行的解释。最高人民

法院审判委员会所作的司法解释,对于各种专门法院和地方各级法院有约束力。而所有的法院在处理具体案件过程中进行的司法解释,仅仅对这个案件有约束力。

(2)非正式解释(或无权解释),其中包括学理解释和任意解释。

①学理解释,是在法学研究中对法律规范所作的解释。

②任意解释,是私人性质的解释。

与正式解释不同,非正式解释没有约束力。

2. 从解释法律规范的外延上,可分为扩充解释、限制解释和字面解释。其中,字面解释最为常见。不论哪种解释,都是为了符合立法的原意。

3. 从解释的方法上,可分为文法解释、逻辑解释、历史解释(通过对该项法律规范制定的历史条件的分析所作的解释)和系统解释(通过阐述该项法律规范在一定法律体系中的地位所作的解释)。

第五节　社会主义法律规范的类推适用

法律规范的类推适用,通常是指在司法实践中,由于缺乏法律的直接规定,而适用性质上最相近的法律规范的情况。

这种类推适用,显然是用以补充立法的不足。它固然同国家法律的完备程度密切相关,但再完备的立法也不可能网罗社会生活中的一切情况,尤其在政治、经济形势发展非常疾速的情况下,更不能要求立法机关事先预想到多种多样的需要,所以法律规范类推适用的必要性总是或多或少存在的。不过,我们也要认识到,类推毕竟不如直接的法律规定那么准确,而且难以掌握,容易违背立法精神。所以,在社会主义国家,应当严格限制类推适用。我国刑法第七十九条规定:"本法分则没有明文规定的犯罪,可以比照本法分则最相类似的条文定罪判刑,但是应该报请最高人民法院核准。"这一规定体现了对于类推适用要从严掌握的精神。无疑,这对维护社会主义法制是有重要意义的。

第六章　社会主义法律关系

第一节　社会主义法律关系的概念

社会主义法律关系,是一种特殊的社会主义社会关系。它是社会主义法律规范在调整社会生活过程中产生的,通过人们之间的权利、义务关系表现出来的。

具体些说,社会主义法律关系包括以下三点内容。

一、社会主义法律关系是一种特殊的社会关系

整个社会关系分为物质关系和思想关系,或者叫作经济基础关系和上层建筑关系。法律关系是由经济基础关系所决定的上层建筑关系,或思想关系。

但是,在社会思想关系中,法律关系又有自己独特的表现:(1)用来调整这种社会关系的法律关系本身就是国家意志,即被集中起来的统治阶级意志——思想。(2)这样那样的具体法律关系,一般都是由它的参加者的意志所引起的。因此,法律关系的思想色彩是非常明显的。

二、社会主义法律关系是社会主义法律规范调整社会生活过程中所产生的关系

这就是说,法律关系必须是以法律规范的存在作为不可缺少的前提。假若缺乏某一方面的法律规范,便不会产生相应的法律关系。换言之,某一种社会关系,如果不是由相应的法律规范引起的,那么它就不是法律关系。按照人们喜欢举的例子,像友谊关系和爱情关系之类,就不是法律关系。因为,这类社会关系没有必要规定为法律,这样,参与这类关系的各方,就没有什么法律意义上的权利和义务。

三、社会主义法律关系是通过人们之间的权利、义务关系获得表现的

严格地说,权利、义务本来就是法律的概念。在没有法律的社会中,是没有什么权利、义务划分的。正如恩格斯所说,在原始社会中就谈不到权利、义务问题。那里,有

的是道德上的不应当,有的是个人意志中的愿意不愿意的问题,正像说不请吃饭是人们的权利或是义务一样。

法律关系作为阶级社会中特有的一种社会关系,其重要的特征在于,这种关系的参与者,都作为法律规范所规定的权利、义务的承担者之间的关系,从而是受到国家强制力所保护的。

第二节　社会主义法律关系的要素

社会主义法律关系,也同其他各种类型社会中的法律关系一样,由主体、客体和内容三大要素构成。

一、法律关系的主体

法律关系的主体,也称权利主体。它指的是参与法律关系、从而享有权利和承担义务的人。

作为一个法律关系的主体,就要具备权利能力和行为能力条件。权利能力,指有参与法律关系、享受权利并承担义务的能力。行为能力,指有以自己的行为来享受权利并承担义务的能力。由此可知,凡具有行为能力的人,都具有权利能力,但有权利能力的人却不一定有行为能力,如未成年人、精神病患者等等。

权利主体的范围,因社会情况不同而不同。我国法律关系中的权利主体范围是很广泛的。大体有:①公民。②外国侨民和无国籍的人,按照我国法律或有关国际条约的规定,可以成为我国某些法律关系的主体。③作为整体的国家,不仅是国际法律关系的主体,也是某些重要的国内法律关系的主体。例如,它是全民所有财产的主体,是保卫公民权利、义务的主体,等等。④各种国家机关、企业和事业单位。⑤各种集体所有制单位。⑥各人民团体。⑦中外合资经营企业、中外合作企业、外资企业。⑧其他。

二、法律关系的客体

法律关系的客体,也称权利客体。它指的是法律关系主体的权利、义务指向的对象。由于社会性质或国家性质的不同,权利客体的内容也不同。比如,奴隶社会和封建社会法律关系的重要特点,就是公开地把人(奴隶和农奴)当作权利客体。资本主义社会一般不允许把劳动者当作权利客体,但法律却把家庭婚姻关系视为物与物的关系,实际上是变相地把人当成权利客体。

社会主义国家则根本不同。在这里,权利客体主要有两类。

（1）物，指有一定使用价值的财产。其中包括精神的或知识的财产，如著作权、发明权、专利权等。

（2）行为，即一定的作为或不作为。如在家庭的法律关系中，父母与子女有相互扶养的义务，就是要求作为；另外，禁止互相虐待和遗弃，就是要求不作为。在这种情况下的作为或不作为，就是相应的法律关系的客体。

特别需要强调的是，在社会主义国家，绝不允许公开地或变相地把人或人格当作权利客体。

三、社会主义法律关系的内容

社会主义法律关系的内容，指的是权利主体所享有的权利和义务。

权利，是法律关系主体依法所享有的益处。权利的表现是：或者自己能够做或不做一定的行为，或者能够要求他人做或不做一定的行为。

义务，是法律关系主体依法所必须尽的责任。这种责任包括一定的作为或者不作为。

权利和义务是统一的，相互依存，不可分割。没有无权利的义务，也没有无义务的权利。这种统一关系，一般地说，既表现在法律关系主体本身之中，也表现在同他方的对应关系之中。

在剥削类型国家中，权利与义务的统一，经常是不真实的。

第三节　法律事实

由于各种各样的原因，法律关系是在不断变化的。概括地说，凡是能引起法律关系产生、变更和消灭的那些情况，就叫法律事实。

总起来看，所谓法律事实，没有超出法律规范中假定这个要素所规定的那些情况的范围。那些情况一旦作为事实出现，相应的法律关系就产生；那些情况有了变化，相应的法律关系就变化；那些情况消灭了，相应的法律关系就消灭。但是，作为具体的法律关系的法律事实，其所指的情况不必那么广泛。这种法律事实包括如下两类。

一、事件

事件，即不以人们的意志为转移而发生的一些事情，如死亡、天灾、时间的推移等等。

二、行为

行为,即通过人们的意志而发生的一些事情,其中又分为作为和不作为。

需要进一步说明,作为法律事实的行为,可能是合法行为,即符合法律规范要求的行为,也可能是违法行为,即违反法律规范要求的行为。

任何违法行为都侵犯了法律规范所保护的客体,从而都损害了权利主体的利益,也损害了社会和国家的利益。因此违法者要承担法律责任,也就是受到法律规范规定的制裁。

第七章　社会主义法制

第一节　法制的概念

在说明什么是社会主义法制之前,必须先说明关于法制的一般概念。

法制一词的含义有广义、狭义之分。广义的法制,是指国家的法律和制度的总称。如同董必武同志所说:"我们望文思义,国家的法律和制度,就是法制。"①在这个意义上,历史上所有的国家都有法制。狭义的法制,是指全体国家机关、社会团体、公职人员和公民都一律平等地严格按照法律办事。十月革命以后,列宁讲的法制即俄文 Законность,就是"守法性"或"法律的状态"的意思。狭义的法制,在奴隶制和封建制国家是不存在的,因为它们维护的是公开的人身不平等即人身依附关系,是以野蛮、特权、等级制度为特征的。狭义的法制概念,只是近代以来的法制概念,即它只存在于资本主义国家和社会主义国家。当然,这两种类型的法制,又有本质的区别。

谈到法制的概念时,要注意"法制"同"法治"两词的联系。所谓"法治",有时指国家运用法作为手段进行统治,相当于广义的法制,在古代就存在了(如春秋战国时法家所鼓吹的法治,就是专制主义国家的法治)。其次,"法治"有时也指所谓的"法的统治",也就是狭义的"法制"。

知道了法制的一般概念,了解社会主义法制概念就很容易了,广义的社会主义法制,就是社会主义国家所确立的法律和制度的总称。狭义的社会主义法制,就是一切国家机关、企业事业单位、社会团体、国家工作人员、全体公民都必须严格遵守和执行国家的法律和制度,即"依法办事"。由于社会主义民主是占人口95%以上的最广大的民主,也由于在人民内部没有根本的利害冲突,所以社会主义法制就没有资产阶级法制那样的局限性。它能够得到真正的实施,并朝着最彻底、最完善的方向发展。

第二节　社会主义法制的基本要求

社会主义法制的基本要求,就是十一届三中全会公报所概括的四句话十六个字:有法可依,有法必依,执法必严,违法必究。这四个方面是统一的,相互联系和相互制约的。

---

① 《论社会主义民主和法制》,第153页。

一、有法可依

有法可依,是建立和加强社会主义法制的前提。有了法,才能谈到国家的法律和制度完善与否的问题;有了法,才能谈到依法办事和守法的问题。一句话,有了法才能谈到法制的问题。所以,要加强社会主义法制,就必须及时地适应形势发展的需要,进行立法,使社会主义的法律体系尽快地完备起来,使人们的行为到处都有所遵循。

二、有法必依

如同前面已说过的那样,有法必依是法制的核心问题,是加强社会主义法制的关键。列宁指出,从制定法律到执行法律和实现法律,总是有相当的距离。又说,再周全的法律也是有空隙可钻的。由此可知,有法必依是要经过斗争才能实现的。有了法律,如果得不到遵守和实施,那么法律再好,不过是一纸空文。

有法必依有两个方面:第一,对于国家职能机关和公职人员来说,有法必依就是严格执法的问题;第二,对于公民个人来说,是个守法的问题。

三、执法必严

执法必严是国家职能机关及其公职人员实施或适用法律的问题。执法必严包括两个主要环节:第一,办事的过程要符合法律规定的手续;第二,对于公务和案件的决定、处理,必须以法律作为根据。简言之,执法必严就是要求执法者绝对服从法律,而不掺进个人的主观任意性。

四、违法必究

违法必究是对应执法必严提出来的,它着重于被执法的人或执法的对象。就是说,凡违法的人,不论是谁,一律要依法追究和制裁,绝不允许任何人有置身于法律之外、凌驾于法律之上的特权。这也就是坚持公民在法律适用方面一律平等的原则。

只有真正地、完全地做到以上四方面,才可以说社会主义法制比较健全了,社会主义法制的作用比较充分地发挥出来了。

第三节　社会主义民主制度化法律化

一、社会主义民主的概念

民主一词来源于希腊词,原意是"人民的权力""人民的统治"。民主有两个方面的含义:第一,是国体(国家的本质)在统治阶级内部的体现。它是相对于对被统治阶级所实行的专政而言的。第二,是一种政体,即一种国家形式。它是相对于君主政体、贵族政体而言的。总之,科学地理解就是:民主是个国家的概念。因此,历史上有几种类型的国家,就有几种类型的民主。

社会主义民主,是社会主义国家制度。其基本含义是:全体人民在共同享有对生产资料的所有权、支配权和管理权的基础上,共同享有管理国家生活和社会生活的权力,也就是人民当家作主。同资产阶级民主相比,社会主义民主的主要优越性在于:第一,社会主义民主的主体即享受民主的人是非常广泛的,占人口的95%以上。第二,社会主义民主的内容极其丰富,包含社会的、政治的、经济的、文化思想的各个领域。第三,社会主义民主是有物质保证的,因为它是建立在公有制的基础之上的民主。正是为了强调社会主义民主同资产阶级民主之间的本质区别,列宁才说社会主义民主比资本主义民主优越百万倍。

二、社会主义民主与社会主义法制的辩证关系

社会主义社会中的民主和法制都是社会主义经济基础的上层建筑,并为社会主义经济基础服务。在整个社会主义社会发展的过程中,它们自始至终是相互一致、相互依存和相互促进的。

更具体些说,民主和法制的辩证关系,表现在以下两个方面。

(一)社会主义民主是社会主义法制的前提

(1)社会主义民主是社会主义国家的概念。所以,同法制相比,它是第一位的、决定性的,而法制是被决定的、从属性的。人民只有掌握了国家政权,争得了民主之后,才能为自己立法,建立自己的法制。

(2)法制的力量是存在于民主之中,即存在于组成国家政权的人民群众之中的。

(3)从发展方向上看,法制也是伴随民主的发展而不断发展的。

(二)社会主义法制是社会主义民主的保障

人民在掌握国家政权以后,必然要运用法制这个手段来保卫国家政权,也就是保卫社会主义民主。具体表现在三个方面:

(1)社会主义法制把民主作为人民斗争的胜利成果,系统地、明确地、具体地记载

和巩固下来,以确认民主。

(2)社会主义法制通过本身的指导作用,向国家机关、公职人员和公民指明,怎样做是符合民主的行为,怎样做是违反民主的行为,从而实现民主。

(3)社会主义法制通过惩罚各种违法和犯罪,维护人民民主权利,以捍卫民主。

正是鉴于民主和法制的这种客观的辩证统一关系,在任何时候都必须把它们紧密结合起来。

三、使社会主义民主制度化、法律化

社会主义民主的建设和社会主义法制的建设二者紧密结合的最根本表现,就是努力使社会主义民主制度化、法律化。

社会主义民主的制度化、法律化,从根本上说,指的是把人民艰苦斗争取得的当家作主的最高权力(政权)和公民的各项自由权利(人权),用国家的制度和法律的形式肯定和确定下来,使之条文化、定型化、规范化。其目的在于,使社会主义民主作为一种具有最高权威性的、最稳定和明确的制度,从而为全体国家机关、公职人员和公民所了解和严格遵守。如果有谁敢侵犯和破坏它,法律立即加以追究,予以制裁。

使社会主义民主制度化、法律化,是直接关系到维护、发展人民民主专政的国家政权和国家根本制度的大事,当然也是社会主义法制建设的一项根本的和首要的任务。

第四节　社会主义法律意识

一、法律意识的概念

法律意识,是人们的法律观念(心理)和法律理论的总称。

这就是说,从法律意识的结构上看,它主要包括两个部分:

(1)法律概念或法律心理。这是在人们中间自发产生的对法和法律现象的看法和态度,它是法律意识的低级形式。

(2)法律理论。这是对法和法律现象的认识的体系化,它是法律意识的高级形式。法律理论在法律意识中,处于指导和主导的地位。

法律意识的结构,也可以分为个人法律意识和社会群体法律意识两部分。

法和意识、法律观念和法律理论、个人法律意识和社会群体法律意识,其相互之间是紧密联系与彼此影响的。它们都是一定社会的上层建筑,都有强烈的阶级性。在特定社会中,占据统治地位的法律意识,必然是统治阶级的法律意识。

二、社会主义法律意识的根本特点和主要意义

社会主义法律意识,是工人阶级为代表的广大人民的革命法律意识,它是在同剥削阶级进行斗争中形成的。在社会主义法律意识中占据主导地位的法律理论,是马克思主义理论的组成部分。因此,这种法律理论不能从劳动人民中自发产生,而必须向人民之中进行灌输。

社会主义法律意识,对于社会主义法制建设有着重大意义:

(1)对于立法的意义。任何一项真正的社会主义法律规范都是社会主义法律意识的直接产物,都反映社会主义法律意识的要求,都是社会主义法律意识的固定化和条文化。

(2)对法律适用(执法)的意义。尽管法律规范是社会主义法律意识的产物,但是它要适用到具体案件中去,也离不开执法人员的法律意识。具体说,法律规范的解释,就是法律意识的表现。如俄国十月革命废除旧俄法律之后,列宁一再强调,要按照"革命信念和革命的法律意识"来进行审判工作。

(3)对人民群众守法的意义。人民之所以能够自觉遵守社会主义法律,是由他们的社会主义法律意识所支配的。守法教育,必须像董必武同志所指出的那样:要"培养群众法律意识",即"我们自己的守法概念要很好地、明显地在我们意识中确定下来"。

由此可知,社会主义法制建设,必须同社会主义法律意识的培养与教育同时进行才能成功。

第八章　守法和违法

第一节　守　法

一、守法的概念和意义

守法,也叫法的遵守。它是指所有法律关系的主体都要严格按照法律规范的规定去行动。

这里所讲的守法的主体,宪法作了明确规定,"中华人民共和国公民必须遵守宪法和法律";"一切国家机关和武装力量、各政党和各社会团体、各企业事业组织都必须遵守宪法和法律"。由此可知,守法主体可以归结为个人和社会组织两类,就是说,守法并不限于公民个人,也包含国家机关的执法,即法的适用在内。

另外,这里所讲的作为守法对象的法律也是广义的。它包括宪法和法律,也包括其他各种层次和各种形式的法律规范在内。

守法,由于法律规范性质的不同,表现在对人们行为的要求也不同。具体说,义务性规范的遵守,表现为法律关系主体能够积极地履行自己的义务或责任的作为;禁止性规范的遵守,表现为法律关系主体的不作为;授权性规范的遵守,表现为所有其他的人都能尊重和保障法律关系主体的自由意志。

社会主义国家中的守法与资本主义国家中的守法有本质的不同。社会主义国家中守法的最大特点在于,它主要地不是依靠国家权力的强制,而是依靠广大人民群众对于体现自己利益和意志的法所具有的信赖,依靠绝大多数人的自觉性。但是,这同社会主义法本身具有的强制性,以及对违法者的制裁是并行不悖的。

在社会主义社会中,守法的意义在于:

第一,守法是巩固人民民主专政和社会主义制度的需要。社会主义法是人民自己制定的,自己不恪守,就会给敌对分子和各种犯罪分子以可乘之机,破坏和瓦解我们的国家制度和社会制度。反之,人民恪守法律,就能堵塞各种漏洞,防止和及时揭露、打击一切违法犯罪行为,有效地保卫我们的国家制度和社会制度。

第二,守法是保障人民群众充分享受社会主义民主自由的需要,是在人民内部贯彻民主集中制的需要。一方面社会主义是保障人民民主权利的有力工具,每个法律关系主体只有按照法律规范的要求办事,才能取得合法的权益;同时,只有社会一体地守法,才能保证每个法律关系主体的合法权益不受侵犯。另一方面还应当知道,在社会主义社会里,每个法律关系主体所享有的民主、自由的权利不是绝对的,而是相对于集中、纪律、义务而存在的。守法就意味着把民主与集中、自由与纪律、权利与义务统一起来,意味着正确地,而不是滥用民主自由权利。

第三,守法是维持社会上正常和良好的生产、工作、学习、生活的秩序的需要。守法能把整个社会的行为纳入法律的轨道,使每个人都明确他在各种法律关系中的地位,懂得自己有哪些权利和义务,制约自己怎样去行为或不行为,这样一来社会自然就形成一种井然的秩序,保证社会主义现代化建设的顺利进行。

二、人民群众要守法

守法是每个公民的宪法义务。这种义务是同宪法和法律规定的广泛的民主自由权利相对应的。

在公民守法问题上,最根本的一点在于弄清个人利益和人民整体利益的关系。在社会主义国家,个人利益与人民整体利益是不能分割的,个人利益是存在于整体利益之中的,整体利益是个人利益的源泉和保障。遵守法律,就是服从包括自己利益在内的整体利益,就是服从自己的根本利益和长远利益。只有树立这样的观点,才能有守法的自觉性。

有人认为法律只是让敌人来遵守的,人民自己可以不遵守,这是很大的误解。这种观点的错误在于:第一,把法律的对敌专政的锋芒同法律的遵守混为一谈。不错,法律是对敌专政的锐利武器。但是,法律要真正能够发挥这种作用,归根到底要靠人民维护法律自身的威严。反之,如果人民本身都藐视法律,那么法律就不会有力量。第二,把法律的强迫遵守和自觉遵守混为一谈。敌人之所以成为敌人,重要的一点就表现为他们破坏了法律,所以人民的国家要强迫他们服从法律。由此可知,敌人守法实际上就是伏法的问题。相反,人民的守法是自觉的守法,是真正意义上的守法。

有人认为,守法会限制个人的自由,这种观点错在不了解社会主义法律与自由的关系。社会主义法律是客观规律的反映,是被认识了的必然;因此,遵守法律就是遵守客观规律或必然性。由此可知,守法看起来是对个人自由的限制,实际上却是一种解放,使人们获得真正的自由。相反,如果认为自由是离开法律范围的为所欲为,那他就真正给自己套上了枷锁,使自己失去了自由。因为,这样一来,他就完全陷入了盲目性,从而会在客观规律面前碰壁,遭到客观规律的惩罚。这个道理,许多资产阶级的思想家们都早已不同程度地看到了。例如,法国18世纪杰出的启蒙思想家孟德斯鸠说过,"自由是做法律所许可的一切事情的权利;如果一个公民能够做法律所禁止的事情,他就不再有自由了,因为其他的人也同样会有这个权利的","政治自由并不是愿意做什么就做什么"①。马克思主义经典作家也借鉴了这些正确的观点,强调要正确对待社会主义法与自由的关系。

三、国家干部要带头守法

国家干部的守法包含双重意义:一是作为一个普通公民遵守法律;二是作为公职人员代表国家正确地适用法律。

国家干部,尤其是各级领导干部以身作则,模范地遵守法律、适用法律、严格依法办事,非常重要。第一,只有他们严格守法,才能要求和带动人民群众守法。第二,各级领导干部手中有一定的权力,直接掌握一定范围的工作,他们守法与否都直接关系到广大人民的切身利益,关系到政权的巩固。

但是,由于传统的封建主义特权思想的流毒,对于守法问题,有的人往往持有错误思想。有些干部认为"法律是管老百姓的",自己可以超越法律之外和凌驾法律之上。他们或者用个人意志代替国家法律,把自己管辖的范围当成世袭领地或独立王国,一个人说了算,独断专行,无理干预国家机关的正常工作;或者把法律当作泄私愤、打击报复、整人的手段,滥加施用;或者视法律为儿戏,以身试法,纵容和包庇亲属熟人的违法犯罪行为。这些人实际上已丧失了人民公仆的本色,即使做一个普通公民也不合格。

必须指出,公民在法律上一律平等是社会主义法制的一条重要原则,在我们国家里,人们只有分工的不同,而没有尊、卑、贵、贱的区别。干部的职务和权力,不过意味着他要对人民尽更大的义务,更应当维护法律的尊严罢了。所以,"王子犯法,与民同罪","知法犯法,罪加一等"的格言,仍然应当作为干部的警句。

四、国家机关的守法

国家机关的守法,就是严格地适用法律。这里需要强调的是司法机关的守法。

人民的公安机关、人民法院、人民检察院是专门的执法机关,即司法机关,它是保护人民、打击敌人、捍卫现代化建设的卫士。它们能否严格守法,真正按照法律办事,对法律的贯彻执行具有特殊的重要性。法院组织法和检察院组织法、刑事诉讼法和民事诉讼法,对于这两种国家机关的性质、任务、组织、原则、工作程序和方法都做出了明确规定,必须不折不扣地贯彻执行。

司法机关及其工作人员一定要忠实于法律,忠实于事实真相,忠实于人民的利益。在处理刑事案件的活动中,包括侦查、起诉、审判、对犯人的管理和改造,以及采取逮

---

① 《论法的精神》(上),商务印书馆版,第154页。

捕、拘留等强制措施,都要一丝不苟地依法进行。处理民事案件也是这样。那种个人任性或依人依言不依法的错误做法,要断然加以制止和纠正。司法干部思想中要有法,工作中要守法,言行要合法,以自己的模范行动和大无畏的革命精神捍卫法。

值得注意的是,应当坚决克服在部分同志中存在的一种认为依法办案是"找麻烦""束手束脚"的想法。其实,法律对于司法人员来说,是做好工作的准则和保证。唯有严格按照法律办案才能保证质量,做到及时、正确、合法办案,避免冤、假、错案的发生,即使有了错误也易于纠正。

五、党必须在宪法和法律的范围内活动

共产党是社会主义法制建设的领导者,但它本身也承担遵守法律的义务。

党章的总纲中明确规定:"党必须在宪法和法律的范围内活动。"十二大报告中解释说,它的含义就是"从中央到基层,一切党组织和党员的活动都不能同国家的宪法和法律相抵触。"并指出,这"是一项极其重要的原则"。这项原则之所以重要,表现在:它深刻地总结了新中国成立以来我国人民民主专政的国家政权、社会主义民主和法治建设的成功经验以及教训和失误,解决了作为社会主义国家执政党的共产党同国家政权相互关系中的一个非常重大的理论问题和实践问题。不容否认,我国民主和法制建设中存在的一系列缺陷,都是同没有自觉地认清这一原则分不开的。这就导致党的组织、党的领导人员乃至党员往往有意或无意地凌驾于宪法和法律之上,造成无法可依、有法不依的反常现象,损害了法律的权威性、稳定性和连续性,使法律成为似乎可有可无的东西。在这种情况下,当然就难于认真地谈论党对法制建设的领导,谈论让广大人民群众树立法制观念的问题了。

全党都必须遵守宪法和法律,这是由党的根本性质决定的。党作为一个组织,首先是人民的一部分。这一部分同其余部分的大部分人民之间,在政治上、法律上是完全平等的,即都以公民的身份而存在和行动。宪法和法律集中表现了人民整体的利益和意志,其中就包含了组织或党的全体成员的利益和意志。人民要严格遵守法律,党也没有理由不这样做。党是人民中的最先进分子的组织,是工人阶级先锋队。正由于它是先锋队,才应该最忠诚于人民的利益和意志,最忠诚于法律。

第二节　违　　法

一、违法的概念

违法指违反法律规范所要求的行为。其中,有的是同法律规范的要求相对立的行为,有的是超越法律规范允许范围的行为。

违法是同守法相对应的概念,因此,关于守法问题的一般原理,也就可以反过来对照地适用于违法问题,这里不再赘述。研究违法问题的意义在于使人们能够确切地了解什么是违法以及违法与合法的界限,从而能更好地帮助人们树立牢固的守法观念。其次,研究违法问题也能使人们了解违法的社会历史条件,违法的客观原因和主观原因,从而有利于积极地防止违法行为的产生和有效地同违法行为作斗争。

二、违法的要件

某种行为是否属于违法,不能以任何个人甚至是领导人的主观意志作为标准,也不能简单地根据法律条文的形式规定作为标准,只能依据违法的构成作为标准。所谓违法构成,就是指法律规范具体规定的某种行为属于违法的各种要件(要素)的总体。

任何一种违法都是由违法的客体、违法的客观要件、违法的主体、违法的主观要件构成的。

(一)违法的客体

违法的客体,是违法行为所损害的而为法律规范所保护的一定的社会主义社会关系。

违法行为是形形色色的,但其共同之点在于它们都损害一定的社会主义社会关系。以刑事违法行为即犯罪的领域为例:抢劫罪、抢夺罪、盗窃罪和诈骗罪都损害社会主义社会的财产关系;杀人罪、伤人罪、强奸罪都损害社会主义社会中的人身自由关系。以民事违法行为的领域为例:买方不支付价金,卖方不按规定交货,损害了买卖关系;父母与子女之间、夫妻之间不履行各自应尽的义务,损害了婚姻家庭关系;如此等等。如果某一种行为不会给社会主义社会关系造成任何损害,那么这种行为一定不是违法的。

研究违法的客体的意义就在于,它是确定行为是否违法,违法的程度以及什么性质的违法的最终根据。

(二)违法的客观要件

违法的客观要件,指构成违法必须具备的外部状况。其中包含:

第一,时间、地点、方式或方法、对象诸方面的状况。这几点有时是法律所要求的。

第二,行为。这是违法的最重要的客观要件。因为违法必须表现为行为才是违法。违法的行为,可以是积极的作为,也可以是消极的不作为,作为或不作为仅仅是形式上的差别,而不是实质的差别。

第三,结果。这里所说的结果,在浅层次上表现为给直接对象物造成的损害,而在深层次上则表现为对一定社会关系的损害。前者如对财产、人身和社会秩序的损害,后者如对各种财产关系、人身关系和正常社会关系的损害。损害结果又分为有形的、无形的和可能的几种情况,进一步地还可分为直接(必然)结果和间接(偶然)结果。

第四,行为和结果之间的因果关系。就是说,一定的损害结果必须是由某人的行为所造成的,这个人才对这种结果负责。如果损害结果是由受害人自己造成的,或由他人造成的,则不负违法责任。

(三)违法的主体

违法的主体,指实施了违法行为并且要对违法行为承担责任的人。

违法的主体有时因法律关系性质的不同而有所区别。比如,在民事法律关系和经济法律关系中,法人(即法定的某些社会组织)可以充当违法的主体,而在刑事法律关系中,违法的主体只能是自然人。

但是,任何违法的主体,也如一般法律关系主体一样,要具备责任能力和行为能力。

(四)违法的主观要件

违法的主观要件,指违法者实行违法行为的内心根据。这种内心根据有故意和过失两种情况。故意和过失,在民事违法行为中统称过错,在刑事违法行为中统称罪过。

故意,就是主体对于他所明知要发生的结果采取希望或放任的态度,而终于使这种结果发生。

过失,就是主体对于损害结果应当预见到,但没有预见到;或者虽然预见到了,却轻信能够避免,而终于使这种结果发生了。前者是疏忽大意的过失,后者是过于自信的过失。过失必须是符合法律规范的要求,才认为是违法的。这就是说:第一,有些违法,只能由故意构成,而不能由过失构成。第二,有时,按照法律规范的规定,过失只有造成相当程度的严重后果才算违法。如过失地损害他人财产比较轻微时,一般当作民事方面的违法处理;若造成重大损失时,就可能作为刑事方面的违法处理。

故意或过失的违法都要承担法律责任,但在很多情况下,故意的违法比过失的违法所承担的责任要重。只有极少数的情况,没有故意或过失,也要负一定的法律责任。如从事危险作业(高压、高空、剧毒等作业)的单位致人损害,也需赔偿受害人的损失。

三、违法的种类和制裁

对违法可以进行多种分类,其中最重要的是把违法分成民事违法、行政违法和刑事违法这三类。

这种分法主要按照所违反的是哪种部门法这一点来确定的。这种划分的特点是,比较恰当地表现出违法对社会的危害程度和违法的性质,即是一种量(程度)和质(性质)相统一的标准。当然,这种标准也包含很大的相对性。比如,就特定行为来说,一个重大的民事违法和一个轻微的刑事违法,就很难比较哪个社会危害小,哪个社会危害大。

一般地说,不同种类的违法,就会使违法者承担不同种类的法律责任,也就是使其受到不同种类的法律制裁。

（一）民事违法及其责任

（1）民事违法，指违反民事法律规范及其他某些部门法律规范而应当承担财产责任，给予民事制裁的违法。

（2）民事制裁是由人民法院通过司法程序做出的对违法者实行判决或裁定的形式，或行政机关仲裁做出的裁决的形式。民事制裁包括责令恢复原状，排除故障，赔偿损害，返还不当得利，履行合同担保的规定，没收款物，等等。

（二）行政违法及其责任

行政违法，指违反行政法律规范而应当承担行政处罚责任的违法。

行政违法包括两种情况：

（1）公民和某些社会组织（国家机关、团体、企业、事业单位）违反行政管理法律规范。如违反治安、交通卫生、税务、户籍、边境管理等法律规范。对于这种行政违法，要由相应国家行政机关给予违法者以行政处罚。这种处罚包括警告、罚款、将非法所得收归国库、拘留、劳动教养等。

（2）国家机关或企业、事业单位及其工作人员，在履行职务方面或其他方面犯有违法行为，而应当由上级主管机关或本单位的领导机关给予行政处分。行政处分包括警告、记过、记大过、降级、降职、撤销职务、留用察看、开除，等。

（三）刑事违法及其责任

刑事违法，指违反刑事法律规范而应当承担刑事责任的违法。刑事违法就是犯罪，刑事责任就是刑罚。

犯罪的认定和科处刑罚，只能由人民法院以判决或裁定的形式来进行。我国刑法具体地规定了刑罚的种类。一般说来，刑事处罚是最严厉的。

四、同违法做斗争

同违法做斗争，是社会主义法制建设的一个重要组成部分。为了有效地同违法行为做斗争，必须了解违法产生的原因，并相应地采取一定的措施。

（一）违法产生的原因

社会主义社会中的违法现象，是同社会主义的法制状态、国家的立法精神以及社会主义法律意识背道而驰的。

社会主义社会中违法现象产生的原因，是一个极其复杂的问题。从根本上说，这种现象是旧社会遗留下来的祸害。

人剥削人和人压迫人的旧制度是违法和犯罪的渊薮。马克思曾经指出，在旧社会里，"犯罪和现行的统治都产生于相同的条件"①。以资本主义社会为例，作为资本家，他们为了发财往往不顾法律的规定，而且那些最大的罪犯又往往是超脱法律制约的。作为无产者，犯罪一般地是表现为对于旧制度的反抗。但是，这却有两种截然相反的情况：一种是积极的反抗，即有觉悟者所进行的革命性的反抗，这是无产者的主流方面；另一种是消极的反抗，这是少数人在毫无前途和希望的绝望心理支配下，或者在资产阶级腐朽思想毒害下，走上偷窃、抢劫、吸毒、卖淫等违法犯罪的歧路。这些流氓无产者不仅自身堕落，而且也在腐蚀着无产阶级的队伍。如同列宁正确指出的："产生违反公共生活规则的捣乱行为的社会根源是群众受剥削和群众贫困。"②

社会主义社会是广大群众摆脱剥削、摆脱贫困的社会制度，它坚决引导人们同一切腐蚀社会的旧意识及其表现进行决裂。因此，社会主义制度本身是同违法犯罪现象不相容的，它本身绝不会成为违法犯罪的根源。但是，社会主义社会仍然带有旧社会遗留下来的某些痕迹，如一定程度的贫困、愚昧、对公共利益不负责任、自私自利、没有气节、野蛮直至种种堕落和腐败的意识或心理，而这一切又不是短时期内所能消除的。这些祸害在人民群众中、在国家公职人员中，甚至在党内还有一定的市场，更不要说那些本来就是以新制度为敌的国内剥削阶级残余分子，以及帝国主义派遣的反革命分子了，这些势力就是违法或犯罪的社会根源。其次还要看到，这股力量又把我们党和国家的某些环节上的缺陷或失误作为可乘之机，使之得到泛滥。特别是"文化大革命"十年动乱，成为了违法与犯罪的温床。当前的许多违法现象，差不多都能从那里找到原因。以上，是对于社会主义社会中违法原因的历史分析。

如果从哲学角度进行分析，违法的原因又可以分为客观因素和主观因素两个方面，而每种因素又包括许多层次。关于这个问题，下列苏联法学家 B. H. 库德里亚采夫（Кудрявнев）的"违法行为形成的主要阶段"的图表模式可资参考。③

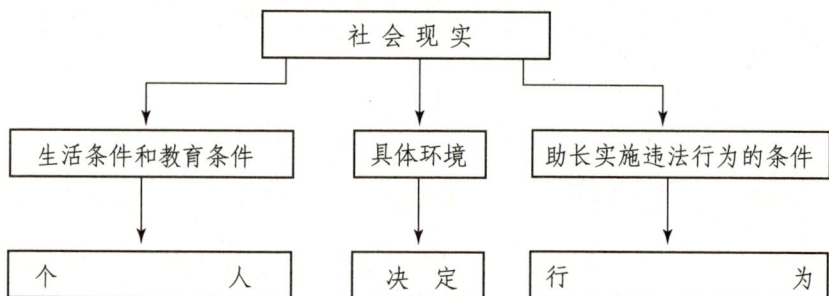

（虚线表示反方向联系）

---

① 《马克思恩格斯全集》第 3 卷，第 379 页。
② 《列宁全集》第 4 卷，第 394 页。
③ 载《违法的原因》，群众出版社 1982 年。

在对于这个模型的说明中,作者强调了两个观点:第一,承认客观决定论,即违法本源于多方面(物质与意识诸方面)的、多层次(大中小诸外延)的环境。第二,外部环境又是与个人的"心理特点"相结合的,即外因是通过内因起作用的,而且恰是这一点说明了,为什么相同的环境下有的人成了违法犯罪分子,而有的人却是守法者。

(二)预防违法的办法

(1)广泛而持久地开展法制教育,尤其是守法教育。使人民群众不断加深对于法制意义和守法意义的认识,加强对于代表人民长远利益、整体利益的法律同个人利益相互关系的认识,澄清各种模糊的、错误的观念。

(2)通过细致的共产主义道德教育和社会主义纪律教育,增强人民群众的社会主义法律意识。

(3)及时地制止违法行为。这不仅包括要打击少数敌对分子的犯罪活动,还包括对于人民内部的各种违法现象要绳之以法,决不姑息宽容,以便儆戒整个社会。

(4)大力搞好综合治理。综合治理是相对于就事论事而言的,是一种治本的办法。它要求:第一,党组织、国家机关、社会团体、全体人民群众要一齐动手纠正违法这种社会弊病。第二,从组织、政治、文化、思想领域,以及社会、所属单位、学校、家庭各角度,堵塞违法的漏洞。邓小平同志指出:"真正要巩固安定团结,主要地当然还是要依靠积极的、根本的措施,还是要依靠发展经济、发展教育,同时还要完备法制。经济搞好了,教育搞好了,同时法制完备起来,司法工作完善起来,可以在很大程度上保障整个社会有秩序地前进。"[1]这些话,实际上也是全面地提出了同违法行为做斗争,建立良好的社会主义法律秩序的措施,需要我们深入领会,并且认真地加以贯彻执行。可以断言,随着社会主义事业的发展,违法现象必将逐步地得到克服。

---

[1] 《邓小平文选》,第218页。

第九章　各种法律学说

第一节　中国历史上的法律学说

一、概述

中国的法律学说产生于两千多年以前,它随着奴隶制社会、封建制社会、半封建半殖民地社会的发展而发展。

在夏、商、西周的奴隶制时期,典型的法律学说是"恭行天罚"的神权法思想和维护宗法等级原则的"礼治"论。

春秋战国时期,奴隶制向封建制转变的社会大变革,带来了法学的空前繁荣,学者辈出,学术思想十分活跃。当时的主要法学流派是儒家、法家、道家和墨家的学说。儒家奉行的基本上是传统的礼治,以及作为礼治延伸的"德治""仁政"和"人治"。法家法律思想的核心是"法治",代表新兴的封建阶级利益。道家的基本政治立场同儒家相近,但比较消极,崇尚"无为而治"的自然法思想。而以"兼爱"著称的墨家法律学说是"重爱民",与道家多有近似。这几个法学流派,尤其儒、法两大主流派的法律学说,影响深远,两千多年来一直是我国剥削阶级法学的基本渊源。

秦朝和汉朝初年,其法制以法家的法治学说为指导,从汉武帝采纳董仲舒"罢黜百家,独尊儒术"的主张以后,封建统治阶级便按照自己的需要,逐步地建立起一套以儒为主,儒法合流,并杂之以先秦的道家及殷周的神权等思想成分的法律学说,用来论证封建君主专制主义政治制度和法律制度,维护封建社会秩序,为封建的经济基础服务。这种说法历代相袭,不容置疑,极大地阻碍着我国法学的发展。

鸦片战争以后,中国沦为半封建半殖民地社会,激发了民族的觉醒,爱国忧民的先进人物如饥似渴地从西方国家引入资产阶级的民主主义和法制主义理论。他们从各自代表的阶级或阶层的利益出发,糅合中国古代和西方的观点,建立了各种法律学说,其中包括地主阶级改革派的"变法图强"思想,资产阶级改良派的君主立宪思想和资产阶级革命民主派的立宪主义和共和主义思想,这些法律思想给中国的旧民主主义革命提供了理论武器。

二、儒家的法律学说

儒家法律学说的创始者和最大的代表者,是春秋时代的孔丘和战国时代的孟轲。

它上承夏、商、周，下启整个封建社会乃至半封建半殖民地的中国统治阶级。同时，这个学派的理论，在世界，特别是亚洲，也有巨大的影响。

（一）仁政

"仁政"是儒家政治学说的核心，也是其法律学说的出发点和归结点。

按孔丘的解释，仁的基本涵义是"爱人"，或者叫做"泛爱众"。就是说，统治者在施政和执法的时候，要坚持把人当作人来看待，善于处理人事关系。孔丘要求他们"出门如见大宾，使民如承大祭"，"己所不欲，勿施于人"①，似乎对于"人"没有作出任何区别。实际上，孔丘早已把人分成尊与卑、贵与贱、君子与小人。尊、贵、君子是统治阶级，卑、贱、小人则是被统治阶级。在他看来，统治阶级内部没有爱，就难以形成一个统一的整体，就不能维护本阶级的共同利益。至于对被统治阶级的爱，则是为"使"（役使）他们。

儒家的仁政，在孟轲那里得到了更完善的发挥，并表述得十分尖锐。孟轲把作为法律制度依据的仁政，解释为"以不忍人之心，行不忍人之政"②。它不仅包括"教以人伦"，而且也包括"省刑罚，薄税敛"，"制民之产"，即实行政治、经济和思想相统一的政策。同时，孟轲激烈抨击"杀人以政"而使民"憔悴"的"霸道"或"虐政"。此外，孟轲的"民贵君轻"和"暴君放伐"论，也是很著名的。他说："民为贵，社稷次之，君为轻"③；"君之视臣如土芥，则臣视君如寇仇"④。他认为君主在有关进贤、杀人一类大事上，要取得人民的支持，而不能为所欲为，上层贵族们有批评和更换君主的权力。并且，他还痛斥桀、纣是"贼残"式的"一夫"，臣子们杀他是好事。

（二）礼治

所谓礼，原是周朝以来形成的一套典章制度和礼仪规范。从国家的基本制度到生活琐节无所不包。春秋战国时代的儒家对社会大变革中的"礼崩乐坏"局面甚感不满，竭力要恢复礼治。

孔丘认为，"为政先礼，礼其政之本欤"⑤。他不惜一切地维护周礼。鲁国大夫季氏采用八佾乐舞、祭泰山，孔丘说他做了只应该由天子做的事，愤慨至极。齐国陈恒弑简公，孔丘主张加以讨伐。晋国推行成文法，把刑法铸在鼎上公诸于众，孔丘指责这是贵贱颠倒，抬高了人民，国将不国。所有这些都证明，孔丘对封建阶级的改革持反对态度，其立场是保守的。

在孔丘看来，恢复周礼的出路在于"正名"，即以周礼来重新衡量一切，确定人们之

---

① 《论语·颜渊》
② 《孟子·公孙丑上》
③ 《孟子·尽天下》
④ 《孟子·离娄下》
⑤ 《礼记·哀公问》

间的等级名分。他论证:"名不正则言不顺;言不顺则事不成;事不成则礼乐不兴;礼乐不兴则刑罚不中;刑罚不中则民无所措手足。"①当然,他提出正名也不完全是对周礼的简单地照搬照抄,而是有所"损益"。但这仅仅是为了适应统治阶级在新形势下实行统治的需要。

(三)德治

在儒家的仁政中,礼主要施用于统治阶级内部,即"礼不下庶人";而对被统治阶级,则强调德。孔丘说:"为政以德,譬如北辰,居其所而众星拱之。"②他相信,只要统治者能经常对人民进行"德行教化",不断施以"恩惠",人民就会服服帖帖。

儒家总是把德与刑,即怀柔与镇压联系在一起。首先,他们认为德是防止人民反抗和犯罪的有效方法。孔丘说:"导之以政,齐之以刑,民免而无耻;导之以德,齐之以礼,有耻且格。"③"礼以坊(防)德,刑以坊淫。"④他甚至自诩:"听讼,吾犹人也,必也使之无讼乎。"⑤其次,认为德和刑是相互补充的,当德不能奏效时,就坚决主张动刑。"政宽则民慢;慢则纠之以猛。猛则民残,残则施之以宽。宽以济猛,猛以济宽。政是以和。"⑥这就是两手政策。

确实,儒家的德主刑辅,先教后诛的主张,对于维护一个阶级的统治,显然是有益的。

(四)人治

儒家是"贤人"政治的鼓吹者,在治理国家方面极力夸张人的作用而贬低法的作用。孔丘在答哀公问政时说,"文武之政,布在方策。其人存,则其政举;其人亡,则其政息","为政在人,取人以身"⑦。而孟轲更散布"五百年必有王者兴"的唯心史观。

值得注意的是,儒家在展开阐述其人治论的过程中,相当突出地强调两点:一是选拔人才。孔丘说:"先有司,赦小过,举贤才。"⑧孟轲也说,"贤者在位,能者在职"⑨;"惟仁者宜在高位,不仁者在高位是播其恶于众也"⑩,甚至提出任人不要唯亲的劝告。二是执政者要以身作则。孔丘说,"政者,正也。君为政,则百姓从政矣"⑪;"其身正,不

---

① 《论语·子路》

② 《论语·为政》

③ 《论语·为政》

④ 《论语·坊记》

⑤ 《论语·颜渊》

⑥ 《左传·昭公二十三年》

⑦ 《礼记·中庸》

⑧ 《论语·子路》

⑨ 《孟子·公孙丑上》

⑩ 《孟子·离娄上》

⑪ 《论语·哀公问》

令而行;其身不正,虽令不从"①;"子为善,而民善矣"②。

儒家主张人治,并不意味着他们根本不要法或者不讲法,而是说他们极力要以"贤人"之治压倒法治,即使当孟轲说"徒善不足以为政,徒法不足以自行"的时候,也包含这个意思。

三、法家的法律学说

法家法律学说的渊源,比儒家学说要晚得多。它的先驱者是春秋时代的管仲,中经战国时代的李悝、吴起、商鞅、慎到、申不害诸人,而获得巨大发展;最后,由韩非集其大成。法家人物不仅奠定了中国法律科学的基础,而且形成一套独到的、精湛而完整的中国封建阶级的先进法学体系,它不失为中华民族和世界文化历史中的瑰宝。

(一)法的起源

法家比较重视对于法的历史的探讨,寻找其起因。

《管子·君臣》中写道:"古者未有君臣下上之别,未有夫妇配匹之合,兽处群居,以力相征。"在这种情况下,"贤者"便借众力而禁强虐,正民以德,于是便产生了君主制的国家和法。

商鞅断言:"神农之世,男耕而食,女织而衣,刑政不用而治,甲兵不起而王。"③后来,由于出现"亲亲两私"及"以强凌弱,以众暴寡"的纷争,便由"圣人"出面调理,产生了国家和法。④

韩非则说:"古者丈夫不耕,草木之实足食也;妇人不织,禽兽之皮足衣也。不事力而养足,人民少而财有余,故民不争。是以厚赏不行,重罚不用,而民自治。今人有五子不为多,子又有五子,大父未死而有二十五孙。是以人民众而货财寡,事力劳而供养薄,故民争。虽倍赏累罚而不免于乱。"⑤而法就是为"禁暴""止乱"才产生的。

虽然他们对人类的原始状态的描绘不同,对法产生的具体原因的论述有异,但都看到法只是历史发展到一定阶段的产物,并且都承认它同社会经济状况的变化直接相关。

法家人物不能从私有制和阶级关系上论证"民争",从而不能揭示法产生的真正原因,但是他们能运用历史的观点来看待这个问题,已经不简单了。

(二)法的概念和性质

什么是法?法家人物的具体说法虽有所不同,但基本上是一致的。关于这个问

① 《论语·子路》
② 《论语·颜渊》
③ 《商君书》,《画策》,《开塞》
④ 《商君书》,《画策》,《开塞》
⑤ 《韩非子·五蠹》

题,可以援引三种说法。管仲说:"法者,所以兴功惧暴也。律者,所以定分止争也。令者,所以令人知事也。法律政令者,吏民规矩准绳也。"①商鞅说:"法者,国之权衡。"②韩非子说:"法者,编著之图籍,设之于官府,而布之于百姓也。"③"法者,宪令著于官府,赏罚必于民心,赏存乎慎法,而罚加乎奸令者也。"④从这些说法中可知:

第一,法是国家的权衡、规矩或准绳,即一种普遍的行为规范。

第二,法应当通过有"著"有"布"的成文形式表达出来。

第三,法由国家制定,并借助国家的赏或罚的强制力量保证实施。

第四,法的渊源有律和令。律(法典),确定人们之间的权利义务关系,使之各守其分,互不相争。令(政令),主要保证律的执行,是行政性指示。

第五,法的作用有"兴功"和"除暴"两方面。"兴功",表现为法在促进国家经济、政治、文化等建设方面的积极作用。"除暴",表现为法在镇压或惩罚反社会秩序分子中的作用,主要是对广大人民的镇压。

(三)法治

与儒家的礼治、德治、人治相对立,法治是法家学说的核心。《管子·明法》和《韩非子·有度》都提出过"以法治国"的口号。商鞅主张"垂法而治"。司马迁把法家的主张概括为"一断于法"四字。

那么,法治的意义何在?特别是法治优于人治之处何在?韩非说:"释法术而心治,尧不能正一国;去规矩而意度,奚仲不能成一轮。"⑤慎到说:"君人者,合法而以身治,则殊赏予夺从君心出矣,……而以心裁轻重,则同功殊赏、同罪殊罚矣,怨之所由生也。"⑥意思是,唯有法才是调整统治阶级内部关系和统治人民的可靠准则。另外,法家还有一个重要的观点,如果实行法治,即使一个"中等"能力的国君也能把国家治理得好,从而可以防止"人存政举,人亡政息"的局面。

除此之外,法家人物还提出实现法治的一系列原则。第一,法必须切实地施行。商鞅说,"有法不胜其乱,与无法同"⑦;"守法守职之吏有不行王法者,罪死不赦"⑧。第二,在法的面前贵贱平等。商鞅说:"所谓壹刑者,刑无等级,自卿相将军以至大夫庶人,有人不从王令,犯国禁,乱上制者,罪死不赦。"⑨韩非也说:"法不阿贵,绳不挠曲,……

---

① 《管子·七臣七主》
② 《商君书·修权》
③ 《韩非子·难三》
④ 《韩非子·定法》
⑤ 《韩非子·治人》
⑥ 《慎子·君人》
⑦ 《商君书·开塞》
⑧ 《商君书·赏刑》
⑨ 《商君书·赏刑》

刑过不避大臣,赏善不遗匹夫。"①这种贵贱平等当然不是超阶级的,相反它包括严格的阶级性。就是说,法本身已经是统治阶级"公"的表现。所以,又应当提倡划分公、私的界线。慎到说,"法之公莫大使私不行","有法而行私谓之不法"②。李悝说,要"明法审令",就必须"使私不害公"③。商鞅说:"君臣释法任私必乱。"④第三,法与势、术相结合。势,是权力或力量,即国家的强力。术,是统治的策略。作为集法家思想大成的韩非主张:以法为本,法、术、势三者紧密结合,才能实现封建绝对君主制的法制。这个理论比较正确地回答了法与国家之间的关系,即法与国家的不可分割性。第四,法和经济的辩证关系。管仲强调,法治必须以生产的发展为物质基础,故而提出:"仓廪实则知礼节,衣食足而知荣辱。"⑤自此以后,法家人物几乎无一例外地都鼓吹把法当作奖励耕战、实施改革、富国强兵的手段。

四、道家的法律学说

道家作为一个学派,形成的时间与儒家大体相当。道家的代表人物是老聃和庄周。他们的生活年份,恰恰分别与孔孟相应。

（一）道法自然

道家崇尚的道,是以自然为本源的。道之永存,因取法于自然的永恒运动。道以及天、地、人均受自然支配,反过来均须取法自然。所以,老聃说:"人法地,地法天,天法道,道法自然。"⑥道家的法律思想,正是这样一种自然法思想。

道家自然法思想的突出之点,在于倡"无为"而反人为。首先,道家针对法家倡导人为法及严刑峻法的主张,提出,"法令滋彰,盗贼多有"⑦;"民不畏死,奈何以死惧之"⑧。这里包含着法简刑轻的思想。其次,道家也不赞成儒家的礼和德,以及贤人政治。老聃说,"绝圣弃智,民利百倍"⑨;"礼者,忠信之薄,而乱之首"⑩。庄周则说,"圣人不死,大盗不止","绝圣弃知,大盗乃止"⑪。庄周甚至把道家的自然无为思想,直接引向"残天下之圣法,而民始可与议论"的法律虚无主义道路。

---

① 《韩非子·有度》
② 《文艺类聚》卷54,《太平御览》
③ 《战国策·秦策三》
④ 《商君书·修权》
⑤ 《管子·牧民》
⑥ 《老子》第25章。
⑦ 同上书,第57章。
⑧ 同上书,第74章。
⑨ 同上书,第19章。
⑩ 同上书,第38章。
⑪ 《庄子·胠箧》

（二）无为而无不为

道家倡导无为是相对的，"无为而无不为"①一语证明了这一点。所谓无为，无非统治谋略而已。其特征是：第一，让人民"知足"，即施行愚民政策。老聃说，"古之善为道者，非以明民，将以愚之"②，"常使民无知无欲"③。第二，实行"贵柔""守雌"的统治术。老聃替君主设计了一套"南面之术"，说："将欲歙之，必固张之；将欲弱之，必固强之；将欲废之，必固兴之；将欲夺之，必固与之。是谓微明，柔弱胜刚强。鱼不可脱于渊，国之利器不可以示人。"④可以看出，道家在无为旗号下的谋略，较之儒法两家，并无逊色。

（三）小国寡民

道家的法律思想，也生动地体现在他们所提出的理想国家的蓝图之中。

《老子》结尾即第八十章描绘："小国寡民，使有什佰之器而不用，使民重使而不远徙。虽有舟车，无所乘之；虽有甲兵，无所陈之；使民复结绳而用之。甘其食，美其服，安其居，乐其俗。邻国相望，鸡犬之声相闻，民至老死，不相往来。"这里陈述的，是一个经过修饰了的封建割据时代的奴隶制小国群。它用以对抗将出现的、法家所追求的封建阶级统治的统一大国。

后来，庄周在《马蹄》篇中也提出一个"至德之世"。即"是时也，山无蹊隧，泽无舟梁；万物群生，连属其乡；禽兽成群，草木遂长。是故，禽兽可系羁而游，鸟鹊之巢可攀援而阚"。其实这根本不似什么人类社会，全然是禽兽世界。这种由法律虚无主义进一步引申出来的社会虚无主义，非常有力地证明，道家的法律学说是鼓吹历史倒退的学说。

五、近代资产阶级的法律学说

中国近代资产阶级的法律思潮，最早以改良主义形态出现。1895 年中日战争失败后，为挽救民族危机，这股思潮便发展为维新变法的政治运动。其代表人物，就是戊戌变法中的骨干分子康有为、梁启超、谭嗣同及严复诸人。维新改良派的法律学说，主要精神在于：第一，论证中国社会迫切需要变革。康有为"托古改制"，借孔子名义提出社会发展经"乱世""升平世""太平世"三个阶段，相应地，国家（实为政体）也要经历"专制""立宪""共和"三个阶段；当前，亟待由专制进入立宪阶段。梁启超则认为，"救亡图存"已到了"变亦变，不变亦变"的地步。在这方面，他们都诉诸进化论。第二，社会

---

① 《老子》第 48 章。
② 同上书，第 65 章。
③ 同上书，第 3 章。
④ 同上书，第 36 章。

变革的主要内容,是改变君主专制政体为君主立宪政体。康有为强调变法要变"本",梁启超强调变法要变"人",其中的"本"和"人"均指政体。为此,他们争相系统地援引孟德斯鸠"三权分立"论及英国的政治体制,主张开国会、制宪法、张人权。伸张人权的口号以严复最为突出,他说变法和"兴民权"不能分离开来。第三,改革封建主义法律制度,提倡法治主义。康有为说:"变法者,须自制度法律先为改定。"①梁启超则说:"法治主义为今日救时之唯一主义。"这里所说的法律制度上的改革,泛指政治、经济、文化、教育诸领域,包括兴办工业,讲求商务,修铁路,开银行,废八股,兴学校等等。这个维新改良派,一方面反对不敢触动封建专制政体和法律制度的洋务派改革运动,另一方面又反对主张共和制和革命的民主派。它的基本性质是反帝反封建的,从而是进步的。但在中国却是行不通的。

到20世纪初,随着帝国主义、封建主义同中国人民大众之间矛盾的激化,客观上迫使上层资产阶级的立宪改良主义让位给民族资产阶级的革命民主主义。革命民主主义代表者有孙中山、章太炎及陈天华、邹容等人。尤以孙中山的法律思想最为完善,最富有革命性,而且影响最大。孙中山法律思想的主要内容是:第一,无情抨击封建专制主义的政治制度和法律制度。孙中山指出:"中国现行政治,可以数语概括之曰:无论为朝廷之事,为国民之事,甚至为地方之事,百姓均无发言或与闻之权;其身为官吏者,操有审判之全权,人民身受冤枉,无所吁诉,且官场一语,等于法律,上下相蒙结,有利则各饱其私囊,有害则各委其责任。贪婪勒索之风,已成习惯;卖官鬻爵,贿赂公行。"②后来又指出:"在满清之世,集会有禁,文字成狱,偶语弃市,是人民之集会自由、出版自由、思想自由,皆已削夺净尽。"③孙中山还专门斥责了株连亲族、刑讯逼供及司法不依程序等刑法制度。第二,宣扬"五权宪法"。孙中山善于将西方资产阶级宪法思想同中国现实情况相结合,构成自己独到的宪法学说。他说:"宪法就是把一国的政权分作几部分,每部分都是各自独立、各有专司的。"所谓五权宪法,指立法、行政、司法,加上监察和考试的五项权力。后两项权力是分别解决监督干部和选拔干部问题的,以便使干部成为"人民的公仆"。实行五权宪法的国家,就是一个"完全归人民使用"和"为人民谋幸福"的"万能政府"。第三,推行"三民主义"。孙中山综合美国总统林肯的"民有、民治、民享"和法国大革命的"自由、平等、博爱"口号,提出"民族、民权、民生"的三民主义。最初,民族主义集中于反对满族统治,解决国内民族问题;后来孙中山认识到,民族主义"其目标皆不外反帝国主义而已"④。民权主义,就是坚持人民主权思想,倡导人民有选举官吏、罢免官吏、创制法案、复决法案的四大权力,即"政权";进而运用这四大"政权"来监督五权的政府"治权"。孙中山后来又指出:"近世各国所谓

---

① 《康南海自编年谱》
② 《伦敦蒙难记》
③ 《建国方略之三·社会建设》
④ 《中国国民党第一次全国代表大会宣言》

民权制度,往往为资产阶级所专有,适成为压迫平民之工具。若国民党之民权主义,则为一般平民所共有,非少数人所得而私也。"①民生主义,首先是解决"耕者有其田"问题,为此,"由国家规定土地法、土地使用法、土地征收法及地价税法"②。还要解决为工人谋救济之道,通过"劳工法"确定各种制度。孙中山晚年把他的三民主义重新加以解释,变成新三民主义,同我党民主主义革命纲领很为接近。第四,建立新的司法制度。孙中山强调"司法为独立机关","所有司法人员,必须应法官考试,合格人员方能任用"③。他一再申明要废止刑讯制度,从前的不法刑具一概焚毁。在取证过程中,"不当偏重口供"。他坚持审级制度、上诉制度、辩护制度及律师制度,如此等等。这些显然都是进步的资产阶级司法制度。在中国剥削阶级的法律学说史上,孙中山的法律学说已达于崇高的顶点。

第二节　西方法律学说

一、自然法学

根据自然法理论家们的经典解释,所谓自然法就是建立在人的本性基础上的、永恒不变的法。它处于实定法之外,并作为实定法的法源而存在。自然法学说是最古老、影响最久远的法律学说。它的历史一直可以上溯到古希腊,在历史的变革时期,都带来了自然法思想的高涨。人们对于什么是自然法的理解,以及对其内容的阐释,随着时代变化而有所发展。在各个时代,自然法所起到的作用也有区别。

古代希腊、罗马的自然法学说,其理论上的最大特点就是自然主义。人们从朴素的、直观的观念出发,把法现象当作一种客观的、必然的东西来接受和研究。这种观念的内容主要有二:①法以及城邦的组织、伦理甚至像奴隶制度等现象,同山川湖海一样,都是自然界的自我创造物。②人不仅只有在自然界才能生活,还必须同自然相一致地生活。古代的自然法思想,早在毕达哥拉斯(公元前580—公元前500)和赫拉克里特(公元前530—公元前470)的自然哲学中已露出端倪。后来,智者派的领袖人物普罗塔哥拉(前485—前411)和另一个从智者派派生出来的重要人物苏格拉底(前469—前399),分别提出了以抽象的人为尺度和以抽象的神意为尺度的自然法概念。亚里士多德(前384—前322)完成自然法的理论体系。他说,法有两类,一是自然法,一是法律(人定法或成文法)。自然法调整自然存在的秩序,高于人定法;人定法以自然法为根据,调整特定情况下的人们之间的关系。自然法的内容永恒不变,而人定法的内容则经常需要随变化的情况而变化。不平等的人们之间(夫与妻、父与

---

① 《中国国民党第一次全国代表大会宣言》
② 《中国国民党第一次全国代表大会宣言》
③ 《近代史资料·辛亥革命资料》,第357页。

子、主人与奴隶之间)只存在着自然法,而不存在法律,因为法律不能制造人们之间的不平等。自然法要通过人的理性才能了解,而法律仅通过人的意见便能了解。希腊的自然法思想,最后由芝诺(公元前336—公元前264)为首的斯多葛派作了归结。斯多葛派的自然法理论有两个显著特点:①把自然法与禁欲主义结合在一起,把服从自然法解释为消极无为的宿命论人生哲学。②把自然法与世界主义思想结合在一起,宣扬自然法是联系一切人并使之成为世界共同体的纽带,说自然法的基本精神就是人们在神、理性方面及政治生活中的平等。罗马的最大自然法论者是西塞罗(公元前106—公元前43)。西塞罗自然法理论的突出特点就在于竭力把斯多葛派的自然观点,尤其人人在精神领域中平等和世界法观点,同罗马国家的实践相结合,使自然法现实化。西塞罗认为,自然法反映正义和理性的要求,是正义法和理性法。自然法普遍适用,并且永久不变。国家和人民的最高行为准则,都包含在自然法之中。人定法则是自然法的精密化。斯多葛派的自然法观点,通过西塞罗产生了巨大的影响,特别是:①人与人之间理性平等的观点,不仅是基督教的基本理论依据,也是奴隶解放的先声。②无国界的自然法,对于庞大地域国家的罗马而言,那就是万民法。

　　中世纪封建社会中的自然法学说,其最大的理论特征是神学主义。神学自然法论的巨子是托马斯·阿奎那(1225—1274)。阿奎那自然法学说渊源于亚里士多德。更精确些说,他是系统地把亚里士多德的典型自然主义自然法改装成典型神学主义自然法,并且继承了亚里士多德自然法与政治秩序结合一起的思想,使自然法密切服务于封建君主专制统治。阿奎那把法分为永恒法、自然法、人定法、神法(圣经)四类。使自然法接受上帝永恒法的约制,是阿奎那自然法学说的重要创造。阿奎那认为,自然法是人(理性动物)"对永恒法的参与"。自然法是永恒法与人定法之间的桥梁,表现着人与神之间的关系。显然,在阿奎那的自然法学说中,自然法已不再是至高无上的,永恒法即神的智慧,才是一切法的母法。另外,在阿奎那看来,唯有永恒法才是不可改变的。自然法不仅不是最高的,而且也不是不可改变的。例如,鉴于早期基督教主张财产公有的历史,阿奎那不得不承认财产私有制并非自然法本身的规定,但又说:"私有权并不违背自然法。它只是由人类的理性所提出的对于自然法的一项补充而已。"①阿奎那自然法学说的时代气息在于,它远远地超越了圣·奥古斯丁那种极端的神权主义。这表现在:①阿奎那认为永恒法要通过人定法对人类起指导作用,因而人的存在,人的生命、本能和追求与理性相一致的、向善的社会生活,受到一定程度的重视,即提高了人的价值。②阿奎那追随亚里士多德,强调人是政治的动物。他认为人类要生存就必须合群,彼此交往,而这只有在国家之中才能获得保障。由此可知,国家不再是源于上帝的旨意,而是来自人的本性。另外,国家不再被鄙夷地视为一种罪恶的共同体,

---

① 《阿奎那政治著作选》,商务印书馆版,第142页。

而是同上帝的法(永恒法)和自然法息息相通的。可以说,这两点正是在一定程度上反映了当时封建农奴制度危机和民族国家崛起的政治形势的客观要求。

17—18世纪资产阶级革命启蒙时期的自然法理论,即古典自然法学,是自然法学的鼎盛时期。这个时期自然法学说的特征在于它的非宗教的理性主义、彻底的个人主义、永恒的或非历史主义。古典自然法学派宣扬:在国家生活中,人人都享有由自然法所赋予的自由、平等、财产和自我保卫的自然权利。实定法的任务,就是保障这些权利。荷兰的格劳秀斯(1583—1645)是古典自然法学的先驱者。他认为,自然法是真正理性的命令,是一切行为的善恶的标准。自然法自身是绝对不变的,连上帝也需要受它的约制。格劳秀斯把法分为自然法和制定法两大类,制定法又包括国内法和国际法。国内法和国际法都来源于理性法的自然法,都是自然法派生的契约法或意志法。英国的霍布斯(1588—1679)也强调自然法来自自然和理性的一般规划和戒令,自然法的根本原则被说成是和平自保和权利义务对等。霍布斯自然法论的特点表现在,他不承认自然法有真正的法律效力,因为,按照他的说法,真正的法律只是通过一定形式表达出来的主权者对人民的命令。可见,霍布斯在很大程度上是近代分析——规范主义法学的先驱者。在启蒙思想家中,著名的民权主义的自然法学家,是英国的洛克(1632—1704)和法国的卢梭(1712—1778)。洛克认为,自然法作为理性法,就是维护生命、自由和财产这三项"天赋人权"。政府必须绝对接受天赋人权的限制,否则,人民就可以运用他们手中所保留的"最高权力"反抗暴政。用卢梭自己的话说:"自然法的观念,显然就是关于人的本性的观念。"[1]自然法的主要原理,是自爱心和怜悯心。自然法所反映的人的本性或人性是天赋的、自然的、纯真的,但它本身非善非恶,无道德和不道德的区分,不存在符合理性与否的问题。以这种自然法作标准,卢梭直截了当地宣布一切封建专制的法都是非法的法。同时,卢梭通过这种自然法学说,论证国家主权只能来自自然法赋予的单个人的权利,因此,合理的国家应当属于这些单个人整体的、体现公意的权力,即人民主权制度。于是,自然法学说便被赋予了极端的革命性质。

现代自然法学,亦即复兴自然法学。自然法学经过大约一百年的沉寂,至19世纪末20世纪初,尤其第二次世界大战以后,又东山再起。现代自然法学说分为神学的(新托马斯主义的)和世俗的两大部分,但从本质上说,它们之间并没有那么严格的界限。新托马斯主义自然法学说的主要代表人物是法国的马里旦(1882—1973)、德国的罗曼(1897年生)、比利时的达班(1889年生)等,它在现代自然法学说中占据主导地位。现代自然法学有哪些特征?大致可归纳为如下几点:①现代自然法学没有形成统一的理论体系。这不仅由于现代自然法学有神学的和世俗的两部分的对立,甚至每个自然法理论家也各自鼓吹一套标新立异的说法,互不关联。②现代自然法学倾向于法

---

[1] 《论人类不平等的起源和基础》,商务印书馆版,第64页。

官专横。这些法学家们中的许多人借助法(自然法)与法律(实定法)之间的区别,强调"司法权不是司法律权"。就是说,法官应当不受立法机关制定的法律的约束,而仅仅凭借其自己认定的"道义"或"真正的法"来处理案件。显然,这一点与社会学法学鼓吹的"法官法学"是殊途同归的。③现代自然法学倾向于"相对自然法",而排斥"绝对自然法"。在历史上,不论是中世纪的托马斯主义自然法,还是近代古典自然法,都认为自然法的内容是永恒不变或基本不变的,即绝对的自然法。但现代自然法学家们大都主张内容可变的自然法,有的管它叫作"'现在,在这里'的自然法",即相对的自然法。这就为资产阶级随时随地地修改宪法及其他法外行为寻找理论根据。④现代自然法学虽然以自由主义为基调,但也明显地掺杂着托马斯主义极权主义的货色,力图把自由固定在"秩序"的框框里。⑤现代自然法学在自然法是宇宙法或全人类的法的旗号之下,紧紧地同现代资产阶级的世界主义政策挂起钩来。⑥现代自然法学具有反共产主义的色彩。⑦现代自然法学作为一股思潮,在声势上、影响上、时间的持续性上等都比较微弱,远不能同中世纪的自然法学,尤其古典自然法学相比拟。

二、法律实证主义

今人所谓的法律实证主义,是指单纯以实证的或经验的法律规范为对象,而排除研究规范以外现象的法学流派。如,对于规范的注释,文法的分析,逻辑的分析,拒绝社会的、经济的、政治的、文化的、道德的评价,拒绝任何价值判断。法律实证主义也可叫做分析法学——规范主义法学。

在西方,法律实证主义的渊源也比较早。还在罗马帝国之初,法学家 M. A. 拉别奥(约公元前50—公元前20)就已撰写过《十二表法》等法规的注释性著作多卷。在11—15世纪意大利文艺复兴时期,波仑亚学派更以罗马法的注释学派而垂于史册。

19世纪,法律实证主义取代古典自然法学而统治了法学阵地达一个世纪之久,那就是以英国功利主义思想家奥斯丁(1790—1859)为代表的分析法学。奥斯丁从实证主义观点出发,认为法理学的对象范围应限定于可经验的实定法。研究的方法是,只管分析,特别是从逻辑关联上分析规范本身,而不必过问这些规范是好是坏。什么是法?奥斯丁认为,法是主权者所表示的意志或命令;它向人们指出某些行为是可做的,某些行为是不可做的,违反者就要受到制裁。法律与习惯有严格的区别,习惯只有在主权者加以默许(认可)的情况下才成为法律。奥斯丁把法分为如下几类:①神命法,包括自然法。②实在法。③实在道德。这是起源于社会之中的规范,如父亲为儿子所立的规矩、决斗规则等等。宪法、国际法也被归属于实在道德的范畴。④万物法。它仅适用于低等动物,不适用于人。奥斯丁指出,尽管前三类法都适用于人,但只有第二种法,即实在法才是实证的,具有真正的法律效力。显而易见,分析法学所反映的是已经取得稳固的统治,并已把本阶级利益和意志制定成为法律的资产阶级即自由资产阶级的需要。

英、美分析法学在德国的回音,是德国实证主义法学,不过,它是通过另一条非常曲折的道路,在收集德国历史法学派大量"但书"的基础上,于19世纪后半期才形成的。直到第二次世界大战后,由于它被当作"纳粹的帮凶"而声名狼藉,一蹶不振。德国实证主义法学所强调的主要观点是:①法学家和法律家的任务,只在于简单地根据逻辑关系的形式进行法的解释和适用,而摒弃任何价值判断。②法官忠诚于法律,就是不介入自己的任何主观因素。③实行"法学纯粹化",即法学应当作为纯粹研究法自身的学问而存在。应当为法而研究法,就法而研究法,排除一切法以外的因素。④在合法性与合理性或者妥当性与正当性的关系问题上,只考虑法律规范的权限、程序等形式上的合法性或妥当性,而不问内容上的合法性,即合理性或正当性。简言之,德国实证主义法学塑造的法官的形象,是一个仅仅操作法律、以便制造判决的机器人;而它的认识方法作为法的一般理论展开时,自然而然地就导出"恶法也是法"之类的结论。这就回答了,为什么在第二次世界大战中,德国实证主义法学轻而易举地为纳粹主义反动政权所利用。

第二次世界大战后风靡起来的、原维也纳大学教授(后来加入美国国籍)凯尔逊(1881—1973)倡导的"纯粹法学",是一个颇负盛名的法律实证主义派别。这个学派的主要观点如下:①法学应纯粹以实定法规范为对象,不搞任何价值判断,尤其是政治判断;法学只研究根据法律规范"应当"怎样,而不问"实际"是怎样的;违法行为和它受制裁结果之间,只是"归责"关系,即应当如此,而不说一定如此,不承认因果律。②鼓吹阶梯式的法律体系论。即,基本规范含蕴一般规范,一般规范含蕴个别规范。但是,基本规范却是个虚伪的东西,而个别规范又是个漫无止境的东西(包括个别小官吏的行为及私人契约),这些都为官方的和资本家私人的专横准备了广阔的地盘。③国家是一个法律体系或者法律秩序。④国际法优先于国内法,所以应当抛弃国家主权的概念,而使主权归附于世界政府。凯尔逊"纯粹法学"的帝国主义性质是一目了然的。

在20世纪60年代形成的新分析法学,在英国占据统治地位。这是英国独有的现象。新分析法学是牛津大学教授哈特(1907年生)在继承了奥斯丁、凯尔逊理论的基础上发展起来的一个法学派别,其理论的哲学依据是逻辑实证主义。哈特主张:①要把"应当是这样的法"与"实际是这样的法"二者分开。前者体现正义、道德的要求,后者体现现实生活中起作用的规范,是法理学要侧重研究的东西。②法律,是直接或间接地为了决定什么行为将受到公共权力惩罚以及为什么要惩罚(强制的目的),而使用的一种特别规则。在这里,中心是"规则",而非奥斯丁所说的"命令"。③法律规则分为主要规则(第一级规则)和次要规则(第二级规则)。主要规则,指对社会成员设定义务的规则,违背义务就要受到制裁。次要规则,指规定主要规则是怎样以及由谁来制定认可及变更废止的规则。次要的规则又可以叫作承认的规则,即承认特定主体制定的规则为有法律效力的规则,或者叫作授予权利的规则,即授予特定主体以制定主要规则的权利的规则。次要规则只表现国家机关的活动,而没有设定社会成员义务的效力,但它常常是更有力量的。④最低限度内容的自然法。这是新分析法学对自然法学的让步。

三、社会学法学

社会学法学有时也被包括在实证主义法学的范围之内,即社会实证主义法学,以别于法律实证主义法学。

顾名思义,社会学法学发端于 19 世纪上半期孔德的社会学,后来经过德国的叶林、英国的斯宾塞等人而得到进一步的发展。但是,只是到了 19 世纪和 20 世纪的交接时期,它才成为一股强大的法学思潮。从发展的历史上看,社会学法学截然区别于其他法学派别的突出点是:它一出现就有增无减地扩展自己的阵地。今天,已成为最强大的法学思潮。

叶林(1818—1892)虽然生前没有实现独树学派的夙愿,但他却是公认的现代社会学法学的正式奠基人。叶林的观点如下:①批判法律实证主义,讥讽它为概念法学,而坚决主张法学要面向社会,汇入社会生活的洪流中去。②个人与社会之间可以协调,法律正是实现这种协调的重要工具。法律是规定个人对社会负责的规范。其理论支柱有三:我为我自己而存在,从这里引出全部有关个人的法律;世界为我而存在,引出财产、家庭与义务法;我为世界而存在,引出责任的概念。在社会、国家、法律三者中,社会是最重要的、决定性的。③财产要隶属于社会需要。叶林提出的新颖口号是"通过罗马法而超越罗马法"。意思是,既要承认私有财产这个不容动摇的前提,又不能把处分财产权利绝对地归属于财产的所有人。历史上,决定和保护所有权的总是社会因素。④目的法学。国家是强制机器,法律是国内现行有效的各种强制规范的总和,但是国家和法律都服务于社会利益即社会目的。社会目的是最终的东西。

德国社会学法学。叶林的社会学法学观点,首先在德国被推导成为一个理论体系,其中,有两个重要的派别。首先是埃利希(1862—1922)的自由法学。埃利希指出,法律实证主义是一种僵化的法学。它的思维方法是承认实定法的法律秩序的完整无缺性,法官的工作仅限于规范的逻辑操作,以及司法的无社会性。针对这种情况,埃利希反其道而行,强调社会秩序,贬低法律秩序。法律的中心不是国家,而是社会。社会秩序才是真正的法律秩序。埃利希以法律永远跟不上现实生活的发展为由,主张允许法官自由地在社会之中发现"活的法律"。法律规范除了明文表示的那一部分以外,都是法官自由意志和自由裁量的场所。其次,是以赫克(1858—1943)为首的利益法学。这个派别的宗旨在于,强调法官以平衡各种冲突着的社会利益为己任。为此,一案当前,先要确定什么是应该予以保卫的利益(包括公共利益与私人利益在内)。赫克在其他方面,尤其在反对法律实证主义方面,同自由法学基本上是一致的。但在反对自然法学的正义论方面,则更为坚决一些。如果说自由法学突出的是"社会秩序",那么利益法学则突出的是"社会利益"。

美国社会学法学是美国特有的实用主义哲学与德国社会学法学相结合的产物,所以它又称为美国实用主义法学。美国实用主义法学的创立者是大法官霍姆斯(1841—1953)。它形成于20世纪40年代后期。在它的发展过程中,又分为两个支派。其一,是以庞德(1870—1964)为首的美国社会法学。庞德的主要观点是:①法律社会工程论。法学作为社会工程的学问,最重要的是建立人类普遍合作的理想。相应地,就要实行社会监督或社会控制,以便排除影响社会合作的种种因素,亦即抵制来自人所固有的侵略本能可能招致的祸害。社会工程的目的是维护社会利益,包括各种各样的利益。②无法司法和法官立法论。必须把"书本上的法"与"生活中的法"加以区别,应当"在行动中研究法"。由于法不能适应生活发展的需要,所以它至多起着辅助作用;而在更广阔的领域里,法官是无法司法,或者说是司他们自己主观的法、自己的知识和经验。③鼓吹预防刑法论。其二,是以弗兰克(1889—1957)和列维林(1892—1962)为首的美国实在主义法学。这个派别带有浓厚的心理学法学的色彩,从而把社会学法学中违背法制原则的极端因素推向顶峰。美国实在主义法学作为一种司法理论,有三点甚为重要:①法律规范的虚无主义。主张"活的法律",而藐视立法机关制定的"死的法律",认为那些东西仅是法官审理具体案件过程中的一种可有可无的材料。在判决之前无法律,至少无确定的法律。②案件事实的虚无主义。案件事实并不是客观的实在,而是法官认识的外在(表现)。因此,判决中的事实不必是客观事实。③崇拜法官的个人特性。判决是否正确,要看法官能否对外界刺激作出正确反应。其模式是:"刺激—反应",这是非理性主义的货色。

法国社会学法学,就是以狄骥(1859—1928)为首的社会连带主义法学。从法学领域来说,孔德的实证主义社会学,其实证主义主要为法律实证主义所发挥,其社会学则主要为各种社会学法学所发挥,两个方面是被分开运用的。唯有社会连带主义法学能够比较完整地运用孔德的理论。另外,同其他社会学法学派别相比,狄骥学说的倾向,主要不是法官法学,而是资产阶级改良主义。这些特点是非常惹人注意的。具体些说,其观点为:①社会论。社会是建立在职业性的人之间的连带关系之上的。连带关系包括构成人的社会性的合作和社交的先天感觉,构成人的个人性的分工和公平的感觉两个方面。生产越发达的社会,财富越多,人的连带感越强。②国家论。国家是强者和弱者分化的产物,是强者统治弱者的组织,这种统治是为了弱者利益着想的。国家是社会团体之一,一切权力都属于团体,个人只有对团体的义务,而没有权利。国家主权论同世界社会连带关系不相符合。③团体(工团)论。现代社会由多元的团体组合而成。各种团体的权力越来越增长;相反,国家这个团体的权力则逐渐趋于消逝,把权力退还社会。工团中最重要的是资本家团体和工人团体,所以必须搞好这两种团体的密切合作。至于马克思主义工团运动,则是不能允许的。④法律论。法律是社会连带关系中的纪律,是客观的东西。法律包含经济规范、道德规范、法律规范三类规范,而它们又是依照时间先后的顺序形成的。经济规范和道德规范转变为法律规范的时机在于,每个社会成员自觉地意识到或感觉到必须由自己的团体或领袖对于破坏经济规范或道德规范的行为进行制裁之时,亦即团体成员从政治上组织起来之时。狄骥宣称,反对黑格尔国家主义观点,因为它颠倒了国家与社会的关系;反对自然法论,因为它不是实证的态度。德国历史法学派的观点大体可取,只是过分地看重集体(民族)的感觉,而忽视个人的感觉。

斯堪的纳维亚(北欧)实在主义法学,在基本观点上很接近美国实在主义法学,但没有那么浓厚的法官法学的气味,这个学派反对法律实证主义的"法即命令"观点,也反对自然法学鼓吹法律正义和道德的"形而上学"。他们认为,法律是社会事实的集合体。法律是一种由暴力所支持的、强制人们遵行的规则,是社会权力的工具。法律之所以有效,主要是由于心理原因而形成的习惯,特别是来自人们对于违反法律所可能招致不愉快后果的预测。而这种后果,又是通过法院审判的环节表示出来的。法律的直接意义是告诉法官如何判案,而不是告诉公民如何行为。

四、其他学派

(一)历史法学

经验地、从而历史地理解法这样一种法学学术方法,可以追溯到遥远的亚里士多德的年代。但是,正式被称为历史法学的,则是指作为资产阶级古典自然法学的反动,而在19世纪初期以德国为中心而兴起的学派。萨维尼(1779—1891)是这个学派的代表。德国历史法学派热衷于揭示法的历史性和民族精神对法的决定作用;重视习惯法的渊源性;主张必须慎重地对待编纂统一法典的问题,以致于把德意志民法典的制定拖延到19世纪末,等等。由此看出,其总的政治倾向是保守落后的。这个学派代表人物们呕心沥血地从事的事业的另一个方面,则是埋头于同社会现实并无直接关系的罗马法的历史诠索和语言学的考证,陷进了犹似注释法学或具有嘲弄意味的所谓概念法学的弊端。

英国历史法学的代表人物是梅因(1822—1888)。他与德国历史法学派的颂古主义不同,主要是通过法史的比较研究,以资为今日立法和司法借鉴。

(二)新康德主义法学

这是指,在现代资本主义社会实定法秩序的矛盾和对抗的旋涡中,作为一种修正,致力于复活和发展康德关于理想与现实、价值与实在的二元论的人们所创立的学说。它是在19世纪后半期,以德国为中心兴起的。这个学派的理论特点在于,试图凭借规范和存在的二元论方法,论证法与现实之间的乖离;与此同时,它还极其重视概念论与理念论的区别,以及相对应的法与道德的区别。什坦姆列尔、拉德布鲁赫、德尔·威克奥等,是这一学派的著名人物。特别需要提到的是,什坦姆列尔倡导的"内容可变的自然法"学说是现代相对自然法论的先导,影响甚大。

同新康德学派相对立的,是由约瑟夫·科勒(1849—1919)、卡尔·拉林茨(1930—)、卡尔·施密特(1816—1930)等人组成的"新黑格尔主义学派"。他们与新康德主义学派不同,主张法价值和法现象的原理上的统一,攻击纯粹法学的逻辑主义倾向。但是,由于把整体和普遍性的国家或民族加以无限权威化,就很容易变成集权主义的法学,乃至法西斯主义法学。

在当前,西方较为流行的法学派别还很多,其中有综合法学、现象学法学、存在主义法学、行为主义法学等等,都颇值得重视。

第二部分

国内部门法学

宪法学

　　在我国作为一个法律部门的宪法,由规定我国基本的社会制度、国家制度、国家机关的组织和活动的基本原则、公民的基本权利和义务等法律规范所构成。这种法律规范主要集中在 1982 年《中华人民共和国宪法》里,此外还包括在有关国家机关的选举及组织等法律文件里。

　　我国宪法是我国的根本大法。宪法之所以是国家的根本法,主要表现在:第一,宪法的内容规定了我国基本的社会制度和国家制度,调整我国最基本的社会关系。第二,宪法是由我国最高权力机关即全国人民代表大会,经过特殊程序进行制定和修改的。第三,宪法的效力在我国整个法的体系中是最高的,是其他各个部门的法律基础。

　　1949 年新中国成立以来,我国一共制定过一部宪法性文件和四部宪法。1949 年《中国人民政治协商会议共同纲领》是作为中华人民共和国直接依据的法律文件,它起着临时宪法的作用。1954 年宪法是适应我国开始进行社会主义改造和社会主义建设形势制定的,是一部非常好的宪法。在"文革"中制定的 1975 年宪法,受林彪和江青两个反革命集团"极左"思想影响,是非常不成样子的宪法。1978 年在粉碎"四人帮"之后又颁布了一部宪法,这部宪法相比前一部宪法有很多改善,但基本倾向仍是左倾的。最新颁布的 1982 年宪法,总结了以往的经验教训,是 1954 年宪法的继承和发展,因而是新中国成立以来最完善的一部宪法。

　　新宪法是把马列主义普遍真理同中国具体实际相结合的卓越法典。它不仅具有根本区别于任何资本主义宪法的特点,而且具有正确反映现今中国社会发展阶段的实际情况的特点。这些特点可概括为以下几个主要方面:

　　第一,在指导思想和总的原则方面,新宪法明确提出坚持社会主义道路,坚持人民民主专政,坚持中国共产党、马列主义、毛泽东思想四项基本原则。

　　第二,在国体方面,新宪法规定中华人民共和国是工人阶级领导的、工农联盟为基础的人民民主专政的社会主义国家。

　　第三,在政体方面,新宪法规定中国是多民族的单一制国家,以民族区域自治制度解决国内民族问题,还规定人民代表大会制是我国基本的政治制度。

　　第四,在经济制度方面,新宪法规定社会主义公有制是我国整个经济制度的基础,同时,还把劳动者个体经济作为社会主义经济制度的补充,鼓励外国资本在中国投资,进行多种形式的中外经济合作;实行有计划的商品经济。

第五,在建设高度文明方面,新宪法贯彻了在建设高度物质文明的同时,努力建设以共产主义思想为核心的高度精神文明的战略方针。

第六,在公民的权利义务方面,新宪法规定广泛的公民民主自由权利和公民的基本义务。

新宪法是我国长期历史经验的总结,是实现四化,建设高度文明、高度民主的社会主义国家的重要保证。

第一章　中华人民共和国的国体和政体

任何一个国家都有国体和政体两个方面,都是这两方面的统一。国体就是国家性质,指政权的阶级构成,也就是社会各阶级在政权中的地位以及对谁民主、对谁专政的问题。政体就是国家形式,它又分为两方面:一是国家管理形式,即国家中央权力机关怎样组织和活动。历史上习惯于把国家管理形式归纳为君主制、贵族制、民主制三种。二是国家结构形式,即国家的中央权力同地方权力的关系。国家结构形式有单一制、邦联制、联邦制三种。在国体和政体的关系中,国体是主要的、决定性的,政体是次要的、从属性的。但是,没有适当的政体,就不能很好地保持国体。马克思主义国家学说同剥削阶级国家学说的重大不同就在于,剥削阶级思想家只谈政体,而不承认有国体的问题。马克思主义国体理论,是国家学说史上一项重大的新贡献。

第一节　中华人民共和国的国体

中华人民共和国的国体可以概括为:工人阶级领导的、以工农联盟为基础的人民民主专政(即无产阶级专政)。

一、我国现今的人民民主专政实质上就是无产阶级专政

人民民主专政学说是马列主义无产阶级专政学说在中国的具体运用和伟大的发展。

"人民民主专政"一词,是1948年毛泽东同志在《将革命进行到底》一文中首先使用的。但人民民主专政的思想却久已存在。人民民主专政经历了新民主主义和社会主义两个不同的历史发展阶段。

新民主主义时期的人民民主专政,就是解放区的革命政权,是工人阶级领导的、工农联盟为基础的几个革命阶级联合专政的新民主主义共和国。任务是反帝、反封、反官僚资本主义,建立多种经济并存的新民主主义社会。这种人民民主专政的国家政权,既不同于英、美、法式的无产阶级专政的旧民主主义共和国,也不同于列宁、斯大林领导下的苏联式的无产阶级专政的社会主义共和国,而是第三种形式,即无产阶级在殖民地半殖民地国家进行革命所采取的、向无产阶级专政的社会主义共和国过渡的国家政权。

中华人民共和国成立后的人民民主专政,笼统地称为社会主义共和国。但具体地从其发展分析,可分为两个发展时期:1956年以前的人民民主专政基本上是新民主主义性质的,1956年后的人民民主专政,才真正转变为社会主义性质的人民民主专政,即实质上成了无产阶级专政。因为,这个时期的人民民主专政完全具备了无产阶级专政社会主义国家的一切基本特点。第一,它是工人阶级通过共产党领导的、以工农联盟为基础的政权。第二,随着生产资料社会主义改造的基本完成和剥削阶级的消灭,它以完全建立在社会主义经济基础之上。第三,它已开始承担全面建设社会主义并直接通向共产主义的历史任务。

在我国,现今把无产阶级专政继续称为人民民主专政,反映着我国真实的国情。主要是:第一,表现了它同新民主主义时期人民民主专政的紧密的历史联系。第二,说明了我国政权仍然有广阔的统一战线的因素。第三,更清楚地表明了它是社会主义民主与对敌对分子专政两个方面的结合。显然,称为人民民主专政,在国内和国际上都有好处。

二、人民民主专政是最广大的民主

人民民主专政对于人民内部来说就是社会主义民主,人民当家做主。所谓人民民主专政是最广大的民主,正是指其最广泛的人民性。人民作为人民民主专政的主体,占人口的百分之九十五以上,而且这个比例将越来越大。

在人民民主专政国家政权的构成中,人民的每个部分都占有重要地位。

工人阶级是领导阶级。它通过中国共产党来对整个国家政权实行统一的、绝对的领导。

工农联盟是人民民主专政的基础。在现阶段,这个联盟就是实现国家四化的联盟。

知识分子是脑力劳动者,目前他们已是工人阶级的一部分。知识分子在四化中具有重大的作用。

过去以民族资产阶级、上层小资产阶级及其知识分子为社会基础的各民主党派,现今已变成它们各自所联系的那一部分社会主义劳动者和爱国者的政治联盟,是中国共产党领导下的、为社会主义服务的政治力量。

在四化建设的新的历史时期中,原有的统一战线将继续巩固和发展。党的十二大重申,继续坚持"长期共存,互相监督,肝胆相照,荣辱与共"的方针。

三、人民民主专政仅仅对为数极少的敌对分子实行专政

在剥削阶级作为阶级被消灭以后,我国社会的主要矛盾已经不再是阶级斗争。因

此推行"以阶级斗争为纲"的方针是错误的,必然会导致阶级斗争的扩大化。但是,阶级斗争还将在我国社会的一定范围内长期存在,并且在某种条件下还有可能激化。这不仅是因为历史上的剥削制度和剥削阶级在各方面的遗毒不可能在短时期内清除干净,而且因为我们祖国的统一大业还没有最后完成,我们还处在复杂的国际环境中,资本主义势力以及某些敌视我国社会主义事业的势力还会对我国进行侵蚀和破坏。我国经济和文化还比较落后,年轻的社会主义制度还有许多不完善的地方,还不可能完全防止某些社会成员发生腐化变质的现象,不可能杜绝极少数剥削阶级分子和各种敌对分子的产生。现在,这些形形色色的敌对分子正在蓄意从经济上、政治上、思想文化上、社会生活上进行着破坏和推翻社会主义制度的活动。我国现阶段的阶级斗争,主要表现为人民同这些敌对分子的斗争。正由于这个原因,我们必须继续坚持人民民主专政,坚持社会主义国家的专政职能。否则,会犯严重错误。

第二节　中华人民共和国的政体

一、我国的国家管理形式或政权组织形式,是人民代表大会制

中华人民共和国的一切权力属于人民。人民行使权力的机关,是全国人民代表大会和地方各级人民代表大会。

人民代表大会制是我国的基本政治制度。因为:第一,它以人口比例为基础,由省、自治区、直辖市和军队的人民代表组成,具有最广泛的代表性。所以只有它才能最鲜明地反映人民民主专政的本质,即人民当家做主的地位。第二,只有它才能全面反映我国的政治生活,与那些只反映政治生活某个侧面的其他一切制度不同。第三,只有它是直接凭借人民的革命行动来建立的,它不依赖任何法律。或者说,任何法律都不能创造它,相反地,它创造一切法律。

人民代表大会是按照民主集中制原则建立起来的。这表现在:第一,人民代表大会是从中央到地方的统一的组织形式。第二,各级人民代表由选民普选产生,并可随时撤换。第三,我国的一切国家机关都由人民代表大会产生,对它负责,接受它的监督。

我国人民代表大会制的四个主要特点:

第一,它在长期革命过程中形成,有着光荣的历史,凝聚着丰富的经验。

第二,它是我国劳动人民最熟悉、最习惯的制度,从而最适合充当人民自己解放自己的伟大手段。

第三,它贯彻"议行合一"原则,同资产阶级"三权分立"相对立。所谓议行合一,指的是立法机关要实际办事情,要对自己所立法律的实施负责到底,而不是崇尚空谈。

另外,这一原则还意味着行政机关要服从立法(代表)机关,而不能同它平起平坐。资产阶级三权分立是虚伪的,本身就意味着对立法权的削弱。

第四,它把党的领导和群众的支持很好地结合起来。人民代表制有十分广泛的群众基础。而党通过人民代表大会的体系,通过众多的人民代表,可以广泛和深入地联系人民、了解人民,并领导人民。

二、我国的国家结构形式是统一的多民族的国家

马克思主义经典作家所理想的社会主义国家的结构形式,是单一的社会主义共和国。例如,马克思、恩格斯曾经一致赞扬巴黎公社纲领中关于建立"民族统一"国家的规定。列宁说:"无论从经济发展或群众利益来看,大国家的好处是不容置疑的。"①"只要有不同的民族组成统一的国家,马克思主义者决不主张实行任何联邦制原则,也不主张实行分权制。"②斯大林在十月革命前夕还写了《反对联邦制》的专题论文。但是,马克思主义还认为,为了解决民族问题所必须,也允许采取联邦制。如十月革命后的苏维埃国家,为了使已经分裂的民族重新结合起来,就采用了联邦制。

新中国成立后的情况同当年苏联是不同的。我国是个多民族国家,有五十五个少数民族,占人口百分之六,集聚区域的面积占百分之五十至六十。在我国没有民族分裂的问题。在数千年历史上,中华民族就是一个多民族的集合体;在中国的革命中,由于党的领导,各少数民族就更加团结了。因此,我们不能效仿苏联来建立联邦国家。

那么,在我国怎样运用马克思主义关于社会主义国家形式的基本观点来解决民族问题呢? 这就是实行民族区域自治制度,即在我国领土内,在中央统一领导下,依照宪法和有关法律的规定,以少数民族聚居区为基础,建立民族自治区域及其机关,行使自治权,根据本民族人民的意愿管理本民族内部的地方性事务。到目前为止,我国已建立了五个自治区(省级),十个自治州(专区级),七十二个自治县。三十多年的事实有力地证明,民族区域自治制度是成功的,它既有利于国家的统一,又有利于充分发挥各少数民族的主人翁责任感。为了使我国各民族的团结更加发展,今后还需要采取一系列有效措施,要继续反对大汉族主义和地方民族主义,而首先要注意反对大汉族主义。

① 《列宁全集》第 22 卷,第 140 页。
② 同上书,第 20 卷,第 29 页。

第二章　国家机构

国家机构就是国家机关的总和,或者国家机关体系。

任何一个统治阶级,为了进行统治,都必须建立各种国家机关来行使国家的权力,执行国家各方面的职能。离开国家机关,国家便成了抽象的东西。

我国社会主义国家机构,就是社会主义的国家机关体系。它是中国人民在党的领导下,经过长期武装斗争,在打碎国民党反动国家机器的基础上建立起来的。

我国国家机构的组织和活动原则是:第一,党的领导的原则。第二,民主集中制原则。第三,集体领导和首长个人负责相结合原则。第四,密切联系人民群众,自觉接受人民群众监督,一切为人民服务原则。第五,法制原则。

根据以上基本原则建立的我国国家机构的体系或体制,就是:以国家权力机关为基础,在它之下有向它负责的国家行政机关、审判机关和检察机关,这样一套相互协调的、有机的、运转灵活的、统一的完整体系。

第一节　全国人民代表大会

一、全国人民代表大会是最高国家权力机关

我国宪法规定,中华人民共和国的一切权力属于人民。人民行使国家权力的最高机关,就是全国人民代表大会。

全国人民代表大会之所以作为我国的最高国家权力机关,就因为它是我国的基本政治制度。

所谓国家的最高权力,也就是政治学和法学上所说的主权。全国人民代表大会作为最高权力机关的这种性质即主权性,表现在:第一,至高无上性。它在我国全部国家机构体系中居于首位,任何别的国家机关都不能和它的权力平行,更不能超越它。全国人大通过的宪法和法律,所有国家机关必须服从。这表明,全国人民代表大会是全国人民的意志和利益的最高体现者和最高代表者,从而也就是人民权力的最高体现者和代表者。第二,不受限制性。它集中或垄断了国家的一切权力,仅仅对人民负责。除了人民外,没有任何国家机关能够限制它。第三,不可分割性。全国人民代表大会的权力是统一的整体,不能分割为几个部分。至于全国人民代表大会与其他国家机关

（全国人民代表大会常委会、军委、国务院、最高人民法院、最高人民检察院等）之间所进行的工作分工，那也是取决于全国人民代表大会自己的意志，并且是为了实现这样意志的方式，而不是对于全国人民代表大会权力的分割。

根据1982年新宪法的规定，全国人民代表大会的职权可归纳为以下几方面：

第一，立法权。这里包括修改宪法和制定法律的权力。宪法的修改，由全国人大常委会或者五分之一以上的全国人民代表大会代表提议，经过全国人民代表大会以全体代表的三分之二以上的多数通过。法律的制定，要由全体代表的半数以上通过。原来全国人民代表大会是我国唯一拥有立法权的机关，这次新宪法鉴于国家的实际需要，也授予了全国人民代表大会常务委员会以有限的立法权。

第二，对国家领导人的决定权。全国人民代表大会选举全国人民代表大会常务委员会委员长、副委员长、秘书长、委员；选举国家主席、副主席；根据国家主席的提名，决定国务院总理的人选；根据总理的提名，决定副总理、国务委员、各部部长和委员会主任、审计长、秘书长的人选；选举中央军事委员会主席，并根据中央军委主席提名，决定军委副主席和委员；选举最高人民法院院长和最高人民检察院检察长。所有以上人员，全国人民代表大会也有权加以罢免。

第三，对国家重大问题的审查、批准权。这些权力包括：审批国民经济和社会发展计划以及计划执行情况的报告；批准省、自治区、直辖市的划分；决定战争与和平问题。此外，还有权改变或取消全国人民代表大会常务委员会不适当的决议，这一点是强调全国人民代表大会常务委员会对全国人民代表大会的从属关系。

第四，全国人民代表大会认为应当由自己来行使的其它职权。

全国人民代表大会每届任期五年，每届代表的选举由全国人民代表大会常务委员会主持。

全国人民代表大会的主要工作方式是会议，每年召开一次会议，必要时可临时决定开会。

会议采取公开形式，必要时也可秘密进行。

大会由代表所组成的大会主席团主持。

有权向全国人民代表大会会议提出议案的有：大会主席团，全国人民代表大会常务委员会，全国人民代表大会各专门委员会，国务院，中央军委，最高人民法院，最高人民检察院；还有由各省、自治区、直辖市和军队分别组成的每个代表团，或者三十名以上代表，也可以提出议案。这些议案由大会主席团决定提交大会表决。

全国人民代表大会会议对议案的表决采取无记名投票方式或者举手表决方式。

二、全国人民代表大会常务委员会

全国人民代表大会常务委员会是全国人民代表大会的常设机关，就是在全国人民代表大会闭会期间行使国家最高权力职能的机关。

全国人民代表大会常务委员会由委员长、副委员长若干人、秘书长和委员若干人组成。他们都必须是全国人民代表大会的代表,并且由每届全国人民代表大会的第一次会议选举产生。

全国人民代表大会常务委员会对全国人民代表大会负责并报告工作,受全国人民代表大会的监督。全国人民代表大会常务委员会的基本工作形式是会议制,但日常工作是由委员长、副委员长和秘书长负责。他们均可连选连任,但委员长、副委员长连任不得超过两届。全国人民代表大会常务委员会委员不兼任行政、检察和审判机关的工作。

全国人民代表大会常务委员会的职权,主要有以下各方面:

第一,立法权及对宪法和法律的解释权。

全国人民代表大会常务委员会有权制定和修改由全国人民代表大会制定的法律以外的"其他法律";在全国人民代表大会闭会期间,对于全国人民代表大会制定的法律可进行部分修改,但不得违背该法律的基本原则。

全国人民代表大会常务委员会有权解释宪法,有权解释一切法律。

第二,对法律的监督权。

全国人民代表大会常务委员会在全国范围内监督法律的实施。在全国人民代表大会闭会期间,审查和批准国民计划和社会发展计划以及国家预算在执行过程中所必须做的部分调整方案;监督国务院、中央军委、最高人民法院和最高人民检察院的工作;撤销国务院制定的同宪法、法律相抵触的行政法规、决定和命令;撤销省、自治区、直辖市的权力机关制定的同宪法和法律相抵触的地方性法规和决议。

第三,对国家高级公职人员的任免权。

全国人民代表大会闭会期间,根据国务院总理提名,决定部长、委员会主任、审计长、秘书长的人选;根据中央军委主席提名,决定中央军事委员会其他成员的人选;根据最高人民法院院长的提名,任免副院长、审判员、审判委员会委员和军事法院院长;根据最高人民检察院检察长提请,任免副检察长、检察员、检察委员会委员和军事检察院检察长,并批准省、自治区、直辖市检察长的任免。

第四,荣誉、衔级的授予权和特赦权。

全国人民代表大会常务委员会有权规定军人和外交人员的衔级制度和其他专门衔级制度;有权规定和决定授予国家的勋章和荣誉称号。

对于受到刑罚宣告的罪犯决定特赦的权力。

第五,国家的安全处置权和对外权。

全国人民代表大会常务委员会决定驻外全权代表的任免,批准或废除同外国缔结的条约和重要协定。

在全国人民代表大会闭会期间,如果遇到国家遭受外国武装侵犯或者必须履行国际间共同防止侵略条约的情况,有权宣布战争状态。

全国人民代表大会常务委员会有权决定全国总动员或者局部动员,决定全国或者个别省、自治区、直辖市的戒严,以维护国家安全。

第六,行使全国人民代表大会授予的其他职权。

全国人民代表大会常务委员会一般每两个月举行一次全体会议。在会上,全国人民代表大会的各委员会、国务院、中央军委、最高法院、最高检察院,以及常务委员会委员十人以上,均可提出议案;全国人民代表大会常务委员会的决议,必须经全体委员半数以上通过方为有效。

在会议期间,十名以上常务委员会委员可联名对国务院及其各部、委提出质询案。受质询单位的领导人,必须根据委员长会议的决定,做出书面的或者口头的答复。(委员长会议是由委员长、副委员长和秘书长组成的。)

全国人民代表大会常务委员会举行会议时,有关国家机关人员可以列席。此外,各省、自治区、直辖市人民代表大会常务委员会也可派主任或者副主任一人列席,发表意见。

三、全国人民代表大会各专门委员会

全国人民代表大会下设若干专门委员会,作为协助自己工作的机构。专门委员会由从大代表中选举产生,按照专业分工。它本身没有独立的职权。这种专门委员会有常设的和临时的两种。

常设性委员会有民族委员会、法律委员会、财经委员会、科教文卫委员会、外事委员会、华侨委员会等,它们的任期与本届人民代表大会相同。在全国人民代表大会闭会期间,它们受全国人民代表大会常务委员会领导。此间,人民代表大会常务委员会有权补充任命各委员会副主任和委员。各专门委员会的共同性任务大体是:①审议人民代表大会主席团或人民代表大会常务委员会交付的议案;②向人民代表大会主席团或常务委员会提出同本委员会有关的议案;③审议人民代表大会常务委员会交付的被认为违宪违法的国务院及其各部委、各省级人民代表大会及其常务委员会和政府制定的规范性法律文件,并提出报告;④审议人民代表大会主席团或人民代表大会常务委员会交付的质询案,听取答复,必要时向上述单位提出报告;⑤对本委员会有关的问题进行调研,向人民代表大会主席团或常务委员会提出建议。

临时性委员会,由全国人民代表大会或常务委员会按照需要随时决定建立。此外,全国人民代表大会或常务委员会认为必要时,也可以就特定问题组织临时性调查委员会;一切有关国家机关、人民团体和个人,均有义务向它提供材料。

四、全国人民代表大会的代表

全国人民代表大会的代表,由省、自治区、直辖市的人民代表大会和人民解放军选举产生。

我国最高权力机关,即全国人民代表大会及其常务委员会,都是由人民代表组成的。因此,它们的职权也都是代表们的集体职权。

代表在人民代表大会期间,非经大会主席团许可,不受逮捕或者刑事审讯;在人民代表大会闭会期间,非经常务委员会许可,不受逮捕或者刑事审讯。他们在全国人民代表大会各种会议上的发言和表决,不受法律追究。

代表的义务是,要模范遵守宪法、法律,保守国家机密,并在自己参加的生产、工作和社会活动中,协助宪法、法律的实施。他们还要同原选举单位和人民保持密切联系,听取和反映人民的意见和要求,努力为人民服务。

代表受原选举单位的监督,原选举单位有权依法定程序罢免他们。

总之,代表是人民的公仆和勤务员,在人民之中没有任何特权。

第二节　中华人民共和国主席

我国国家主席制度,经过了一段发展变化过程:1949 年新中国成立初期实行的是中央人民政府主席制度,根据董必武同志关于中央人民政府组织法的报告中的解释,这个职位就相当于国家元首。就是说,它同美国总统的职位是相近的。政府主席是毛泽东同志。

1954 年制定的第一部宪法规定,设立中华人民共和国主席。根据刘少奇同志在关于这部宪法草案报告中的解释,我国元首职权是由全国人民代表大会常务委员会和国家主席结合行使,即实行集体国家元首制度。宪法又规定国家主席对外代表国家。以此推论,在对外方面,国家元首主要是由国家主席来代表的。

在"文革"期间国家主席实际已不存在。这期间,根据毛泽东同志的主张,1975 年宪法正式宣布取消国家主席制度,1978 年宪法继续这样规定。

1982 年宪法,恢复国家主席制度。彭真同志在宪法草案报告中说:"建国以来的实践证明,设立国家主席对于健全国家体制是必要的,也比较符合我国各族人民的习惯和愿望。"

国家主席的职权是:在国家的重大问题方面,根据全国人民代表大会及其常务委员会的决定,公布法律;任免国务院总理、副总理、国务委员、各部部长、各委员会主任、审计长、秘书长;授予国家的勋章和荣誉称号;发布特赦令,发布戒严令,宣布战争状态,发布动员令。在行使对外权方面,国家主席代表中华人民共和国,接受外国使节;

根据全国人民代表大会常务委员会的决定,派遣和召回驻外全权代表;批准和废除同外国缔结的条约和重要协定。由此可知,国家主席属于国家最高权力机关的组成部分。其独立职权是极少的,主要是宣布全国人民代表大会及其常务委员会的重大决定。这体现了我国的集体领导原则。

国家主席和副主席由全国人民代表大会选举产生,必须是年满四十五周岁的公民,其连续任职不得超过两届,任期与本届人民代表大会相同。

副主席协助主席工作,可受主席委托,代行部分主席职权。主席缺位时,由副主席继任。如果主席、副主席均缺位,由全国人民代表大会补选,此前,由人民代表大会常务委员会委员长代行主席职位。

第三节　国务院

国务院是我国的中央人民政府,最高国家权力机关的执行机关或最高行政机关。它是由 1954 年宪法以前的中央人民政府政务院演变而来的。国务院由全国人民代表大会产生,并对全国人民代表大会及其常务委员会负责和报告工作。任期与本届人民代表大会相同。

国务院的组成人员即国务院全体会议成员是:总理、副总理若干人、国务委员(副总理级)若干人、各部部长、各委员会主任、审计长、秘书长。其中,总理、副总理和国务委员连续任职不超过两届。国务院实行总理负责制,各部、委实行部长或主任负责制。

总理、副总理、国务委员、秘书长组成国务院常务会议。国务院工作的重大问题,必须经过国务院常务会议或者全体会议讨论决定。这说明,在国务院体制中,个人负责制是与集体领导相结合的。

国务院的主要职权,在宪法中规定有十八项,可概括为:第一,国家行政规范的最高创制权。包括向全国人民代表大会及其常务委员会提出议案;规定行政措施,制定行政法规,发布决定和命令;改变或者撤销国务院各部、委和地方各级行政机关制定的不适当的法律规范。第二,对中央行政机构的领导权。统一领导国务院各部、委,以及其他行政机构的工作,规定它们的职责。第三,对地方行政机构的领导权。统一领导全国各级地方国家行政机关的工作,规定省级国家行政机关的职权划分;批准省级及县市以上的行政区域划分;有权决定省级范围的戒严。第四,人事权。即审定行政机构的编制,任免、培训、考核、奖惩行政人员。第五,全面领导国家多方面(经济、文化、政治等)的建设。包括编制与执行国民经济和社会发展计划及国家预算;领导和管理经济与城乡建设工作,科、教、文、卫、体、计划生育工作,民政、公安、司法行政、监察等工作,华侨事务工作。第六,全国人民代表大会及其常务委员会授予的其他职权。

国务院所属的各部门是按照专业职能划分的,它们是各部(部长负责)、各委员会(主任负责)、办公厅(秘书长负责)以及各直属的办事机构。各部、委可在职权范围内制定规范性文件。

1982年宪法关于国务院机构的规定中一项重要的改革,是设立了审计机关。它的地位相当于各部、委,这是为了适应四化建设的需要建立的。审计机关的职能是:对国务院各部门和省级政府的财政开支,对国家的财政金融机构和企业事业组织的财务收支,进行审计监督。该机关在总理领导下,依法独立行使审计监督权,不受其他行政机关、社会团体和个人的干涉。

国务院各部、委的设立和变动,由全国人民代表大会及其常务委员会决定。国务院的直属机构由国务院决定。

第四节　中央军事委员会

中央军事委员会,是1982年宪法中一项新的规定,它领导全国武装力量。这与过去的体制是不同的。过去,中共中央设立军事委员会,中共中央委员会主席兼任军事委员会主席。但是,在国家机构中,宪法又规定由国家主席统率武装力量,造成对于军事(武装)力量领导体制上的党政不分。因此,现在的新规定是一项重大的改革。

中央军委的组成人员是:主席,副主席若干人,委员若干人。军事委员会实行主席负责制,任期与本届全国人大相同。它对人大及其常委会负责。

第五节　地方国家机关

这里所说的地方国家机关,指地方各级人民代表大会和各级人民政府,也就是指地方各级权力机关和行政机关。

一、地方各级人民代表大会

地方各级人民代表大会,由人民代表组成。各级人民代表大会代表产生办法有所区别:省、直辖市、设区的市的人民代表大会代表,由下一级的人民代表大会选举;县、不设区的市、市辖区、乡、民族乡、镇的人民代表大会代表,由选民直接选举。

按照法律规定,关于代表名额问题有两项很重要的原则:第一,代表名额的分配,城镇区域的代表所代表的选民数要少于农村区域。具体说,全国人民代表大会代表是一比八,省、自治区是一比五,自治州、县、自治县是一比四。第二,确定代表名额的出发点是,便于召开会议讨论问题和解决问题,并且使各民族、各地区、各方面都能有适当数量的代表。

地方各级人民代表大会的每届任期是:省、直辖市、设区的市为五年;县、不设区的市、市辖区、乡、民族乡、镇为三年。

地方各级人民代表大会的任务和职权是:第一,在本行政区内,保证宪法、法律和国务院行政法规的遵守和执行。第二,通过和发布决议。第三,审查和决定地方经济、文化和公共事业建设计划。第四,选举并有权罢免本级政府正副领导人、法院院长、检察院检察长。

地方各级人民代表大会代表要受原选举单位和选民的监督,原选举单位和选民对选出的代表有罢免权。

二、县级以上的地方各级人民代表大会常务委员会

县级以上各级人民代表大会设立常务委员会是1949年《中华人民共和国地方各级人民代表大会和地方各级人民政府组织法》和1982年宪法所做的规定,这有利于发挥人民代表大会制度的作用。

地方人民代表大会常务委员会是地方人民代表大会的常设机构,其成员是由地方人民代表大会选举产生(亦由其罢免);它对地方人民代表大会负责并报告工作。它由主任、副主任若干人、委员若干人组成。地方人民代表大会常务委员会成员不得担任行政、审判和检察机关的工作。常务委员会任期与本届人民代表大会相同。

地方人民代表大会常务委员会的职权是:第一,讨论、决定本行政区内的各方面工作的重大事项。第二,监督本级政府、法院、检察院的工作,有权撤销本级政府不适当的决定和命令。第三,对下一级权力机关的监督权。可撤销下级人民代表大会不适当的决议。第四,依法定权限,决定国家机关工作人员的任免。第五,在本级人民代表大会闭会期间,罢免或补选上一级人民代表大会的个别代表。

三、地方各级人民政府

解放初期,国家行政区划分为:大行政区、省(行政公署、直辖市)、专区、县(市)、区、乡(镇)六级。大行政区,除东北和华北叫"人民政府"外,其余均叫"军政委员会",省及省以下各级地方机关,在老区均叫"人民政府",新区叫"军事管制委员会"。这些地方机关,兼有行政机关和权力机关的双重性质。

1954年宪法规定,地方人民政府叫"人民委员会",为地方人民代表大会的执行机关和行政机关,也是地方人民代表大会的常设机关。

"文革"期间抛开宪法,由"革命委员会"进行所谓"一元化领导"。1975年和1978年两部宪法都规定,"革命委员会"既是地方人民代表大会常设机关,又是地方各级政府。

1982年宪法规定,地方各级人民政府是地方各级国家权力机关(即人民代表大会及其常委会)的执行机关和行政机关,必须对权力机关负责并报告工作。地方政府实

行首长(省长、市长、县长、区长、乡长、镇长)负责制。其任期与本届人民代表大会相同。

地方政府的职权,可以分为两个层次。第一层次,县级以上(含县级)地方各级政府,其主要职权是:第一,管理本行政区的经济、教育、科学、文化、卫生、体育、城乡建设及财政、民政、公安、民族事务、司法行政、监察、计划生育等行政工作,可发布决定和命令(即规范性文件),任免、培训、考核和奖惩行政人员。省和直辖市政府还有权决定乡、民族乡、镇的建置与行政区划。第二,领导所属各部门的工作以及下级政府的工作,有权改变或撤销它们的不适当的决定。第三,设立审计机关,独立行使审计权,对本级政府和上一级审计机关负责。第二层次,乡、民族乡、镇的政府,其主要职权是执行本级人民代表大会决议和上级行政机关的决定与命令,管理本行政区域的行政工作。

四、城市居民委员会和农村村民委员会

1982年宪法规定,居(村)民委员会是"基层群众性自治组织",这是总结了新中国成立以来的行之有效的经验而建立的制度。

居(村)民委员会不是国家机关,它与城市街道办事处或农村的乡之间是指导关系,即接受后者的指导。

居(村)民委员会设主任、副主任和委员,直接由居(村)民选举。

居(村)民委员会设人民调解、治安保卫、公共卫生等委员会,办理本区的公共事务和公益事业,调解民间纠纷,协助维护社会治安,并向政府反映群众的意见、要求和提出建议。

第六节 民族自治地方的自治机关

我国民族自治地方的自治机关,包括自治区、自治州、自治县的人民代表大会和政府。民族自治机关不仅行使一般地方国家机关的权限,而且依照宪法、法律,可根据当地的民族特点和地区特点行使自治权。

对这些民族自治机关的组成,宪法有如下规定:第一,在人民代表大会中,住在本行政区内的其他民族也应有适当名额的代表。第二,人民代表大会常务委员会,要由实行区域自治的民族成员担任主任或副主任。第三,自治地方政府的正职负责人(自治区主席、州长、县长),也要由实行区域自治的民族成员担任。

民族区域自治机关自治性的职权是:第一,民族自治区域的人民代表大会有权依照当地民族的政治、经济、文化的特点,制定自治条例和单行条例。自治区的这种条例要报全国人民代表大会常务委员会批准方能生效;自治州和自治县的自治条例,要报

省或自治区人民代表大会常务委员会批准才能生效,并报全国人民代表大会常务委员会备案。第二,有管理地方财政的自治权。凡依照国家财政体制属于民族自治地方的财政收入,均由其自主地安排使用。第三,在国家计划指导下,自主地安排和管理地方性经济建设事业。国家在该行政区开发资源、建设企业的时候,应照顾自治地方的利益。第四,自主地管理本地科、教、文、卫、体事业,保护和整理民族的文化遗产,发展和繁荣民族文化。第五,依照国民军事制度和当地实际需要,经国务院批准,组织本地方维护社会治安的公安部队。第六,执行职务时,要求使用当地通用的一种或几种语言文字。

最后,宪法专门规定,国家要从财政、物资、技术等方面帮助各少数民族加速发展经济文化建设事业。国家还要帮助自治地方从当地民族中大量培养各级干部、各种专业人才和技术人才。

第七节　人民法院和人民检察院

人民法院和人民检察院是我国专门的执法机关和法制机关,从而它们的工作对于社会主义法制建设有重要的意义。

一、法院

法院是我国的专门审判机关,行使国家审判权。

法院的任务是:审判刑事案件和民事案件,并且通过审判活动,惩办一切犯罪分子,解决民事纠纷,以保卫无产阶级专政制度,维护社会主义法制和社会秩序,保护社会主义的全民所有的财产、劳动群众集体所有的财产、公民私人所有的合法财产,保护公民的人身权利、民主权利和其他权利,保障国家的社会主义革命和建设事业的顺利进行。此外,法院还通过其他活动,教育公民忠于社会主义祖国,自觉遵守宪法和法律。

我国法院系统,包括最高人民法院、地方各级人民法院和专门人民法院。各级法院,都由正院长、副院长和庭长、审判员、助理审判员组成,他们的年龄必须满二十三岁;法院设刑事审判庭、民事审判庭、经济审判庭(基层除外)等。此外,还有若干书记员、执行员、法警、法医等人员。

第一,最高人民法院。院长由全国人民代表大会选举,其他组成人员由人民代表大会常务委员会任免。院长任期与本届人民代表大会相同,但连任不超过两届。

最高法院的职权是:审判下列案件,即应当由它作为第一审的案件,对高级法院、专门法院判决与裁定的上诉和抗诉案件,最高检察院按照审判监督程序对已经生效的判决或裁定提出抗诉的案件。对在审判过程中如何运用法律问题,进行解释。依法核准死刑案件。

第二,地方各级法院。包括:省级的高级法院,设立于地区或盟、自治州、直辖市内、省级辖市的中级法院,设立于县级、不设区的市、市辖区的基层法院,共三级。其院长均由同级人民代表大会产生,其余成员由同级人民代表大会常务委员会产生。这三级法院均审理一审案件,前二级还审理二审案件。

第三,专门法院。包括:军事法院、铁路运输法院、水上运输法院、海事法院、森林法院,等等。

二、检察院

我国检察院是国家的法律监督机关。

检察院是通过行使检察权,侧重同犯罪这种违法现象做斗争,实现同法院相同的任务。

检察院的组织体系是紧紧同法院相应的。其组成人员的任免,也与法院相似。

检察院在接受同级人民代表大会及其常务委员会领导的同时,还要接受上级检察机关的领导。这是由检察工作的较大集中性决定的。

检察机关的职权是:第一,对重大反革命案件和重大刑事案件进行检察。第二,对直接受理的刑事案件进行侦查。第三,对公安机关侦查的案件进行审查,决定是否逮捕、起诉或免予起诉;对于公安机关的侦查活动是否合法进行监督。第四,对刑事案件提起公诉,支持公诉;对于人民法院的审判活动是否合法进行监督。第五,对刑事案件的判决、裁定的执行,以及监狱、看守所、劳改机关的活动是否合法进行监督。检察院实行法律监督时,不受任何外来干涉,独立进行。

1982 年宪法根据我国历史的经验,规定了人民法院、检察院和公安机关在办理刑事案件过程中,要分工负责、互相配合、互相制约,以保证准确有效地执行法律。

第三章　公民的基本权利和义务

什么是公民？公民是具有我国国籍,依照我国宪法和法律享有权利和承担义务的人。公民比人民的范围要宽。

用法律,特别是宪法的形式,把平等的公民权利和义务确定下来,这是近代资产阶级同封建的等级和特权制度进行革命斗争的一大成果。但是,在资产阶级统治之下,这种规定不能不具有极大的虚伪性。就是说,他们用民主、自由、权利的条款来掩盖资产阶级事实上的阶级特权及劳动人民的无权地位。

社会主义国家是人民当家做主的国家,因而它必然同资产阶级国家的权利、义务有本质的区别。我国公民的权利、义务的特征在于:第一,我国公民的权利与义务的主体是广泛的。它普及到每一个人,没有剥削阶级国家那种奴隶制或变相的奴隶制。第二,我国公民和公民间的权利、义务关系是平等的,不承认有特权的公民。第三,我国公民权利、义务的内容是丰富的,包治政治、经济、文化思想等各方面。第四,我国公民的权利和义务是相互对应的、一致的,不能截然割裂开来。第五,我国公民权利、义务的实现是真实的,即是有物质保障的。因为,这些权利、义务建立在生产资料社会主义公有制的基础之上。

第一节　公民的基本权利

一、在法律面前一律平等

中华人民共和国公民在法律面前一律平等,其主要意义是,任何公民都享有宪法、法律规定的权利,同时又必须履行宪法、法律规定的义务。不承认任何人拥有凌驾法律之上或处于法律之外的特权,不承认任何人只享受权利而不尽义务,或者只尽义务而不享受权利。

二、政治权利

这表现在:第一,公民,除依法被剥夺政治权利者外,凡年满十八周岁者均有选举权和被选举权。第二,公民有言论、出版、集会、结社、游行、示威的自由。

新宪法取消了1978年宪法中的罢工自由和大鸣、大放、大字报、大辩论的"四大"

自由,这个道理是容易理解的。

三、宗教信仰自由

这是公民个人精神领域中的权利。宗教信仰自由,要求任何国家机关、社会团体和个人,不得强制公民信仰或者不信仰宗教,不得歧视信仰宗教的公民或不信仰宗教的公民。就是说,我国宪法对于宗教信仰自由的解释是最广义上的解释,包括:信仰或不信仰宗教的自由;信仰这个教或那个教的自由;信仰同一种宗教内的这派或那派的自由;过去、现在和将来,随时可以信仰或不信仰宗教的自由。

国家保护正常的宗教活动。但是禁止利用宗教进行破坏社会秩序、损害公民身体健康、妨碍国家教育制度的活动。

我国国内的宗教团体和宗教事业,不受外国势力的支配。

四、人身自由

这方面包括几个"不受侵犯"。第一,人身不受侵犯。任何公民,不经人民检察院批准或决定,不经人民法院决定,并由公共机关执行,不受逮捕。禁止任何机关、团体、个人非法拘禁和以其他方法非法剥夺或限制公民的人身自由,禁止非法搜查公民的身体。第二,人格尊严不受侵犯。禁止以任何方法对公民进行侮辱、诽谤和诬告陷害。第三,住宅不受侵犯。禁止非法搜查或者非法侵入公民的住宅。第四,通信自由不受侵犯。公民的通信自由和通信秘密受国家法律的保护,不准以任何理由加以侵犯。唯有因国家安全或追查刑事犯罪的需要,得由公安机关或检察机关依法定程序检查通信。

五、对国家机关及其工作人员的批评建议和申告权利

公民对于任何国家机关及其工作人员,有提出批评和建议的权利,对于任何国家机关及其工作人员的违法失职行为,有向有关的国家机关提出申诉、控告或者检举的权利,但不得捏造或歪曲事实进行诬告陷害。在这方面,分清正当申告和诬告陷害的界限是重要的。

有关的国家机关,对于公民的申告,必须查清事实,负责处理。任何人不得压制和打击报复。

最后,宪法还专门规定,由于国家机关及其工作人员侵犯公民权利而受到损失的公民,有依照法律规定取得赔偿的权利。没有这项规定,公民权利就没有保障。

六、物质生活保障权利

这涉及的是公民的起码生活或生存权利。因此,宪法对此有详细的规定。

（一）劳动的权利和义务

劳动权利,指有劳动能力的公民有获得工作并取得报酬的权利。劳动是社会主义国家公民的基本的甚至唯一的生活来源,因此这是每个公民的基本权利。但是,社会主义社会中的劳动是一项直接造福全体人民的光荣事业,因此,有劳动能力和条件的公民参加劳动,又成为他的义务。"不劳者不得食"是社会主义的原则。

为保证公民实现劳动的权利和义务,国家要通过各种途径来创造劳动就业条件,加强劳动保护,改善劳动条件,并在发展生产的基础上提高劳动报酬和福利待遇。

国家要求每个在社会主义经济组织中从事劳动的公民,要树立主人翁的劳动态度;提倡社会主义劳动竞赛,奖励劳动模范和先进工作者;提倡公民从事义务劳动。

国家对就业前的公民要进行必要的劳动就业训练,否则便不能适应现代化建设的要求。

（二）休息权利

休息权利与劳动权利是不可分割的。休息权利是使公民有足够时间参加国家管理活动,以及从各方面提高自己所必需的。为此,宪法规定,国家要确定劳动者休息和休养的设施,要用法律确定职工的工作时间和休假制度。

（三）退休的保障

国家确定企业、事业组织的职工和国家机关工作人员的退休制度,这是培养一代代接班人的需要,也使职工能享受晚年幸福。退休人员的生活要得到国家与社会的可靠保障。

（四）获得物质上的帮助

公民在年老、疾病或丧失劳动能力的情况下,有从国家和社会获得物质帮助的权利。为此,国家要大力发展社会保险、社会救济和医疗卫生事业。

国家和社会要保障残废军人的生活,抚恤烈士家属,优待军人家属,这些都是我党、我军和我国革命政权一直坚持的好传统。

国家和社会要帮助安排盲、聋、哑和其他有残疾的公民的劳动、生活和教育。

七、享受社会文化生活

首先,宪法规定公民有受教育的权利和义务。受教育是公民参与国家管理,培养体力、脑力全面发展的新人,以及关系公民切身利益的重大事情,特别是实现国家四化的重大事情。因此将受教育规定为公民的权利,又作为公民的一项义务来规定是非常必要的。

公民受教育的权利,对于后代人来说,尤其迫切。所以,国家要培养青年、少年、儿童,使之在德、智、体等方面能够得到全面的发展。

其次,公民还有进行科学研究、文学艺术创作和其他文化活动的自由。

国家对一切公民在教育、科学、技术、文学、艺术等文化事业方面所进行的创造性工作,给予鼓励和帮助;对于有重大发明创造和特殊贡献的,给以重奖。

八、男女平等和对婚姻家庭的保护

1982 年宪法重申妇女在政治、经济、文化、社会及家庭生活等各方面,享有同男子平等的权利。由于几千年歧视妇女的封建传统的影响,国家有必要专门规定对妇女的权利和利益的保护,要求实行男女同工同酬原则,注意大力培养、选拔妇女干部。

宪法重申保护公民的婚姻、家庭和母亲、儿童的利益,责成夫妻双方履行计划生育的义务,父母与子女有相互扶养的义务,禁止公民有破坏他人婚姻自由及虐待老人、妇女和儿童的行为。这方面,在婚姻法、刑法中均有详细规定。

九、对华侨、归侨和侨眷的保护

我国在国外的侨民有几千万人,他们分布在全世界,而以东南亚地区比较集中。他们同祖国有着血肉关系,绝大多数是热爱祖国的,因此,他们理应得到祖国的保护。解放以来,我国政府对于华侨的正当权利和利益,坚决加以保护,同时,也强调对于归侨和侨眷的合法权益的保护。在当前,这直接关系到香港的收回和台湾回归祖国的大业,关系到国家四化的大业。

第二节　公民的基本义务

一、公民在行使自己的自由和权利的同时,负有不得损害国家的、社会的、集体的和他人的权益的义务

二、维护国家统一和民族团结

对于疆域广大和多民族的国家来说,这一点是极为重要的,这是每个公民的根本利益所在。在当前台湾尚未回归祖国以及"四人帮"横行时期造成的民族隔阂尚未彻

底解决的情况下,强调国家统一和民族团结是十分必要的。

三、遵守宪法和法律,保守国家机密,爱护公共财产,遵守劳动纪律,遵守公共秩序,尊重社会公德

四、维护祖国的安全、荣誉和利益

这是指在同外国的关系方面,要坚持爱国主义精神。当前,主要是要处理好对外开放政策与坚持自力更生、发扬民族自尊心和自信心的关系问题。

五、保卫祖国的神圣职责

每个公民不仅要努力建设祖国,还有保卫祖国、抵御外来侵略的神圣职责。
为了保卫祖国,公民就有依法服兵役和参加民兵组织的义务。

六、纳税

当前,我们国家搞活国内经济的政策及其他一些政策,使公民个人增加了收入,这是可喜的事情。但是,在我们社会主义制度下,个人利益总是与国家、社会和集体利益相统一的。因此,公民依法从个人收入中拿出一小部分作为税金交给国家,是理所当然的和光荣的事情。交给国家的税金,实际上就是交给了包括自己在内的大集体。这些税收取之于民,最终还要用之于民,为全民造福。

刑法学

　　刑法是规定哪些行为属于犯罪,对实施犯罪的人适用什么刑罚,以及采取什么其他措施的法律规范的总和。

　　同其他各个法部门相比较,刑法的主要特点在于:第一,刑法调整的社会关系,是犯罪人实施具有社会危害性行为而引起的一种特殊的、否定性的社会关系。第二,刑法是保卫其他各部门法律规范得以实现的一种部门法。这是由刑法本身所具有的性质和所承担的基本任务决定的。第三,刑法所规定的制裁是最为严厉的。它不仅可以剥夺犯罪分子的财产,还可以剥夺其政治权利和人身自由,甚至剥夺其生命。而其他部门法的强制方法,都没有这么严厉。

　　从以上分析中可知,刑法是所有部门法中阶级性、强制性最鲜明的。我国的刑法、是镇压敌人、惩治犯罪、保护人民、保卫国家四化建设的锐利武器。

第一章　犯　罪

第一节　犯罪的概念

犯罪是具有强烈阶级性的概念,不同的阶级必然对犯罪有不同的理解,甚至于对立的理解。

在我国,犯罪的定义是由法律明确规定的。刑法第十条写道:"一切危害国家主权和领土完整,危害无产阶级专政制度,破坏社会主义革命和社会主义建设,破坏社会秩序,侵犯公民所有的财产或者劳动群众集体所有的财产,侵犯公民私人所有的合法财产,侵犯公民的人身权利、民主权利和其他权利,以及危害社会的行为,依照法律应当受到刑罚处罚的,都是犯罪;但是,情节显著轻微危害不大的,不认为是犯罪。"

犯罪的基本特征是:

一、犯罪是具有社会危害性的行为

社会危害性,是犯罪的最本质的特征。犯罪行为之所以称之为犯罪行为,之所以与一般行为不同,就在于它具有社会危害性。只有以某种行为是否具有社会危害性这一点作标志,才能正确区分罪与非罪以及罪行程度。

但是还要知道,犯罪和具有社会危害性行为并不是等同的概念,犯罪有质和量的一定范围。就是说,社会危害性达到一定严重程度时,才能被认为是犯罪。相反,当行为的情节显著轻微、对社会的危害不大的时候,就不能认为它是犯罪行为,从而也就不属于刑法处理的范围。

二、犯罪是违反刑法的行为

社会危害性行为在社会规范方面的表现是很复杂的。有的仅仅违反道德,而基本上同法律无关;有的违反了现实的法律,即具备了违法性,而被违反的法律,又有不同部门的区别。其中唯有违反刑法,或者说唯有具备刑法方面的违法性的时候,才能说得上是犯罪。

由此可知,社会危害性、违法性、刑事方面的违法性,是在性质上、范围上(质上和量上)是既有联系、又有区别的三个层次的概念,是不允许任意混淆的。一种行为,当它具有社会危害性,同时又具有刑事方面的违法性的情况下,才是犯罪。

强调犯罪具有刑事方面的违法性的重要意义在于:要严格地按照刑法的规定来判定有罪还是无罪,而不能根据其他部门的法律,更不能根据其他的社会规范(道德、风俗等)以及任何个人的意志来定罪,这样就能很好地保护公民的合法权利不受司法部门可能的侵犯,从而有利于维护社会主义法制。

三、犯罪是应当受到刑罚处罚的行为

任何一种违法行为,都要承担法律上的责任。但是,由于所违反的法律的不同,其所承担的法律责任的具体性质和程度也不同。承担刑罚处罚责任的行为,只能是违反了刑法的行为。除此而外,违反任何其他部门法的行为,都不能对它处以刑罚。

犯罪应当受到刑罚的处罚,但不是一定都要给予刑罚的处罚。在少数情况之下,如对于未成年犯、又聋又哑犯或盲人、自首犯等,可以考虑免除对其判处刑罚。可是一定要明确,这些人不是没有犯罪,也不否定犯罪应该受刑罚处罚这样的前提。

第二节　犯罪构成

前面阐述的犯罪定义及一般特征,主要是揭示犯罪的本质,说明犯罪与其他违法行为的区别。但是,我们实际接触到即经验到的犯罪,都是具体的犯罪,这些特定的行为是否属于犯罪及触犯了什么罪,不可能根据犯罪定义及一般特征来确定。为了解决这个问题,就需要找到更具体的标准或规格,这就是长期以来刑法科学研究中提出并被证明是行之有效的犯罪构成的理论。

所谓犯罪构成,即是刑法中规定的、某种行为构成犯罪必须具备的主观和客观的诸条件之总体,是确定特定行为是否犯罪的一个综合性的具体标准,也是刑法为每一种犯罪所确定的标准或规格。只有当案件事实符合刑法确定的某种犯罪的标准或规格时,才能说具备了犯罪构成,认定某人犯了某罪,并依法追究其刑事责任。

犯罪构成有四大条件,即四大必备的要件。

一、犯罪客体

犯罪客体,就是犯罪行为所侵害的,为刑法所保护的社会主义社会关系。

犯罪客体包括以下的类别:第一,一般客体,即社会主义社会关系的整体。它表现着犯罪的共同性质,说明一切犯罪都是损害社会主义社会的。第二,同类客体,即某一类犯罪所共同侵犯的客体。这是社会主义社会关系的一部分。我国刑法分则的八章,就是按照犯罪的八种同类客体来确定的。第三,直接客体,即每个特定犯罪所直接侵

犯的社会主义社会关系的具体部分。如,杀人罪的直接客体是他人的生命权利,贪污罪的直接客体是国家所有的财产,流氓罪的直接客体是公共秩序,等等。犯罪的直接客体,把这个犯罪和别的犯罪区分开来。另外,有些犯罪构成的直接客体不是一个,而是两个,或者更多。例如,刑法第一百五十条规定的抢劫罪,除直接侵犯公、私财产外,也直接威胁他人的生命和健康;又如,制造、贩卖假药的犯罪,不仅妨害社会管理秩序,也损害人民的健康;等等。这一点,由立法者视具体情况,决定安排在哪个同类客体之中。以上三种客体的相互关系,是整体、部分与个别的关系。

确定犯罪客体的重要意义在于,这是把握犯罪性质及其危害性的基本根据。

最后,还需要加以说明的是:第一,要把犯罪侵犯的对象,同犯罪客体区别开来。犯罪客体属于犯罪的本质规定性的领域(即犯的什么性质的罪),而犯罪侵害的对象则是其外部的、量的领域,它只能影响到犯罪的情节,而不直接决定犯罪的性质。如,杀人罪的直接客体是他人生命,而被害人是什么样的人(女人、老人、儿童……)是具体对象。第二,不要把犯罪客体和犯罪行为造成的客观危害、后果相混淆。如,被盗窃的人因遭到财产损失而自杀,不是这个盗窃罪的客体,只是它的间接后果,从而不是这个盗窃罪的犯罪构成要件。第三,在刑法分则条文中,多数并未写明这一犯罪的客体是什么,但这不能说这一犯罪没有客体。

二、犯罪客观要件

犯罪的客观要件,指的是犯罪的外部状况和特征。有些具体犯罪,如抢劫罪、盗窃罪、诈骗罪、抢夺罪,各种要件都一样,其相互差别主要就是客观要件不同。犯罪客观要件包括以下几方面的内容:

(1)犯罪的条件。指犯罪的时间和地点,犯罪的方式、方法和手段,犯罪的对象。第一,时间、地点,在多数情况下,只是情节问题,而不是犯罪构成的要件。但在法律有特别规定的情况下,就可能成为具体要件,如刑法第一百二十九、一百三十条关于禁猎(渔)区和禁猎(渔)期的规定属之。第二,方式、方法和手段也是这样,如抢劫罪必须是采取公开的,并以暴力或暴力相威胁的手段,才能构成。第三,犯罪对象,即犯罪直接侵犯的人或物的外部特征。

(2)犯罪行为。犯罪必须是表现于外部的行为,而不能是思想。行为,可以是作为(杀、偷、抢、殴打等),也可以是不作为(不赡养父母,不履行纳税义务,而表现在不履行公职方面也是常见的,等)。另外,也有些犯罪,既可以通过作为,也可以通过不作为来实施。如破坏锅炉,可用爆炸,也可以用不添水的办法来实施。作为和不作为是形式的差别,不是性质的差别。

(3)犯罪的结果。犯罪结果,就是犯罪对犯罪客体造成的损害。这也是犯罪所必不可少的要件。如果根本不可能危害客体,就谈不上犯罪。犯罪结果这一要件,与其他要件有所不同。有时没有结果也可以构成犯罪。如犯罪的预备犯、未遂犯、中止犯，等等。从我国刑法的规定可以看出，犯罪结果对于不同的犯罪有不同的意义。主要情况是：第一，有的要求有形的结果。如杀人罪中的他人死亡等。如果没有造成所要求的后果，就是未遂。第二，有的是以损害结果大小作为犯罪的要件。如盗窃罪、诈骗罪、抢劫罪，其攫取的财产必须是"数额较大的"，否则就不构成犯罪。第三，有的仅有致成严重后果的危险就构成犯罪。如刑法第一百零七条规定，破坏火车、轮船、飞机等交通工具，造成交通工具"发生倾覆、毁坏危险"的就构成破坏交通工具罪。第四，有时条文中未提及后果，只要有行为就构成犯罪，如非法搜查他人身体和住宅。这是因为，有了行为，其后果就会发生，不用赘述。

（4）行为与结果间要有因果关系。罪犯只能对其行为引起的后果负责，就是说，二者必须确实有因果联系。这个问题很复杂，其中要注意到几种情况：第一，不是时间先后出现的现象之间，都有因果联系。第二，有时较小的行为（原因），可能产生了不相应的较大的后果，或者相反较大的行为产生了较小的后果。第三，有时因别的因素介入，导致了不相应的后果及间接后果。这些需要精心的分析。当然，另一方面还要知道，行为与行为的结果有联系即有因果关系，也不一定就要负刑事责任。

三、犯罪主体

犯罪主体，指能够实施犯罪，而且应对其犯罪行为承担刑事责任的人。

犯罪主体必须符合法律规范的对人效力，而且必须是自然人而不能是法人。此外，还要合乎刑事责任年龄和刑事责任能力的规定。

（1）刑事责任年龄。即法律规定一个人应当对自己犯罪行为承担责任的年龄。按我国法律规定，有如下几种情况：第一，年满十六周岁的人，对自己所有的犯罪负刑事责任；第二，十四至十六周岁之间的人，只对杀人、重伤、抢劫、放火、惯窃等严重犯罪负刑事责任；第三，不满十四周岁者，一律不负刑事责任。另外还规定，对十四周岁至十八周岁的人犯罪，应从轻或减轻处罚；犯罪时不满十八周岁的人，不适用死刑；十六周岁至十八周岁之间者，如罪行特别严重，可判死刑，缓期二年执行。

（2）刑事责任能力。刑事责任能力指一个人对自己行为的性质、意义和后果的了解能力，即意识能力和自觉控制自己行为的能力，也即意志能力。所以，刑事责任能力，也就是犯罪主体对自己的犯罪行为承担刑事责任的能力。

责任能力同年龄大小有关。

另外，刑法还规定，精神病人在缺乏意识和意志能力的情况下，不负刑事责任；要责令其家属或监护人严加看管和医疗。

间歇性精神病人在正常状态下所犯罪行，要承担责任。

酗酒者犯罪，不能免除责任能力。其一，酗酒是他自己人为的或追求的，与患病不同;其二,饮酒前他是清醒的,应当对自己加以节制;其三,酗酒状态下通常不影响辨认(意识)能力,只减弱意志能力(控制能力),而不丧失意志能力。

又聋又哑的人,不属于无责任能力。但他们生理不健全,可能造成对周围事物缺乏正确的了解和判断,因此法律规定对他们可以从轻、减轻或者免除处罚。但这一规定是"可以"从轻、减轻或免除处罚,而不是"一定"如此。

四、犯罪主观要件

犯罪的主观要件,指罪犯对自己行为将要引起的危害结果所采取的主观态度。

我国社会主义刑法不能单纯根据危害结果来客观归罪,而必须证实行为人主观上有犯罪的心理根据,即有罪过,必须把主观和客观因素结合起来定罪。犯罪主观要件分为故意犯罪和过失犯罪两大类。

(1)故意犯罪。刑法第十一条规定:"明知自己的行为会发生危害社会的结果,并且希望或者放任这种结果发生,因而构成犯罪的,是故意犯罪。"刑法对故意犯罪的规定表明,故意犯罪在主观上有两个特征:一是犯罪者明知自己的行为会产生危害社会的结果,或者说预见到危害结果的发生;二是犯罪者对这种结果的发生抱着希望或者放任的态度。这两个特征同时具备,才构成故意犯罪。

故意有两种情况:一是"直接故意",即对于所预见到的结果的发生抱"希望"的态度。如,杀人犯希望把人杀死,盗窃犯希望把别人的东西占为己有,投机倒把犯希望谋取暴利,等等。二是"间接故意",即对所预见到的可能发生的后果持"放任"的态度。

有许多种犯罪,如反革命、盗窃、抢劫、强奸、贪污受贿等罪,只能由故意构成,而不可能由过失构成。

故意犯罪的人怀有一定的犯罪目的和动机,过失犯罪的人则没有犯罪的目的和动机。犯罪目的,是罪犯追求的结果;犯罪的动机,是引起其犯罪目的产生的内心冲动。如,在盗窃罪中,目的都是要将公私财物转为己有,但其动机可以各有不同,有的出于追求腐化,有的可能为一时生活所迫。又如,故意杀人罪的目的都是致他人生命于死亡,而其动机可以分为贪财、报复、嫉妒、灭口等等。犯罪目的在某些犯罪中是必要的构成要素,如刑法第一百二十条规定伪造或倒卖计划供应票证罪,必须以"营利为目的",如果不是为了营利当然就不可能构成这一犯罪了。至于犯罪动机一般不是构成犯罪的必要因素,但影响犯罪危害程度,因而影响量刑。

(2)过失犯罪。刑法第十二条规定:"应当预见自己的行为可能发生危害社会的结果,因为疏忽大意而没有预见,或者已经预见而轻信能够避免,以致发生这种结果的,是过失犯罪。"

过失犯罪有两种情况。

第一，疏忽大意的过失犯罪。行为人应当预见自己行为可能引起的危害后果，但由于疏忽大意而没有预见到。如果不是他所应当预见到的，那他就没有过失。所谓"应当"预见到，这是相对于当时的客观条件以及他本人的体力、智力、技术、经验等等而言，要作具体分析。

第二，过于自信的过失犯罪。行为人已经预见到危害后果可能发生，但由于他轻信能够避免，即存在侥幸心理而致使危害后果发生。

过于自信的过失犯罪同直接故意犯罪的共同点，都是对自己行为的危害后果有预见。区别是，前者预见的是发生的可能性，而不是必然性，否则就成了故意。

过于自信与间接故意更容易混淆。它们的相同点是：行为人均预见到行为可能引起危害后果，并且均不希望这种后果发生。区别是：前者是轻信后果可以避免，即希望避免，而后者则是取无所谓的放任态度。

过失犯罪一般地要以造成较重后果为前提。另外，由于社会危害性的不同，过失犯罪当然比相应的故意犯罪的处罚要轻微。

第三节　排除犯罪的几种情况

根据我国刑法的规定，有几种行为同犯罪表现有相像之处，或者同犯罪一些情况有关，但它们却都不属于犯罪。

一、不可抗拒和不能预见的原因引起的危害结果

刑法第十三条规定："行为在客观上虽然造成了损害后果，但是不是出于故意或者过失，而是由于不能抗拒或者不能预见的原因所引起的，不认为是犯罪。"这里有两种情况。

（1）"不能抗拒"的原因引起损害后果。即是说，由于客观条件和主观能力所限，对于遇到的外力（包括自然的力量），虽进行抵抗但抵抗不了，终致危害后果发生。

（2）"不能预见"的原因引起的危害后果。说的是，对于肇事原因，他当时不可能预见，从而也没有预见到。

上述两种情况，在行为人的主观方面均没有什么罪过（故意或过失），所以就谈不上犯罪的问题。

二、正当防卫

刑法第十七条一款规定："为了使公共利益、本人或者他人的人身和其他权利免受正在进行的不法侵害，而采取的正当防卫行为，不负刑事责任。"

正当防卫作为公民的一项合法的权利也是有条件的。这些条件是：

第一，只有合法权益受到不法侵害时才能实施正当防卫。

为此，对于依法执行职务的合法行为，不能实施所谓正当防卫。在行为者双方均为非法的情况下（如流氓互相斗殴），也不存在正当防卫的问题。

正当防卫通常是对抗犯罪的英勇行为，但有时也用以对付精神病人的行凶行为。当然这要恰如其分。

这种正当防卫可以由受害人本人实施，也可以由其他人实施。

第二，正当防卫必须是在非法行为正在进行时才能实施。具体说，非法行为必须是客观的存在而不是主观的想象，并且侵害行为已着手进行，其威胁已很明显，这时才能进行正当防卫。

这就是说，对于预备中的侵害行为，对已经结束了的侵害行为，以及对想象的侵害行为均不存在正当防卫问题。

第三，必须是在被害人来不及诉诸法律的时候。但这不是指不能躲避的情况。正当防卫人即使能躲避也可以不躲避，而予以对抗。

第四，防卫必须是对加害人本人，而不能施于第三人。

第五，防卫不能超过必要限度。刑法第十七条二款规定："正当防卫超过必要限度造成不应有的危害的，应当负刑事责任。"

所谓"必要限度"，指防卫行为同侵害行为相适应。但是必须明确，相适应不是相等同，超过一些也是合理的。不过，显然超过必要限度就要负刑事责任。对这种防卫过失的处置，往往是比较轻的。

三、紧急避险

刑法第十八条一款规定："为了使公共利益、本人或者他人的人身和其他权利免受正在发生的危险，不得已采取的紧急避险行为，不负刑事责任。"紧急避险表现了社会主义社会中人们之间的相互利益的一致性及互相支援的关系和道德风尚。但是，既然紧急避险是用损害一种合法利益来保全另一种合法利益，就有一个严格限制的问题，否则会助长自私自利和破坏他人利益的非法行为。

紧急避险的条件主要是：

第一，必须是合法权益受到危险的威胁时，才能实施紧急避险。危险的威胁可能是人为原因，也可能是自然原因。但人为原因必须是违法的、对社会不利的情况。对于合法行为不能实施紧急避险。相应地，所要保护的利益必须是合法的利益，如是非法的利益时，就不能借口紧急避险而损害他人利益。

第二，危险必须是正在发生中的。对于已经过去，或者尚未到来，或者想象推测的危险，均不能实施紧急避险。

第三，紧急避险必须是在没有其他方法排除危险即"不得已"时，或者说是唯一办法时，才能实施。这一点同正当防卫有重大的区别。

第四，由于紧急避险是牺牲合法利益，因此，所造成的损害必须轻于或小于所保护的利益，二者不能相等，更不能因小失大。在以他人身体作为紧急避险手段时更须严格限制，尤其不允许以牺牲别人生命来换取自己生命的保全的不道德行为。这也与正当防卫不同。

第五，刑法中关于避免本人危险的规定，不适用于职务上或业务上负有特定责任的人。否则，这些人要承担渎职罪。

刑法第十八条二款规定："紧急避险超过必要限度造成不应有的危害的，应当负刑事责任，但是应当酌情减轻或者免除处罚。"

第四节　故意犯罪的发展阶段和共同犯罪

一、故意犯罪的发展阶段

犯罪的发展阶段，指故意犯罪发展过程中所可能经历的几个主要的状态。

一种犯罪，如果没有犯罪者本人主观上的变化或客观条件变化的原因，就会进行到底，而产生最终的犯罪结果。反之，在犯罪实施的过程中，如果有了主,客观原因的介入，犯罪就可能停留在某个阶段。一般情况是，只要犯罪的目的和动机见之于行为，就产生了社会危害性，这种危害性达到一定的程度就构成犯罪。其次，犯罪所停留的阶段距离预期的结果越远，危害性相对地就越小。

研究犯罪发展阶段，对于预防犯罪、减少犯罪的危害程度，以及对于正确处罚犯罪，均有重要意义。

（一）犯罪的预备

刑法第十九条规定："为了犯罪，准备工具，制造条件的，是犯罪预备。"就是说，犯罪的预备，指为了实现犯罪的目的，而着手进行犯罪前的准备活动。犯罪预备有两个方面：

（1）准备犯罪工具，指用来实施犯罪的一切实物，其中包括直接用来达到犯罪目的的工具，如杀人凶器、毒品、引火物、万能钥匙，逃避破案的工具，如避免留下指纹的手套、伪造现场用的物体，以及转移赃物的车辆，等等。

（2）准备犯罪条件，指准备工具以外的条件。如制定犯罪计划，探测犯罪地点，清除实施犯罪的障碍（散布谎言、麻痹人们之类），了解被害人的行踪，纠集共犯者，等等。

犯罪预备的活动的方式很多：它可以用合法方式获得，如购买斧头；也可以非法方法进行，如偷窃毒品。相同的预备行为（如买刀子），可以是为了杀人，也可以是为了抢劫。如此等等。

刑法规定,对于预备犯罪,可比照既遂犯从轻、减轻或免除处罚。但究竟如何处罚,要看罪犯所预期实施的是什么性质的犯罪,还要看犯罪预备进行到什么程度。

(二)犯罪的未遂

刑法第二十条规定:"已经着手实行犯罪,由于犯罪分子意志以外的原因而未得逞的,是犯罪未遂。"这里,指出犯罪未遂有三个特点:

(1)犯罪分子已着手实行犯罪。这是不同于犯罪预备的主要界限。"已着手",就是已经进行了刑法关于该具体犯罪所规定的那种行为。如,杀人罪中的杀人行为,抢劫罪中的抢劫行为,强奸罪中的强奸行为等。

(2)犯罪没有得逞。就是说,没有达到犯罪分子预期的结果和目的。这种情况不外是两种:一是犯罪行为没有实行完毕,如杀人犯正要开枪,其枪被人打落。一是犯罪行为已全部实施完毕,如已开了枪而未击中,向其妻杯中施毒而她未喝等。

(3)犯罪没得逞是出于他意志以外的原因。就是说,这不符合他的本意。这一点是犯罪未遂与犯罪中止相区别的主要界限。

法律规定,犯罪未遂可比照既遂从轻或减轻处罚。

(三)犯罪的中止

刑法第二十一条规定:"在犯罪过程中,自动中止犯罪或自动有效地防止犯罪结果发生的,是犯罪中止。"

不是任何犯罪活动的停止都是犯罪中止。犯罪中止必须具备一定条件,即:

(1)犯罪中止是在犯罪既遂以前中止。既遂就不存在中止的问题。如,盗窃犯已进入仓库,由于良心发现,没有偷便溜出来,不干了,这是犯罪中止。但如果他已偷了东西拿回家去,后来因反悔而悄悄送回原处,这不是犯罪中止。

(2)犯罪中止的最大特点是出于犯罪本人的念头,即自动地停止犯罪,而不是被迫暂时停止。这就是说,在他自己看来,他完全可以完成犯罪,但自动放弃不干了,即悬崖勒马。假若是觉得时机不成熟,暂时停一停,伺机再干,或者碰到了人无法下手等,就不是犯罪中止。

犯罪中止的关键是主观上的"自动"。至于客观上是否有可能完成预期的犯罪目的,不影响其犯罪中止。如,某甲为杀死某乙而买了一把三棱刮刀,打算第二天闯到乙家行凶,但他却不知乙在几天前已经死了,即令他第二天真的闯到乙家,也还是达不到犯罪的目的。这些都不影响甲的行为符合犯罪中止的条件。

(3)犯罪中止要能有效地防止预期的危害结果的发生。这对于尚未进行到底的犯罪,是容易做到的。如持枪杀人者,只要不扣扳机就不会致他人死亡。而对于已实行完毕的犯罪行为就困难些。如甲已使乙服了毒药,过一定时间就会死亡,此时,甲就要抓紧解毒。如果挽救过来,可以认为他是犯罪中止,如果仍然未挽救过来而致乙死亡,他仍须负杀人罪。

犯罪分子中止犯罪的动机有各种各样,或者由于幡然悔悟,或者觉得对不起亲戚朋友,或者害怕招致刑事处罚等。但只要不把犯罪进行到底,对社会都有好处。所以,法律规定对中止犯罪应免除或者减轻处罚。

二、共同犯罪

(一)共同犯罪的概念

刑法第二十二条规定:"共同犯罪是指二人以上共同故意犯罪。"

共同犯罪成立的条件如下:

(1)在犯罪的客观要件上,共犯者们是为了同一个犯罪而结成一体,他们的行为都共同与犯罪结果有因果关系。

(2)在犯罪主观方面,他们有共同的故意。即,都了解他们是相互结成一体实施共同犯罪的。

相反,下列情况都不能成为共同犯罪:

(1)每个犯罪人的犯罪行为,在客观上有联系,但主观上无联系。如,甲乙有私仇,甲放火烧乙房子,而丙乘机偷乙的东西,经查实,甲、丙事前没有策划。所以,他们俩不构成共犯。他们分别犯了放火罪和盗窃罪。

(2)数人的行为,在客观上有联系,在主观上有人是故意犯罪,有人则不是故意犯罪。如,甲假装要去打猎,向乙借猎枪,但甲用此枪拦路抢劫。乙虽为甲提供犯罪工具,但他是受了欺骗,主观上没有任何罪过,所以他不是甲的共犯。

(3)数个人的共同过失罪。法律规定,二人以上共同过失犯罪,不以共同犯罪论处;应当负刑事责任的,按照他们所犯的罪别分别处罚。

共同犯罪比单个人犯罪更危险。因为,它可以完成单个人难以完成的重大犯罪,可以采取更复杂和狡猾的手段,有组织、有计划、有步骤地实施犯罪,犯罪后逃避侦破和审判的办法往往更巧妙。

(二)共同犯罪的结合形式

(1)一般的共同犯罪。

一般的共同犯罪,指二人以上为实施某种犯罪而勾结在一起,在一次或数次犯罪后,这个犯罪结合便告结束。

(2)犯罪集团。

犯罪集团,指以实施某种犯罪为目的而建立的犯罪组织。如反革命集团、贪污集团、流氓集团等等。

它不同于一般共同犯罪的特点在于:其一,人数多,一般三人以上。其二,有严密的组织,有组织领导者和内部纪律;有的还有组织名称、活动纲领。其三,犯罪集团建立的目的,一般是为了长期地进行犯罪活动,有的甚至以犯罪为常业,所以其结合有一定的稳固性。总之,犯罪集团的危害最大。

（三）共同犯罪人的种类及其刑事责任

在共同犯罪人中，一般说，每个人的地位、活动情况、作用、人身危险程度各不相同。为了准确地定罪量刑，就要加以区别。所谓共同犯罪人的种类，就是进行这种区分的。

共同犯罪人有下列各类：

（1）主犯。

主犯，指组织、领导犯罪集团进行犯罪活动的人，或在共犯中起主要作用（包括罪大恶极）的分子。

主犯可以是一人，也可以是多人。

是否是主犯，要进行实际分析，不要只看形式（如称号）。

主犯危险性最大，所以法律规定了从重处罚的原则。

（2）从犯。

从犯，指共犯中起次要作用或辅助作用的人。如，提供犯罪工具，指示犯罪目标，窥测被害人行踪，清除犯罪障碍，事先答应为其他共犯者提供窝藏地点，帮助窝藏或销赃，等等。但从犯也可以是直接参与实施犯罪的人。

对于从犯，应比主犯从轻处罚，减轻处罚，或免除处罚。

（3）胁从犯。

胁从犯，指被胁迫、被诱骗参加犯罪的分子。

胁从犯的特点在于，不是自愿参加犯罪的，一般说在共同犯罪中起作用较小。胁从犯是共同犯罪者中危险性最小的一种。所以对他们的处罚最轻，即应视其情节，比照从犯，予以减轻或免除处罚。

（4）教唆犯。

教唆犯，指用胁迫、欺骗、怂恿、引诱、授意、劝说等多种手段，故意引导他人去犯罪的人。

构成教唆犯的条件是：第一，在客观上，他有教唆他人犯罪的行为，被教唆者的犯罪行为同他的教唆行为有因果关系。第二，在主观上，教唆行为是故意实施的。

教唆犯对于被教唆犯的行为所负的刑事责任，分下列几种情况：第一，一般地说，教唆犯实际上是把被教唆者当成实现自己犯罪意图的工具，所以他要对被教唆者实施的犯罪负刑事责任。第二，假如被教唆者没有实施其教唆的罪，是教唆未遂。第三，假如被教唆实施的不是教唆者所教唆的罪行，对于这个罪行，教唆者不负刑事责任。

教唆犯的危险性，是同他所教唆的犯罪的性质相关的。

法律规定：对教唆犯，应根据他在共同犯罪中所起的作用处罚。这种作用要根据教唆的手段、人数、次数及其教唆的积极度等来确定。教唆不满十八周岁的人犯罪的教唆犯，要从重处罚。

第二章　刑　罚

第一节　刑罚的概念和目的

在我国,刑罚是人民法院以国家的名义,依照法律,对犯罪分子适用的惩罚方法。

我国刑罚的主要目的在于:第一,通过刑罚打击犯罪分子的恶行,制止犯罪危害的继续发展。与此同时,除死刑判决之外,还在于使被判刑的罪犯受到教育,以便尽可能地把他们改造成为适应社会需要的新人,预防他们重新犯罪。这就是刑罚的特殊预防作用。第二,通过对犯罪分子的惩罚。教育和儆戒社会上那些不稳定的、有可能犯罪的分子,防止他们以身试法,走到犯罪的道路上去。这就是刑罚的一般预防作用。第三,通过对犯罪的惩罚,教育人民群众提高革命警惕,提高同反革命分子和刑事犯罪分子作斗争的积极性。

总之,我国的刑罚是对犯罪分子运用的教育和惩罚相结合的强制方法。同时,在实践中既要反对单纯的惩办主义,也要反对教育万能论。

第二节　刑罚的种类

根据刑法规定,在我国的刑罚体系中,刑罚包括主刑和附加刑两种。

一、主刑

主刑,是只能独立地适用,而不能作为其他刑种的附加刑来适用的刑罚。

主刑的种类如下:

(1)管制。

管制,是对犯罪分子不加关押,但限制一定自由,在公安机关管理和群众监督下进行劳动改造的一种刑罚方法。这是我国刑法制度上的一种行之有效的创造。采取这种办法,使犯罪分子在原单位劳动,同工同酬,有利于贯彻"少捕"的政策,也有利于对犯罪分子的改造。

管制的适用对象,一般是罪行较轻的反革命和盗窃分子,诈骗分子,流氓、巫婆、神汉,以及偷越国境或边境及其他扰乱社会秩序的分子。

管制本身不包括剥夺政治权利,但对罪犯有严格要求,他们有义务向执行机关定期报告活动情况,迁居或外出必须报经执行机关批准。

管制的期限为三个月以上,二年以下。

(2)拘役。

拘役,是短期剥夺犯罪分子自由,由公安机关改造的一种刑罚方法。

被拘役者每月可回家一到两天,参加劳动的,可酌情发给报酬。

拘役的期限为十五日以上,六个月以下。

(3)有期徒刑。

有期徒刑是剥夺犯罪分子一定时期的自由,在劳动改造机关监督下实行劳动改造的一种刑罚方法。

有期徒刑是我国刑罚中适用最广的一种刑罚。

有期徒刑的期限为六个月以上,十五年以下。

(4)无期徒刑。

无期徒刑是剥夺犯罪分子终身自由并实行劳动改造的一种刑罚方法。

无期徒刑的适用对象,是反革命分子以及放火、决水、爆炸、投毒、杀人、抢劫、强奸等严重破坏社会秩序的犯罪分子。

(5)死刑。

死刑是剥夺犯罪分子生命的刑罚方法,是最严厉的刑罚。

死刑只适用于罪大恶极、危害特别严重和情节特别恶劣的反革命分子和其他严重刑事犯罪分子。

在我国的死刑制度中有一项特殊的规定,即对于应当判处死刑的犯罪分子,如果不是必须立即执行的,可以判处死刑同时宣告缓期二年执行,实行劳动改造,以观后效。这种"死缓"是一种死刑制度,不是独立的刑种。

我国一向坚持少杀政策,可杀可不杀者,一律不杀。这有利于分化敌人,也有利于获得社会的同情。为此,我国对于死刑的控制是非常严格的。死刑的判决、批准、执行都有特殊的规定。

二、附加刑

附加刑是可以附加于主刑上适用,也可以独立适用的刑罚。

附加刑的种类如下:

(1)罚金。

罚金是法院依法强制犯罪分子向国家缴纳一定数量金钱的刑罚方法。

这种刑罚主要适用于那些以贪利为动机和目的的犯罪,如经济犯罪、伪造倒卖计划供应票证犯罪、聚众赌博犯罪等。

刑法对某些犯罪没有规定罚金的最高和最低数额,这是由法院据情掌握。但也要考虑到罪犯的实际负担能力。

（2）剥夺政治权利。

剥夺政治权利,是剥夺犯罪分子参加国家管理和政治活动权利的刑罚方法。

剥夺政治权利刑罚适用的对象,有下列诸情况:对反革命分子,应当附加剥夺政治权利;对严重破坏社会秩序的犯罪分子,必要时也可附加剥夺政治权利;对判处死刑、无期徒刑的罪犯,应当剥夺政治权利终身。此外,对那些犯了妨碍管理秩序、侵犯人身自由和权利罪及渎职罪的犯罪分子,依据刑法有关条文,可以独立适用剥夺政治权利。因为这几种犯罪往往与滥用政治权利有关。

剥夺政治权利的具体内容包括:选举权和被选举权;言论、出版、集会、结社、游行、示威等自由权利;担任国家机关职务的权利,担任企业、事业单位和人民团体领导职务的权利。

剥夺政治权利的期限是:死刑和无期徒刑为终身;判处管制附加剥夺政治权利的,与管制期限相等,同时执行;对于被判处单独适用剥夺政治权利刑罚的,以及判处拘役和有期徒刑的,为一年以上,五年以下。其中,对于判处拘役和有期徒刑而附加剥夺政治权利的,其期限是从主刑执行完毕或者从假释之日起计算。当死缓、无期徒刑减为有期徒刑时,剥夺政治权利的期限应改为从主刑执行完毕之日或假释之日起三年以上,十年以下。对于仅判处拘役和有期徒刑的,在服刑期间通常看作是无法行使政治权利的。

（3）没收财产。

没收财产,是将犯罪分子个人所有的财产之一部分或全部强制地无偿收归国家所有的刑罚方法。

该刑罚主要适用于那些严重的反革命、走私、投机倒把、伪造或倒卖国家计划供应票证、伪造货币,以及惯窃、抢劫、惯骗、贪污等犯罪分子。这不仅对他们是一种惩罚,而且也是要剥夺他们进行犯罪的经济条件。

没收财产,不能没收罪犯家属所有或者应有的财产。

（4）驱逐出境。

驱逐出境,是强制犯罪的外国人离开中国国境的刑罚方法。显然,这种刑罚只能对外国人或无国籍人适用,而不能对犯罪的本国人适用。

驱逐出境作为附加刑适用时,应在主刑执行完毕后执行。

第三节　刑罚适用中的几个问题

一、量刑

量刑是法院依照刑法的规定,对犯罪分子裁量决定刑罚的一种审判活动。

量刑必须是适当的,就是要做到罪刑相应,符合政策和法律的规定,达到刑罚的目的。为此,就必须以事实为根据,以法律为准绳。

二、数罪并罚

数罪并罚,就是一个人犯数个罪,法院依照法律规定,将其合并判刑处罚。

解决数罪并罚问题,首先要确定被告是否犯了数个罪。这是比较复杂的。有时进行多次犯罪活动,但犯的却是一个罪;有时虽然好像是实施了一个犯罪,但却犯了两个罪。区分一罪和数罪的标准仍是犯罪构成,即看它有几个犯罪构成。第二步,再进行并罚。一般地说,犯数个不同性质的罪,先逐个定罪判刑,尔后再进行并罚;而犯数个性质相同的罪,只当作犯一个罪而从重处罚就可以了。

更具体地说,连续犯、惯犯、继续犯、结合犯、牵连犯①,为一个犯罪从重处理,而不当作数罪来并罚。

刑法第六十四至六十六条规定了数罪并罚的基本原则和方法。并罚的具体执行方法是:第一,数刑中只要有一个死刑或无期徒刑,就应当确定为死刑或无期徒刑。第二,数刑是两个以上的有期徒刑、两个以上拘役、两个以上管制的,应在其总和期限以下、数刑中最高刑期限以上,来酌情决定它的刑期。但管制不超过三年,拘役不超过一年,有期徒刑不超过二十年。第三,如果有期徒刑、拘役、管制三个均有或有两者,应折为较重的一种,然后决定刑期。折算标准是,拘役一日折有期徒刑一日,管制二日折有期徒刑或拘役一日。第四,如果数刑中有附加刑的,附加刑仍要执行。

三、累犯

刑法第六十一条规定:"被判处有期徒刑以上刑罚的犯罪分子,刑罚执行完毕或者赦免后,在三年以内再犯应当判处有期徒刑以上刑罚之罪的,是累犯,应当从重处罚;但是过失犯罪除外。"这表明,累犯的条件是:第一,所犯的罪都是故意犯罪,而不包括过失犯罪。第二,所犯之罪(前罪和后罪),根据法律,均是有期徒刑以上的;第三,后罪是在前罪的刑罚执行完毕或赦免之后三年之内所犯的。

---

① 连续犯:在一定时期内,为实现一个犯罪目的,多次实施同类犯罪,如多次投机倒把。

惯犯:在相当时期内,以犯罪所得为主要生活来源,或犯罪已成习惯。

继续犯:在一定时期内,犯罪行为一直处于继续的状态之中。如非法拘留他人的犯罪。

结合犯:由两种或以上独立犯罪结合在一起构成另一种犯罪。如抢劫罪是由杀害或伤害与抢夺构成,但分开来它们又各是一种犯罪(杀人罪或伤害罪,抢夺罪)。

牵连犯:为实施一个犯罪,而其手段或结果又触犯了别的罪名。如为抢劫银行而伪造公文,犯了抢劫罪,又犯了伪造公文罪。这时要按照法定刑最重的那个犯罪来判刑。

刑法第六十二条对于反革命罪的累犯,又作了特别规定,即:"刑罚执行完毕或者赦免以后的反革命分子,在任何时候再犯反革命罪的,都以累犯论处。"就是说,反革命罪的累犯成立的条件是:第一,所犯的罪均是反革命罪;第二,前罪刑罚执行完毕或赦免后,再犯反革命罪,二者之间无时间间隔的限制。

累犯的意义,就在于要在刑罚上从重处罚,以改造犯罪者。

四、自首

自首,是犯罪分子在犯罪之后主动向司法机关或者所在组织投案,并坦白交代自己罪行。

自首通常有三种情况:第一,犯罪事实完全没有被发现;第二,犯罪事实已被发现,但尚不知犯罪者是谁;第三,犯罪事实、犯罪人均已发现,但司法机关尚未对罪犯采取拘传、拘留、逮捕等强制措施。这三者虽有情节的区别,但都应视为自首。

自首的意义在于要在刑罚方面,给予从轻或减轻处罚。

五、缓刑

缓刑,是对于轻微的犯罪分子,在遵守一定条件下不执行原判刑罚的一种制度。

刑法第六十七条规定:"对于被判处拘役、三年以下有期徒刑的犯罪分子,根据犯罪分子的犯罪情节和悔罪表现,认为适用缓刑确实不致再危害社会的,可以宣告缓刑。"这表明,缓刑不是免除刑罚,也不是一个独立的刑种,而是对罪行比较轻微的犯罪分子具体适用拘役和有期徒刑的一种制度。

缓刑考验期是:拘役,为原判刑期之上一年以内,但不少于一个月;有期徒刑,为原判刑期的五年以内,但不少于一年。在缓刑考验期内未犯新罪,原判刑罚就不再执行;若犯新罪则合并论处。

对于反革命犯和累犯不适用缓刑。

六、减刑

刑法第七十一条规定:"被判处管制、拘役、有期徒刑、无期徒刑的犯罪分子,在执行期间,如果确有悔改或者立功表现,可以减刑。"

减刑不是改判,而是在肯定原判决的基础上,根据犯罪分子在服刑中确有悔改或立功表现的新情况,把原判处的刑罚加以减轻。(改判是原判有误,将其撤销或部分撤销,重新判决。)

减刑不受犯罪的性质和原判刑期长短的限制,减刑次数也没有限制。但为保证判决的稳定性和效果,必须对减刑后的刑期进行一定限制,即:经过一次或几次减刑后实际执行的刑期,对于管制、拘役、有期徒刑,不少于原判刑期的二分之一;对于无期徒刑,不少于十年。

七、假释

假释,是对被判处有期徒刑或无期徒刑的犯罪分子,依其服刑期间的悔改表现,附条件地提前释放。在假释分子遵守一定条件时,尚未执行的刑期就不再执行。

假释的条件是:第一,判处有期徒刑的,已执行刑期的二分之一以上;无期徒刑的,执行十年以上。若有"特殊情节",如作出突出贡献等,不在此限。第二,服刑期间确有悔改,释放出去不致再危害社会。

假释考验期:有期徒刑的考验期,与没有执行完毕的部分刑期相同;无期徒刑的考验期是十年,此间接受公安机关监督。在考验期内未犯新罪,即为原判刑罚执行完毕;若再犯新罪,则与原判未执行的部分并罚。

假释,由劳改机关提出书面意见,法院裁定。

八、时效

时效即追诉期,指法律规定对罪犯追诉刑事责任的有效期间,过了这个期限就不再追究刑事责任。

时效的具体规定是:法定最高刑为不满五年有期徒刑的,时效为五年;五至十年有期徒刑的,为十年;十年以上有期徒刑的,为十五年;无期徒刑、死刑的,为二十年;二十年后认为必须追究的要报经最高检察院批准。

在司法机关采取强制措施以后(如拘役、取保候审、监视居住、拘留、逮捕等),犯罪分子逃避侦查或审判的,不受追诉期限的限制。

追诉期从犯罪之日起计算;罪行有连续或继续状态的,从犯罪终了之日起计算。追诉期内犯新罪时,对前罪的追诉期便从犯新罪之日起计算。

刑法中的时效制度的意义在于:从刑罚的目的出发,承认罪犯的改过行为;这有利于司法机关集中力量打击现行犯罪活动,有利于社会的稳定。

第三章　具体犯罪

第一节　反革命罪

刑法第九十条规定:"以推翻无产阶级专政的政权和社会主义制度为目的的、危害中华人民共和国的行为,都是反革命罪。"反革命罪是最严重、最危险的政治性犯罪和敌我矛盾性质的犯罪。

反革命罪的犯罪构成是:

第一,客体,是我国无产阶级专政或人民民主专政的国家政权和社会主义制度。这是我国人民根本利益的所在。正是这种客体,表明了反革命罪的最严重、最危险的性质。

第二,客观要件,集中表现于罪犯所实施的危害中华人民共和国的行为。这里要强调的只能是行为而不是思想,社会主义法律不允许惩治"思想犯"。

第三,主体,是达到法定年龄、有责任能力的人。中国人、外国人、无国籍人均能构成反革命罪的主体。但如背叛祖国罪,其主体只能是中国人。

第四,主观要件,只能是故意,而不可能是过失。关键是要具有反革命目的。这点弄不清楚,就会放纵坏人,特别是会冤枉好人,这是有教训的。

反革命罪,刑法中规定有十七个罪名。它们可概括为五个方面:

第一,阴谋危害祖国和颠覆政府的犯罪。其包括背叛祖国罪,阴谋颠覆政府罪,阴谋分裂国家罪。

第二,叛变和叛乱罪。其包括策动叛变罪,策动叛乱罪,投敌叛变罪,持械聚众叛乱罪,聚众劫狱罪,组织越狱罪。

第三,间谍罪、特务罪、资敌罪。

第四,集团性和煽动性的反革命罪。其包括反革命集团罪,借封建迷信和会道门进行反革命活动罪,反革命宣传煽动罪。

第五,反革命破坏罪、反革命杀人罪、反革命伤人罪。在这方面要特别注意与普通的故意破坏、杀人和伤害罪区分开来。

对反革命罪的刑罚,要注意到:有些危害特别大、情节特别严重的可处死刑,并没收其财产,一般都要剥夺政治权利。

第二节 危害公共安全罪

危害公共安全罪,是故意或过失地实施危害不特定的多数人的生命健康和重大公私财产安全的行为。

这类罪的犯罪构成是:

第一,客体,是社会主义社会的公共安全,即不特定多数人的生命健康的安全,正常的生活、生产、工作的安全,重大公私财产的安全。在各种危害公共安全罪中,有的以侵犯财产安全为主,有的以侵犯生命健康为主,有的二者兼而有之。但如果犯罪行为所侵害的是特定个人的人身和财产安全,而不是直接危及公共安全时,所构成的是侵犯公民人身权利罪和侵犯财产罪。

第二,客观要件,是实施了危害公共安全的行为。它可能已造成严重后果,也可能未造成严重后果。但过失的危害公共安全罪必须是造成严重后果(如失火、交通肇事等)。

第三,主体,可以是普通公民,也可以是国家工作人员。有些犯罪只能由特定的人构成,如重大生产责任事故,只能由特定单位中直接进行生产,或领导、指挥生产的人员构成。

第四,主观要件,可以是故意的,也可以是过失的。在直接故意中,犯罪的动机和目的也会是各种各样的。

这类罪主要可分为以下四方面:

第一,以危害方法危害公共安全的犯罪。这是指放火、决水、爆炸、投毒等犯罪。

第二,破坏交通工具和设备,破坏易燃易爆设备,破坏通讯设备的犯罪。

第三,有关枪支、弹药方面的犯罪。其包括非法制造、买卖、运输枪支和弹药,盗窃、抢夺枪支和弹药等犯罪。

第四,造成重大事故的犯罪。其包括交通肇事,厂矿责任事故,违反危险品管理规定造成重大事故的犯罪。这方面的犯罪,客观上要有严重后果,主观上是过失。

除此而外,还有一些危害公共安全的行为,如严重污染环境,制造明知有损健康的变质食品等,刑法上尚未作规定。如遇有此类行为造成严重后果,一般要给以行政处分,更重些也可类推适用有关刑法条文给以刑事处罚。

第三节 破坏社会主义经济秩序罪

破坏社会主义经济秩序罪,是违反国家经济管理法规,破坏国家经济管理活动,使国民经济遭受严重损害的行为。

这类罪的犯罪构成是:

第一，客体，是国家经济管理的正常活动。

第二，客观要件，是违反经济管理法规、破坏国家经济管理活动的行为。

第三，主体，大多是一般主体，少数是特殊主体，如偷税、抗税罪的主体，只能是承担纳税义务的人。

第四，主观要件，一般是出自直接故意，过失不能构成此罪。同时，具有营利的目的或其他私人目的。

这类罪在刑法中规定了十三种，大致可归纳为下述三个方面：

第一，违反海关、财政金融、工商管理法规的犯罪。包括走私罪、投机倒把罪、偷税、抗税罪、假冒商标罪、挪用救灾、救济款物罪。

第二，妨害货币和票证管理的犯罪。包括伪造、倒卖计划供应票证罪，伪造货币和贩运伪造的货币罪，伪造有价证券罪，伪造车、船、邮、税、货票罪。

第三，破坏集体生产和自然资源的犯罪。包括破坏集体生产罪、盗伐和滥伐森林罪、非法捕捞水产品罪、非法狩猎、破坏野生动物资源罪。

根据这几年来走私、套汇、投机倒把、牟取暴利、盗窃公共财物、盗卖珍贵文物和索贿、受贿等经济犯罪活动的猖獗和对国家危害的严重，全国人大常委会1982年作出《关于严惩严重的经济犯罪的决定》，对于上述所列罪行给予加重处罚，从而对于相应的刑法分则各款作了补充或修改。

第四节　侵犯公民人身权利、民主权利罪

这里实际上包含侵犯公民人身权利罪和侵犯公民民主权利罪两个方面。公民人身权利包括生命安全、身心健康、人身自由、人格、名誉、住宅等权利。民主权利，根本的是政治上当家作主的权利，包括选举权和被选举权，批评、监督、控告、申诉权，宗教信仰、通信自由等权利。

侵犯公民人身权利、民主权利罪的犯罪构成是：

第一，客体，就是公民的人身权利和民主权利。

第二，客观要件，就是侵害行为。其中大多数只能以作为的形式实施。

第三，主体，刑讯逼供、报复陷害、非法剥夺公民宗教信仰自由、侵犯少数民族风俗习惯等罪的主体只能是国家工作人员，其余是一般主体。

第四，主观要件，除杀人、伤害罪可由过失构成外，其余罪一律要由故意构成。

侵犯公民人身权利和民主权利罪有二十三个独立的罪名，可将其分为八个方面：

第一，侵犯他人生命罪，包括故意的和过失的杀人罪。

第二，侵犯他人健康罪，包括故意的和过失的伤害罪（过失的，要求是重伤）。

第三，侵犯妇女身心健康罪，包括强奸妇女罪、奸淫幼女罪、强迫妇女卖淫罪。

第四，侵犯他人人身自由罪，包括拐卖人口罪、非法拘禁罪、非法管制罪，非法搜查

罪、非法侵入他人住宅罪。

第五，侵犯他人人格和名誉罪，包括侮辱罪、诽谤罪。

第六，侵犯他人民主权利罪，包括破坏选举罪、非法剥夺宗教信仰自由罪、侵犯少数民族风俗习惯罪、侵犯公民通讯自由罪。

第七，借助国家权力侵犯他人权利罪，包括刑讯逼供罪、诬告陷害罪、报复陷害罪、伪证罪。

第八，聚众"打砸抢"罪。

第五节　侵犯财产罪

侵犯财产罪，是以非法占有为目的，攫取公私财物，或者故意毁坏公私财物的行为。

侵犯财产罪的犯罪构成是：

第一，客体，是社会主义财产关系，包括公民所有财产、劳动人民集体所有财产、公民私人的合法财产。即使是非法所得或用于犯罪的物品，也可以成为侵犯财产罪的对象，因为这种财产也是他无权占有的。

第二，客观要件，是各种危害行为。其中，可分为两类：一是非法将公私财物转归自己或第三者占有的行为；一是将公私财物加以毁坏的行为。二者均可以对财产所有权造成损害。

第三，主体，除贪污罪是特殊主体外，皆为一般主体。

第四，主观要件，只有故意才能构成。在犯罪目的方面，一般是攫为己有或归第三者所有，唯有毁坏财物罪才是以毁坏本身为目的。

侵犯财产罪可分为：第一，抢劫罪、抢夺罪。第二，盗窃罪、诈骗罪、敲诈勒索罪。第三，贪污罪。第四，毁坏财物罪。

第六节　妨害社会管理秩序罪

妨害社会管理秩序罪，是故意地妨害国家机关对社会的管理活动和正常社会秩序，并且情节严重的行为。

其犯罪构成是：

第一，客体，是国家机关对社会的管理活动和正常的社会秩序。

第二，客观要件，是各种各样的侵犯行为。由于社会秩序的范围非常广泛，因而侵犯它的行为也就很复杂，这就是为什么它成为包括具体犯罪最多的一类犯罪。

第三，主体，是一切有责任能力的人。但在具体罪名中则有所区别。

第四，主观要件。所有具体犯罪，均须是故意的。至于犯罪的目的，则有所不同。

妨害社会管理秩序罪,可分为如下几个方面:

第一,妨害国家机关正常活动罪。其中包括妨碍执行公务罪,冒充国家工作人员招摇撞骗罪,妨害公文、证件、印章罪,破坏永久性测量标志罪。

第二,妨害司法机关正常活动罪。它包括不执行判决和裁定罪,脱逃罪,窝藏和包庇罪,窝赃和销赃罪。

第三,扰乱公共秩序罪。其中包括扰乱社会秩序罪、聚众扰乱公共场所秩序或交通秩序罪、流氓活动罪、私藏枪支弹药罪,神汉、巫婆造谣和诈骗财物罪。

第四,妨害社会风尚罪。其中包括赌博罪,引诱和容留妇女卖淫罪、制作和贩卖淫书淫画罪。

第五,危害人民健康罪。其中包括制造和贩卖假药罪,制造、贩卖和运输毒品罪,违反国境卫生检疫规定罪。

第六,违反保护文物古迹法规罪。其中包括盗运珍贵文物出口罪,破坏珍贵文物和名胜古迹罪。

第七,妨害国(边)境管理罪。其中包括破坏界碑、界桩罪,偷越国(边)境罪,组织和运送他人偷越国(边)境罪。

需要指出,在妨害社会管理秩序罪方面,国家将会有越来越多的具体社会管理法规中涉及到它。如《保护文物条例》,尤其全国人民代表大会常务委员会《关于严厉打击严重的刑事犯罪的决定》文件中,很多是涉及这类犯罪。

第七节　妨害婚姻、家庭罪

妨害婚姻、家庭罪,是违反婚姻法的规定,妨害婚姻家庭制度的行为。

其犯罪构成是:

第一,客体,是我国社会主义家庭婚姻制度,主要是婚姻自由,一夫一妻,男女平等,保护妇女和儿童合法利益,父母与子女相互扶养的义务等制度。但这种犯罪往往还会侵犯到他人的生命、健康等客体。

第二,客观要件,可以是作为,也可以是不作为(如遗弃罪)。

第三,主体,一般是同受害人有亲属关系的人。少数(如拐骗儿童罪)犯罪,加害人与受害人也不一定有亲属关系。

第四,主观要件,只能是故意。目的和动机很复杂。

妨害婚姻家庭的违法行为,若是情节不严重,危害不大,一般不作为犯罪处理,属于思想教育范围。这是由于我国有几千年封建思想影响,在这方面问题很多,不宜处罚得太广泛,太严厉,有的错误可通过有关人的所在单位加以解决,包括给以处分。

妨害婚姻家庭罪,可分为两类:

第一,妨害婚姻罪,包括干涉婚姻自由罪、重婚罪、破坏军人婚姻罪。第二,妨害家庭罪,包括虐待罪、遗弃罪、拐骗儿童罪。

第八节　渎职罪

渎职罪,是国家工作人员利用职务上的便利或玩忽职守,侵害国家机关本身的正常活动,致使国家和人民利益遭受重大损失的行为。

其犯罪构成是:

第一,客体,国家机关的正常活动。

第二,客观要件,与其职务活动相联系的作为或不作为。

第三,主体,必须是国家机关工作人员,即"一切国家机关、企业、事业单位和其他依照法律从事公务的人员"。机关和单位的普通人(不执行公务者),已退职退休人员,开除公职的人员,人民公社以下的不脱产人员等,不属于这里说的国家机关工作人员。

第四,主观要件,多数是故意,少数(如玩忽职守)是过失罪。

渎职罪可分为:第一,一般渎职罪,包括贿赂罪、泄露国家机密罪、玩忽职守罪。第二,司法机关工作人员渎职罪,包括徇私枉法罪、体罚、虐待被监管人罪、私放罪犯罪。第三,邮电工作人员渎职罪,包括私拆、隐匿、毁弃邮件和电报罪。显然,这是根据犯罪主体分类的。

渎职罪惩罚的是情节比较严重的行为。大多数在职务上有过错或违法者,通过所属行政系统内部解决,包括给予行政处分在内。

民法学

第一章　概　述

第一节　民法的概念

什么是民法？民法是调整一定范围的财产关系和人身关系的法律规范的总和。

所谓一定范围的财产关系,是指平等的当事人之间即公民之间、法人之间和公民与法人之间,在物质财富的占有、支配、交换、分配过程中所发生的权利义务关系。民法调整的财产关系的特点是:第一,它是以社会主义商品货币交换为条件而产生的,并以这种商品货币关系为其一般的表现形式。第二,它基本上是表现着平等的、财产所有者之间的物质利益关系。第三,它的内容一般是等价有偿的,双方的权利义务是对等的,法律对双方权利的保护也是平等的。

所谓一定范围的人身关系,指的是同人身不可分离,与财产关系有密切联系,但却又不具有直接经济内容的社会关系,也就是基于权利人的人格和身份而产生的社会关系(包括人格权关系与身份关系)。

第二节　民法的基本原则

第一,保护、发展社会主义公有制和社会主义公共财产。

第二,民事活动要有利于发展社会主义有计划的商品经济的方针。

第三,当事人的法律地位平等。

第四,自愿,即当事人的真实意愿表示。

第五,等价有偿。

第六,权利与义务对等。

第七,国家、集体、个人利益兼顾。

第八,诚实信用和互助协作。

特别需要指出的是,民事法律关系范围广泛,情况复杂而细致,且又处于多变的过程之中,所以它不可能像刑事法律关系那样采取法定主义。为此,在处理具体民事关系时,遵循民法的这些基本原则,便显得特别重要。

第三节　民法的作用

一、巩固、发展社会主义所有制关系

在保卫社会主义的全民所有制、集体所有制和公民的个体经济方面,民法起着特别重要的作用,它更为直接、更为积极、更为具体地体现这种经济关系。民法不仅规定各种所有制的地位,规定经济责任和损害赔偿,而且规定借助各种方法和无数的渠道来扩大社会主义的所有制关系。

二、促进商品经济的发展

发展社会主义商品经济,是搞活国民经济的重要环节之一。民法通过平等、自愿、等价有偿等规定,体现价值规律和市场供求关系,充分保障当事人之间的民事权利义务,最大限度地调动企业单位、集体经济单位和公民在商品的生产和流通中的积极性,繁荣社会主义市场。

三、推动经济管理体制的改革

在国民经济体制改革中要扩大企业的独立自主权、善于利用经济杠杆的作用等等,都必须通过民事上的财产所有权和财产流通关系来表现和实现。这样才能保证国民经济计划的完成,提高社会经济效益,发展生产。

四、保障公民的合法民事权益

保障公民合法的收入、储蓄、房屋及各种财产所有权,是民法的一项重要任务。人民的司法机关在这方面负有重大责任。任何侵犯公民的这些权益的人,不仅让他承担行政责任或刑事责任,而且往往同时让他承担经济责任。

正由于民法能够把日常的、同每人息息相关的物质关系和人身关系调整得井井有条,规定得清清楚楚,所以它就更有利于人民群众的心情舒畅、安居乐业、相互团结合作,创造社会主义新型的人与人的关系。

第二章　民事法律关系的主体、客体及法律行为

第一节　民事法律关系的主体

民事法律关系的主体,就是参加民事法律关系,从而享受权利和承担义务的人。

在特定的法律关系中,各方主体间的关系是有所区别的。他可以是权利主体,即权利的享有者,可以是义务的主体,即义务的承担者,也可以是权利与义务统一的主体。

民事法律关系中的权利主体与义务主体之间的人数可以各种各样,也包括不特定的任何人(如所有权关系中的义务主体便是这样)。

一、公民

公民是我国民事法律关系中最重要和最广泛的主体。公民作为民事法律关系的主体是由国家的法律所规定的,而不是"天赋"的。

公民的民事法律关系的地位,其基本内容就是权利能力和行为能力的问题。

公民的权利能力开始于出生,而终结于死亡。一个人在他的生存期间,不管其年龄大小以及体力、智力的程度如何,也不管是不是能独立行使其权利,都具有民事权利的能力,即享有民事权利和承担民事义务的资格。不过,这并不意味公民的一切权利能力都是一出生就具有的,有些权利能力是同行为能力联系在一起的。如劳动权利能力、结婚权利能力等,这要达到一定年龄才会发生。这种权利能力要由法律特别予以规定,所以称为特别权利能力。

所谓公民的民事行为能力,包含的内容是:(1)公民具有以自己的行为取得民事权利和承担民事义务的能力。(2)以自己的名义独立地行使民事权利和履行民事义务的能力。(3)对违法行为承担责任的能力。民事行为能力可以分为三种:(1)完全的行为能力。在我国通常以十八周岁(宪法规定有选举权的年龄)作为公民具有完全行为能力的界限。(2)限制的行为能力。这是指在一些场合下承认其有行为能力,在另一些场合下则不承认其行为能力,而需要通过其父母或法定代理人,或征得法定代理人的同意后,才能进行一定的行为。这一般指六七周岁以上至不满十八周岁的未成年人。举例说,未成年人可以进行一些同他们年龄相适应的民事法律行为,像独立地买点学习用品等物件,独立地接受荣誉、奖励等等。但是,他们毕竟对自己行为的法律后果

缺乏充分估计的能力,缺乏足够的生活经验,所以对其民事活动必须加以适当限制。(3)无行为能力。一般指六七周岁以下的孩子和精神病患者。法律上对于无行为能力的规定,主要是为了保护无行为能力人的利益,保障正常的经济交往。

同行为能力有密切关系的一个问题,是监护问题。监护,是保护无行为能力人和限制行为能力人的合法权益的一项民事法律制度。监护人的主要职责是:(1)监督和教育被监护人,照顾其身体,保管其财产,保护其合法权益。(2)代理或协助被监护人进行民事活动及民事诉讼活动,为其取得民事权利,承担民事义务。(3)对被监护人的不法行为造成他人财产的损失承担赔偿责任。在我国,一般情况是:父母是未成年子女的当然法定监护人。父母死亡后,对于未成年人来说,他的有抚养能力的祖父母或外祖父母,或成年兄姐,也可担任其监护人。精神病患者,由其配偶、父母、子女或其近亲属担任监护人。对承担监护人有争议时,由法院指定(法院可指定其近亲属,也可指定其所属单位作监护人)。监护人职务的终止情况是:被监护人无行为能力原因的消灭,或被监护人死亡或宣告死亡,或监护人被撤销监护职务,或监护人有正当理由辞去监护职务,或监护人本人死亡,等等。

二、法人

法人,指能够作为民事法律关系主体的社会组织。具体说,法人能以自己的名义,作为独立、完整的单位,参与民事法律关系,享有权利和承担义务,并能在法院或仲裁机关起诉和应诉,即作为一方当事人。法人,是对应自然人(公民)而加以人格化的。其中包括如下几类:(1)国家预算单位(国家机关、事业单位)。(2)独立经济核算的国营企业。(3)人民群众集体经济组织(各种合作社)。(4)社会团体。(5)中外合资经营企业。(6)其他。

法人的特征是:(1)法人必须是独立、整体和稳定的组织。这表现在民事法律关系方面,就是有一个"法人机关"来代表它。这个机关可以是集体的(如管委会、理事会、董事会),也可以是单一的人(如厂长、经理、主任)。它不因为组织成员,特别是领导人的变化,而影响自己的民事主体资格。(2)法人要拥有独立的或能够独立支配的财产。这是它取得法人资格的物质基础。尽管法人机关对于财产的独立支配权有所不同,但这些财产毕竟同其上级组织的财产、其他法人的财产,以及法人组织成员个人的财产是相互分离的。(3)法人能独立地承担财产责任。这是指法人以它自己所有的或能够加以支配的财产来承担民事活动中发生的债务,以及法人机关成员和法人所属职工在执行职务过程中对他人人身、财产造成损害的赔偿责任。除法律有专门规定的以外,一般地说,一个法人对另一个法人的债务不承担责任;国家对作为法人的国营企业、事业单位及国家创办的组织的民事活动,不承担责任;作为法人的全民所有制组织、集体所有制组织、社会团体等,对于国家的、上级组织的以及下属法人组织的债务,也不承担责任;法人的成员,对法人的债务不承担责任。(4)法人要能以自己的名义进行民事活动。这种活动的内容就是为了自己取得或行使财产权利和人身权利,实现民事权利义务,并在发生纠纷时到法院起诉或应诉。由于这个原因,同自然人(公民)一样,法人也不能随便被代替,包括不能被法人内部的所属单位所代替。法人的下层机构,只有在法人所授权限范围内,才能以法人的名义进行民事活动。

在我国,法人资格的取得,是国家依照法定程序加以确认的。其程序分别如下:(1)根据国家法律规范或主管机关命令而成立的,包括国家机关、国营企业与事业单位。它们的财产来自国家的预算拨款,一经成立就取得法人资格。但从事经济活动的企业,还需由工商行政管理机关审核登记。(2)依照国家主管机关的准许而成立。其中包括社会团体和集体企业单位等。这类组织在申请成立时,必须要有自己的章程,明确地规定其宗旨、任务、资产、活动范围和程序,而且有固定的名称、住所及其他必须明确的事项。(3)依照准则而成立。这是指国家对某一类法人成立的条件和程序、宗旨、活动范围等,以法规的形式或统一章程的形式加以公布,需要建立的组织,只要符合这个准则,报经主管机关审查通过,便可取得法人的资格,不需要主管机关专门批准。如,按照工会章程建立部门工会;按照合作社章程建立某个合作社;等等。

法人同自然人(公民)一样,作为民事法律关系的主体,要有权力能力和行为能力。

法人的权利能力与公民的权利能力是有区别的。(1)法人的权利能力带有特殊的性质。这种性质同法人本身的性质、目的及业务范围相联系。(2)法人不能具有公民那种以人身为前提的某些权利能力。如,不能接受抚养,不能继承遗产,等。(3)法人权利能力始于它成立之时,终止于撤销或解散之时。(4)对于法人权利能力的限制,可以由法律规定,也可以由行政命令规定。而公民的权利能力的限制,只能由法律规定。

法人的行为能力的特征是:(1)法人的行为能力,是同其权利能力同时产生和消灭的。(2)法人行为能力,要通过法人机关或代理人来实现。

法人可以由于各种原因而消灭。主要是:依国家法律规范或行政命令而撤销;法人已完成作为自己成立宗旨的任务而消灭,因严重违法而被主管机关的命令、法院的判决宣告解散;经营不良,资不抵债,而经有关权力机关决定解散;经法人的成员(社员、会员)大会或代表大会的决议,并报经主管部门批准而解散;等等。不管由哪一种原因撤销或解散,都必须进行"法人的清算",即对其业务和财产加以清理,按照法定程序对其债务加以清偿。

三、国家

当国家代表全国人民的利益参与民事法律关系,承担义务时,它就成为民事法律关系的主体。

国家作为民事法律关系的主体,具有下列的特征:(1)它是民事主体,而不是法人。不适用有关法人组织与活动的法律规定,专门由自己制定的法律规范来规定自己。(2)一般情况下,国家不直接以民事主体的身份参与民事活动,而经由它授权的国家机关、国营企业和事业单位等法人来进行。(3)国库或中央金库的财产,是国家参与民事法律关系的独立财产。中央国库是国家作为民事主体的代表机构,财政部以及国家授权的金融机构,是国库的代理人。对国内,只有当国家以国库的资格进行活动(如发行国库券等)时,才是直接用国家的名义。在国外,通过我国驻国外商务代办处进行外贸活动时,国家是直接的权利义务主体,国库对商务代办处的债务负责。国家对于作为独立经济核算单位的外贸业务,不负责任。(4)国家作为民事主体所享有的权利能力非常广泛。如,享有自然资源的专有权,有大规模的国营企业和设施,等等。另外,凡不属于公民和法人的权利能力,国家均可享有。(5)国家所有权,受法律的特殊保护。

需要指出,国家作为权力机关的资格和作为民事主体的资格,属于两种不同的法律关系领域。

四、代理

代理,是代理人(公民或法人)根据代理权,以被代理人的名义与第三人进行民事交往活动,而这种行为产生的法律后果直接由被代理人承担。由此可知,代理的主要法律特征是:(1)代理是代理人以被代理人的名义进行活动。(2)代理人必须在授与的代理权限范围内进行民事活动。(3)代理人虽以代理权为根据,但他却能独立地表达自己的意见,同第三人进行民事交往。(4)代理行为产生的法律后果,直接由被代理人承担。(5)代理实施的行为,必须是具有法律意义的行为。如,代签合同,履行债务,进行诉讼,等等。代理制度的意义,主要是为保障被代理人的利益,并且对于公民和法人间的民事交流,尤其对于法人开展正常业务以及发展国际贸易往来,都是极其重要的。

代理制度有一定的适用范围。其中主要包括:(1)代理实施民事法律行为。如,接受继承,订立合同,履行债务,等等。(2)代理进行民事诉讼。(3)代理履行某些财政和行政的义务。如,代为进行房屋登记、法人登记、商标注册纳税等活动。相反,有些活动是属于不能代理的行为:(1)具有人身性质的行为,如结婚、离婚、立遗嘱等。(2)具有人身性质的债务,如约定必须由特定人来履行的绘画、撰稿、文艺表演等。(3)侵权行为和内容违法的行为。

代理权产生的法律事实有:(1)被代理人的委托。(2)法律的规定。(3)国家有关权力机关的指定。依照代理权产生的情况,代理也可分为三类:(1)委托代理。即根据被代理人的授权而产生的代理。(2)法定代理。如父母作为未成年子女的法定代理人。(3)指定代理。由行政机关和法院裁定而确定的代理。如指定遗产的保管人等。代理权产生的根据,一般也适用于由几个人作为代理人的共同代理。在代理制度中,还包括复代理,即代理人根据被代理人的特别授权或同意,将代理事项的部分或全部,再委托给他人代理。

如果有下列情况之一,代理人行使的代理权属于无效。(1)滥用代理权。代理人利用代理权去损害被代理人的利益。(2)无权代理。没有代理权限或者超越代理权限而实行的代理活动。

代理关系因下面情况之一而归于消灭:(1)当事人一方死亡、宣告死亡或法人的消灭。(2)代理人丧失行为能力,或者死亡。(3)设立法定代理的原因已经消除。如,未成年人已经成年,精神病患者已痊愈,等。(4)在委托代理关系中,由委托人即被代理人撤销委托,或者由代理人自己辞去受委托的职务。(5)代理任务已完成,或代理有效期已届满。

第二节 民事法律关系的客体

民事法律关系的客体,是指民事法律关系主体的权利义务所指向的对象或标的。它是表现和实现民事权利、义务的一项重要因素。否则,权利、义务就是虚空的。可以作为民事法律关系客体的,有物、智力成果、行为三类。

一、物

物,就是现实的、由天然力产生和人工制造的一切物体。物是民事法律关系的最普遍的客体。

民事法律关系中,物的分类方法有下列几种:

(1)生产资料和消费资料。

(2)固定资产和流动资产。

(3)限制流通物和不限制流通物。限制流通物包括:国家专有的财产,国营企业的固定资产,武器、弹药、爆炸物、剧毒物品及受管制的无线电器材之类,黄金、白银、外汇,某些农产品。

(4)特定物和种类物。种类物,指以度量衡来计算的物。

(5)可分物和不可分物。凡分割以后不改变其原有经济用途的物,叫可分物;否则,就叫不可分物。

(6)主物和从物。主物,是供一定目的之用的独立物;从物,是附属于主物上使用,并由于共同的经济用途和主物有联系的物。如手表和表带的关系,便是主物和从物的关系。

（7）原物和孳息。原物,是能产生收益之物;孳息,是原物产生的收益。如果树与水果之间,母牛与牛犊之间,存款与利息之间,就是原物与孳息的关系。

货币和有价证券(支票、股票、国库券等),是特殊形式的物。

二、智力成果

智力成果,指与人身相联系的非物质财富,即精神财富。其中包括各种科学发明、设计、理论著作、文艺创作等。

国家保护公民和法人的发明权、发现权、著作权、专利权,所以智力成果也就成为这些相应民事法律关系的客体。

三、行为

行为,就是人的活动。一部分债权关系是以行为作为客体的。比如,在基本建设承揽的民事法律关系中,设计、建筑、安装等行为,就是民事法律关系的客体。

在社会主义制度下,法律严禁把人身和人格当作民事法律关系的客体。否则便是触犯刑法。

第三节　民事法律行为

一、民事法律行为的概念

民事法律行为,是民事主体所从事的,目的在于发生、变更或消灭一定民事法律关系的行为。

民事法律行为的主要特征是:(1)法律行为要以当事人的意思表示为必要条件。这是行为人追求一定法律关系的主观要件。(2)法律行为是当事人取得预期法律后果的行为,即享有一定民事权利和承担一定民事义务的行为。这是当事人意思表示的目的和内容。如果意思表示中不包含这样的民事目的和内容,或者说根本不会引起预期的这种后果,那么其实施的行为也就不是民事法律行为。(3)民事法律行为必须符合法律规范,才能产生预期的法律后果。这是强调民事法律行为的合法性。

二、民事法律行为的种类和形式

民事法律行为的种类如下:

（1）双方法律行为和单方法律行为。双方法律行为,是由双方当事人的意思表示一致而形成的一定民事法律关系的行为。这是最常见的民事法律行为。单方法律行为,指由当事人一方的意思表示便可成立一定民事法律关系的行为。例如,订立合同(契约)的行为是双方法律行为,而立遗嘱、抛弃继承权、委托代理的撤销是单方法律行为。

(2)有偿法律行为和无偿法律行为。有偿法律行为,是以等价或报酬为交换条件的法律行为(如买卖合同)。相反的,便是无偿法律行为(如赠与)。

(3)诺成性法律行为和实践性法律行为。诺成性法律行为,指双方当事人意思表示(诺言)一致便可成立的法律行为,如买卖、基本建设、租赁等合同。实践性法律行为,是指除双方当事人的意思表示一致以外,还需要交付实物才能成立的法律行为,如借贷、保管等合同。

民事法律行为的形式有:口头形式、书面形式、推定、默示。推定是根据当事人一方的行为可以推定他的真实意图的情况(如出租人在期满后继续接受对方当事人的租金,就可推定他愿意将合同关系继续延续下去)。默示是当事人以消极的不作为方式所作的意思表示。默示作为一种民事法律行为的形式,必须有法律的专门规定。如,按照有关供应合同的法律规定,在规定期限以内,只要一方对产品数量和质量没有提出异议,就认为对方完全履行了合同。其实,默示是另外一种形式的推定。

三、民事法律行为的有效条件

民事法律行为必须具备法律规定的有效条件。这些条件是:
(1)主体要具备行为能力。
(2)意思表示是自愿的和真实的。
(3)法律行为的内容必须合法。
(4)民事法律行为要具备法定的形式。

四、无效的法律行为

(一)无效法律行为的种类
(1)绝对无效的法律行为。这是指法律行为因缺少有效条件,从而完全不能产生当事人预期后果的行为。具体说,就是缺少上述"有效条件"的任何一项的那种法律行为。

(2)相对无效的法律行为,又称可撤销的法律行为。这是指因违反自愿原则,从而使当事人的意思表示没有表达其真实意志的法律行为。这种行为,如不经当事人提出异议,是会发生事实上的效力,但一旦有争议,便可由法院判定其无效。所以,它的无效性是相对的。这种可撤销的法律行为可能产生的情况是:①因欺诈、威胁、强迫而建立的。②一方的代理人同他方恶意串通而建立的。③因重大误解而建立的。④对一方显然不公平或显然不利的。

（二）无效法律行为的后果

法律行为一经被宣布无效或撤销，凡未履行的，不得再履行；正在履行的，要停止履行。已经全部或部分履行的，对于当事人已取得的财产，要根据不同情况处理。目前，实践中处理的办法，有下列几种情况：(1)返还原物。主观上无过错的受害人（受威吓、强迫、欺骗的人），主观上有过错但并非有意（如重大误解）的人，没有行为能力的双方当事人，他们皆有权要求对方退还所交付的原物。(2)赔偿损失。有过错一方要向受害一方赔偿其财产损失，保障当事人的正当利益。这种损失包括建立该法律关系时的损失，以及履行过程中的损失。(3)强制收购。内容违法而情节较轻的（如违反国家物价政策、物资管理政策）的法律行为，由国家主管机关按国家牌价强制收购。(4)收归国库。对于实施欺诈、威吓、强迫等有恶意的行为人及实施内容违法的法律行为的人，要将他们所交付给对方的财物收归国库。如果是双方违法，要将双方所得收归国库。施以上四种民事违法行为的人，如果触犯了行政法和刑法，还需承担行政责任和刑事责任。

第四节　民事诉讼时效

一、民事诉讼时效的概念

民事诉讼时效，指权利人请求法院按照强制程序保护自己权益而提起诉讼的法定有效期限。也就是说，经过一定期限不提起诉讼，权利人便丧失请求法院强制义务人履行义务的权利。

诉讼时效有两类：(1)一般诉讼时效，即民法统一规定的时效。一般时效的期限不宜太长，以免影响民事流转。法学家们的倾向是：公民之间为五年，公民与法人之间为三年，法人与法人之间为二年。(2)特殊诉讼时效，即由法律规范特别规定的时效。这种时效比一般诉讼时效要短。如，铁路运送货物的损害赔偿时效，是从收到答复拒绝赔偿之日起，或从规定的答复期限届满之日起，两个月内提起诉讼。

二、时效的开始、中止、中断、延长

（一）开始

原则上是从权利人的权利受到侵害而能够行使请求权之日起计算。具体说：(1)有期限的财产关系，从财产关系的期限届满时开始计算。(2)没有期限的财产关系，从财产关系发生之日起开始计算。(3)因侵权行为而发生的损害赔偿，从致人损害之日起开始计算。

（二）中止

中止，指在诉讼时效的最后六个月中，因不可抗力或并非自己过错而使权利人无法提起诉讼的情况下，为保护权利人的合法权利，把阻碍权利人起诉的这段时间不计算在时效期限之内；从中止的原因消灭之日起，时效期限继续计算。

（三）中断

这是指在诉讼进行中，由于权利人向法院或仲裁机关提出请求或义务人承认义务，时效期限便中断。就是说，已过去的时效期限不算，时效从头开始。

（四）延长

这是指权利人在时效期限内没有起诉，法院查明迟误时效确有理由，可斟酌情况将时效期限适当延长。

第三章　几种主要民事法律关系

第一节　所有权

一、所有权的概念

所有权是一定所有制关系的法律表现。它是确认和保护统治阶级利益的法律制度,也是人们对于财产的占有、使用、处分的统一权利。

所有权的特点,在于它是一种绝对的权利。也就是说,除法律限制以外,负有维护这种权利的义务者是全体人。

二、所有权的内容

所有权的内容,包括占有、使用、处分三种权能。具体说:

(1)占有,就是人对财产的实际控制。占有又分为:①所有人的占有。即财产所有人自己行使财产的占有权。②非所有人的占有。即非财产所有人行使财产的占有权。如承租人占有房屋,这是合法占有。又如,承租人在不知情的情况下占有了无权人所出租的房屋,是善意的非法占有。再如,假使承租人明知出租人非法而占有其转交的房屋时,是恶意的非法占有。

(2)使用,就是直接利用财产的性能,以取得收益或获得物质利益。

(3)处分,就是依据法律规定,决定所有物的命运。如出卖、赠予、出租、抵押、弃毁等。

一个完整的所有权,正是占有、使用、处分相统一的权利。

三、所有权的取得和消灭

(1)所有权的取得。有两种方式:①原始取得。即对财产(物)的所有权是最初的,独立的,不依他人所有权为转移的取得。例如,国家的没收或收归国库,生产,添附(增加到主物之上的物,像修缮、改良土壤),收益或孳息(像天然孳息——树上的果实,法定孳息——利息);此外,还有国家对于无主物(遗失物、漂流物、埋藏物)和无人继承的财产的取得,也是原始取得。②派生取得。即通过他人所有权的转移而享有对该物的所有权。

（2）所有权的消灭。其中包括：①物本身的消灭。②所有权的转让。③所有权人的抛弃。④国家强制。⑤主体的消灭。

四、对所有权的保护方式

对所有权的保护，其主要方式有：

（1）请求确认所有权。

（2）请求返还原物或恢复原状。

（3）请求排除妨碍。

（4）请求赔偿损害。

（5）请求返还不当得利。

五、国家所有权

国家所有权，是社会主义全民所有制在法律上的表现。因而，它有极其重大的意义。

国家所有权具有明显的特征：（1）从发生上看，它首先是通过剥夺帝国主义在华财产、封建地主阶级财产、官僚买办资本而获得的。其次，通过税收、征购、没收、收归国有等特殊的行政权力方法获得。最后，国营企业的扩大再生产和同国外贸易的收入。（2）从主体上看，它是统一的国家，即中华人民共和国，其所有权的行使只能从全体人民的利益和意志出发。（3）从客体上看，它具有无限的广泛性。即任何财产均可作为国家所有权的客体。大量的物品，只能归国家所有，包括自然资源和大型企业、事业的财产所有权和经营权。它掌握国家的经济命脉，操纵国计民生。（4）从国家所有权的内容上看，即从对国家财产的占有、使用和处分的权利上看，包括国家企业对国家财产的管理和经营等，都有一套严格的法律规定。（5）从对国家所有权的保护上看，它也是特殊的。其中包括：对国家财产的非法占有的返还请求权，不受时效的限制。这种返还请求权不论占有人是否有过错，也不论是善意非法占有还是恶意非法占有。与国家发生所有权的争议而长期不能确定时，便推定为国家所有。

六、集体财产所有权

集体财产所有权是确认和保护人民群众集体所有制的法律制度，是指集体组织在法律范围内占有、使用和处分自己财产的权利。这是巩固和发展社会主义经济基础和经济事业的基本组成部分之一。

集体所有权的表现形式包括:原农村人民公社、生产大队、生产队三级组织的所有权;城镇集体企业、事业单位的所有权;各种合作社(手工业、供销、信用社及群众自行组织起来的经济实体)的所有权,等等。

七、公民个人财产所有权

(1)公民个人生活资料所有权。它表现了社会主义经济的目的,这是满足人民群众不断增长的物质文化需要的直接条件或手段。因此,它是关系到人民切身利益的重要问题。

(2)公社或生产队的成员的家庭用来实现承包集体生产任务的生产资料(汽车、拖拉机等)和部分收益的所有权,以及副业财产所有权。

(3)非农业个体劳动者的生产资料和收益的所有权。

公民个人的这些所有权都受国家法律的保护。

八、共有和相邻关系

(一)共有

共有,是两个以上所有人(公民或法人)对同一项财产共同享有所有权。

共有包含两种情况:(1)按份共有。这是指共有财产按照份额(比例)属于几个人或法人所有。(2)共同共有。这是指不确定份额(比例)的共有,所有的共有人对共有物都享有平等的所有权。这主要是发生在夫妻或家庭成员的财产关系中。它只有在共有关系消灭,需要分割共有物的时候,才开始商定分配份额的问题。

正确地处理共有财产关系,对于维护社会主义家庭及各种社会经济关系,对于发展社会主义经济联合体,有重要意义。

(二)相邻关系

相邻关系是指两个或两个以上相互毗邻的所有人或占有人,对各自的土地、水源、草原、山林、道路、建筑物、沟渠、管线等财产,行使占有、使用、处分的权利时,相互间应给予方便或接受限制,而发生的权利义务关系。

正确处理相邻关系是协调国家、集体、个人相互利益,加强社会主义社会组织的互助合作,发扬新型的人与人的关系和共产主义精神,保护环境等方面的重要内容。

相邻关系的种类及其处理的原则,大致如下:

(1)相邻防污、防险关系。这指相邻者因使用土地进行建筑、工业生产、副业生产以及设备的建设等,有义务预防邻地遭受损害,也有权利要求相邻各方不要损害自己的利益。例如,工厂企业排放"三废"不得超过国家规定的标准。挖地、兴修建筑物、堆放危险品,要与邻人建筑物保持一定的距离,并不得动摇别人的房基和建筑物。建筑物发生倾斜时,要及时采取预防造成邻人危险的措施。凡违反国家规定,造成邻者的人身和财产损失时,要承担损害赔偿责任和其他法律责任。

(2)相邻流水、用水关系。即土地所有人或占有人,因自然流水和使用土地的用水、排水,而同邻人发生的关系。其中包括:相邻各方要保证自然流水的流向,各方对自然流水都有权利用,所以需要合理分配。低地的一方要允许高地的一方的流水通过自己的土地。相邻的任何一方均不得使自己建筑物的滴水,直接注到邻人建筑物。

(3)邻地通行和使用关系。即相邻一方因其土地被他方土地所包围,或因靠近他方土地进行建筑施工,需要通过或使用他方土地而发生的关系。在这种情况下,对方应允许其通过或利用,但损害要尽量小,并支付赔偿金。

(4)相邻管线设置关系。国家或集体组织安装输电线路,通讯线路,铺设油、汽、水的管道等,相邻者应允许通过自己土地的上面或下面,其处理原则同上。

(5)铁路、公路及其两侧相邻土地的关系。这要求两侧土地所有人或占有人,在用地时不得破坏铁路、公路的完好使用状态。

(6)土地疆界上竹木等的共有关系。这些物品如果所有权不明确时,推定为双方按份共有。

此外,还有越界建筑,建筑物影响视野和日照,声音污染等问题。

相邻关系发生纠纷,要互相协商解决。如果达不成协议,可以通过行政调解和法院判决解决。

第二节　债　权

一、债的概念

债,是发生在债权人和债务人之间的民事法律关系,按照这种关系,债权人有要求债务人作一定行为或不作一定行为的权利,债务人则有满足债权人这种要求的义务。

债权不同于所有权的特点是:(1)债所包含的权利、义务关系是发生在特定主体(当事人)之间的。(2)债之中的权利、义务以及标的,都是确定的。(3)债的标的不限于物,也可以是行为。

在不同性质的社会形态中,债的本质和作用是不同的,在奴隶社会和封建社会,债是为人身依附的社会关系(尤其生产关系)服务的。在社会主义制度下,债则是为消灭剥削,为发展社会主义经济制度服务的。

二、债的发生根据

债的发生根据,指引起债这种民事关系发生的法律事实。债发生的根据有:

（1）行政命令，即国家的物资调拨命令和经济调整命令。

（2）合同（契约）。这是债发生的普遍根据。

（3）无因管理。这是指在没有法定义务或他人委托的情况下，自愿地为他人管理事务的行为。无因管理发生后，管理人与被管理物的所有人或占有人之间就发生了债的关系。如，自愿收留和喂养他人走失的牲口；风雨时为外出的邻人修补房屋；抢救因火灾、车祸等原因而受伤的过路人，等等。

（4）不当得利，指无法律根据而损人获利。在这种情况下，不当得利者就有义务向被损害者返还其不当得利。

（5）侵权行为。

三、债的种类

债的种类繁多，从不同的角度上可以对债进行不同的分类：

（1）单一之债和多数人之债。

单一之债，即当事人双方均为一人。此外，均为多数人之债。

（2）按份之债和连带之债。

这属于多数人之债中的一种情况。

按份之债，指多数人的债权人当中，每人按份享有债；或者指多数人的债务人当中，每人按份承担债务。

连带之债，指多数债权人或者多数债务人相互间，对于债权或者债务负有连带责任。在这种情况下，几个债权人中的任何一人，都有权要求债务人履行全部债务；或者说，几个债务人中的任何人都承担着被要求履行全部债务的义务。例如，夫妻间或家庭成员间共同占有财产，对外就会产生此种连带之债。

（3）特定之债和种类之债。

这是按照债务人交付的标的物属于特定物抑或种类物而定。

（4）不可选择之债和可选择之债。

这是根据债务人所作行为是否具有选择性而定的。如果规定债务人只能作某一种行为时，就是不可选择之债。反之，如果规定债务人可选择多种行为中的一种时，就是可选择之债。但是，可选择之债的当事人，其行使选择权，只是一次性的。

此外，还可以有其他种类的划分。

四、债的消灭

在我国，债会因为发生了下列的法律事实，而归于消灭。

（1）因履行或清偿而消灭。

（2）因行政命令而消灭。这是指因行政命令所发生之债，同样也可以因行政命令而消灭。当然，为了维护企业单位的经营管理权，这样的手段要严格控制使用。

（3）因债权人和债务人的协议而消灭。

（4）因债权人抛弃权利而消灭。

（5）因混同而消灭。即债权人与债务人集合到一人之身。如：企业的合并；被继承人与继承人原来是债权人与债务人的关系时，继承人死亡后，债权人、债务人便混同了。

（6）因两个当事人互负债务，各方债务便会相互抵消，归于消灭。

（7）因提存而消灭。提存，指债务人请求法院或一定机关批准，把应交付的标的物交给指定机关加以保管的行为。一经提存，债务人就等于履行了债务，而使债务归于消灭。提存的情况发生于债权人无故拒绝接受或迟延接受时，也可能发生在不知谁是债权人或者不知债权人在何处时。

（8）具有严格人身性质的债，会随着债权人或者债务人的死亡而消灭。如，在委托合同中，受托人与委托人一方死亡，债的关系便消灭。

第三节　知识产权

一、著作权

著作权，即作者对其创作、编纂、翻译的作品，依法所享有的权利。

著作权包括人身权利和财产权利两个方面。（1）人身权，指：署名权；用各种合法的物质方式固定和表达作品权，如出版、复制、演出、展览、录音、摄像、录像等；保护作品不受歪曲、诋毁的权利；修改权和收回权。人身性的权利不能转让或继承。（2）财产权，指：因作品的发表即获得报酬权；把作品的财产收益的可能性转让他人之权。

著作权的主体，就是创作作品的人，即作者。他可以是自然人，也可以是法人。

著作权的客体，就是作品。

在我国，虽然到目前为止尚没有著作权法，但国家对于著作权是加以保护的。

二、发明权

发明权，其中包括发现权。它指的是法律所保障的发明人或发现人的权利。个人或集体在科学技术上作出具有创造性的成果，经国家主管机关审查合格后，授予发明证书或发现证书，并给予相应的荣誉或物质奖励。

发明，指在科学技术上作出前人所没有的、先进的、经过实践证明可以应用的新成就。发现，是在科学研究上阐明自然的现象、特性或规律，获得前人没有认识到的重大突破。奖励发明和发现,对国家四化有重大意义。

发明权的主体,个人、集体均可。旅外华侨和外国人士,由于发明或发现而对我国科技事业作出重大贡献的,经主管部门审批,也可成为主体。

发明权的客体,就是发明或发现的成果。在我国,发明权的取得,要经过申报、推荐、评选、核准的程序,核准由国家科学技术委员会掌管。

同发明和发现密切相关的,我国对于合理化建议和技术改进,也予以奖励。

三、专利权

专利权指发明人在法定期限内,对于其发明所享有的专有权利。

专利权的主要特征是:(1)作为专利权的科学成果根据的,必须是发明,而且仅仅是发明。就是说,其他领域的创造不能取得专利权。(2)专利权具有财产所有权的属性,可以享受独占的制造和出售专利产品或使用其专利方法的权利,也可以实现对它的赠与权和转让权利。(3)专利权是一种相对的独占权,即不能有第二个人再取得这项发明已经取得的权利。

专利权的主体的范围,同发明权的主体一样。专利权的客体,就是专利发明。它具有新颖性、创造性、实用性。此外,还有产品方面的实用新型专利、外观设计专利。

专利权人的权利与义务。专利权的主要权利:(1)专利制造,使用和销售产品,或专有使用专利方法的权利。(2)可以签订许可证合同,同意他人使用自己发明专利的权利。(3)可以转让自己专利权的权利。(4)对专利产品加盖专利标记的权利。其主要义务是:(1)早日实施其专利发明。(2)缴纳年费。年费是逐年递增的,目的在于使专利发明在一定时期后能为社会自由使用,并淘汰无价值的专利。

我国已经公布了专利法,国家对于专利权给予严格的法律保护。

四、商标权

商标权,是商标注册人在注册商标的有效期限内,可以独占地在自己商品上使用这种商标的权利。商标权在鼓励优质产品、名牌产品,促进企业间的生产竞争方面,有积极的作用。

要取得商标的专用权,需要向商标局申请注册。此外,有少数商品(药品等),法律规定必须使用注册商标。

第四节　继承权

一、继承权的概念

继承权,指继承人依法继承被继承人(死者)遗留的个人所有财产的权利。

继承权的法律特征是:(1)继承是单方法律行为。继承权只需一方当事人的意志表示,便可发生、变更和消灭。(2)被继承人和继承人只能是自然人(公民),而不能是法人。但是,法人可以作为遗赠的受领人,接受被继承人遗赠的财产。(3)继承要引起财产所有权的转移。(4)继承权的行使,以被继承人的死亡为条件。(5)遗产,只能是死者生前的个人所有的财产和法律规定可以继承的其他合法利益。如果是与被继承人人身不可分离的权益,就不能作为遗产。

继承制度原是私有制的产物。在剥削类型社会中,继承制度是维护财产统治世代相沿袭的一种手段。但是,在社会主义制度下,继承制度发生了本质变化。被继承的财产,主要是来自劳动收入的生活资料。保护公民的继承权,对于维护公民个人所有权,巩固社会主义家庭关系,调动公民劳动积极性,都具有重要意义。

二、继承制度的原则

(1)保护公民私人的合法财产所有权。正是对于继承制度的保护,表明我国对公民私人财产所有权的保护是真实的,一贯的。

(2)男女享有平等的继承权,反对排斥和歧视妇女继承权的一切做法。

(3)体现尊老爱幼,团结互助,巩固和发展社会主义新型家庭关系。

(4)权利和义务相一致。例如,谁对死者生前尽义务多,谁就应当多继承些遗产,完全拒绝尽扶养义务的人,可以剥夺其继承权。反之,即使是邻人扶养了死者,也应有权得到死者遗产的一部分。

三、法定继承

法定继承,指由法律直接规定的继承人,按照法定的程序及遗产分配的原则,对被继承人(死者)的遗产进行的继承。法定继承是我国的主要继承制度。

法定继承的发生条件是:(1)公民在死亡以前没有立下遗嘱。(2)遗嘱的内容和形式违反法律规定,从而无效。(3)遗嘱继承人放弃继承。(4)遗嘱继承人被剥夺继承权。(5)受遗赠人放弃接受遗赠的权利。(6)遗嘱中未涉及的财产。

法定继承人的范围是:(1)配偶。即被继承人死亡时,同其有夫妻关系或事实上夫妻关系的人。(2)子女,包括婚生子女、非婚生子女、养子女和有扶养关系的继子女。(3)父母,包括生父母、养父母和有扶养关系的继父母。(4)兄弟姐妹,包括同父母的兄弟姐妹,同父异母或者同母异父的兄弟姐妹,养兄弟姐妹,有扶养关系的继兄弟姐妹。(5)祖父母、外祖父母。

法定继承顺序有二:

第一顺序,配偶、子女、父母。对公婆尽了主要赡养义务的丧偶儿媳,对岳父、岳母尽了主要赡养义务的女婿,也作为第一顺序继承人。

第二顺序,兄弟姐妹、祖父母、外祖父母。

继承开始后,由第一顺序继承人继承,第二顺序继承人不继承。没有第一顺序继承人继承,包括第一顺序的继承人全部不存在或全部放弃继承,或丧失继承权时,才由第二顺序继承人继承。

继承份额。同一顺序继承人继承遗产的份额,一般应当均等。例外的情况是:(1)对生活有特殊困难的缺乏劳动能力的继承人,分配遗产时,应当予以照顾。(2)对被继承人尽了主要扶养义务或者与被继承人共同生活的继承人,分配遗产时,可以多分。(3)有扶养能力和有扶养条件的继承人,不尽扶养义务的,分配遗产时,应当不分或者少分。(4)继承人相互协商同意的,继承份额可以不均等。此外,对于继承人以外的依靠被继承人扶养的缺乏劳动能力又没有生活来源的人,或者继承人以外的对继承人扶养较多的人,可以分给他们适当的遗产。

代位继承是指被继承人的子女先于被继承人死亡,由被继承人的子女的晚辈直系亲属代替其已死亡的父或母来继承被继承人的遗产。代位继承要注意下列几点:(1)婚生子女,非婚生子女、养子女、有扶养关系的继子女,其权利是平等的。(2)代位继承人,只限于被继承人子女的晚辈直系亲属。(3)代位继承人是多人时,也只能共同分配其父或母的应继份额的遗产。

在继承人之间,应当本着互谅互让、和睦团结的精神,协商处理继承问题,包括遗产分割的时间、办法和份额等等。这是最普遍、最理想的遗产继承方式。如果协商不成,可以由人民调解委员会调解或者向人民法院提起诉讼。

四、遗嘱继承

遗嘱继承,指公民用遗嘱的形式,将自己财产的一部分或全部,指定法定继承人中的一人或数人在他死后进行继承。

遗嘱继承有以下的法律特征:(1)遗嘱是遗嘱人的单方法律行为。(2)遗嘱是要式的法律行为,即必须根据法律规定采用一定的形式的法律行为。

遗嘱的有效条件是:(1)遗嘱人必须有行为能力。无行为能力人、限制行为能力人所立遗嘱无效。(2)遗嘱必须表示遗嘱人的真实意思。因受胁迫、受欺骗所立的遗嘱无效;伪造的遗嘱无效;被篡改的遗嘱,篡改的内容无效。(3)应当为缺乏劳动能力又没有生活来源的继承人保留必要的遗产份额。剥夺这些人继承权的遗嘱无效。(4)遗嘱所处分的客体,是符合法律规定的个人所有物。相反,处分他人的或其他法律不允许继承的权益的遗嘱无效。(5)遗嘱要取得证明。

法律规定,遗嘱的形式有如下几种:(1)公证遗嘱,由公证机关办理。(2)自书遗嘱,由遗嘱人亲笔书写、签名,并注明年、月、日。(3)代书遗嘱,要有两个以上符合法定条件的见证人在场见证,由其中一人代书,注明年、月、日。(4)以录音形式立的遗嘱,应当有两个以上见证人在场见证。(5)口头遗嘱,这只有在遗嘱人处于危急情况之下,方为有效。口头遗嘱应当由两个以上见证人在场见证。危急解除后,遗嘱人能够用书面或者录音形式立遗嘱的,原立的口头遗嘱无效。在以上五种形式中,以公证遗嘱的效力为最高;这表现在,自书、代书、录音、口头的遗嘱均不得撤销和变更公证遗嘱。如果遗嘱人立有数份遗嘱,以最后的遗嘱为准。不论以何种形式表达的遗嘱,遗嘱人都有权撤销或加以变更。

遗赠。这是指公民用遗嘱将自己的财产赠给国家、集体或者法定继承人以外的人的行为。如果受遗赠人放弃受赠,或先于遗嘱人死亡时,遗产就要按法定继承办理。

不论遗嘱继承还是遗赠,如果附有义务时,继承人或者受赠人必须履行义务。没有正当理由不履行义务的,经有关单位或者个人请求,法院可以取消其接受遗产的权利。

五、遗产处理的几个问题

(1)被继承人死亡的通知。

关于被继承人死亡即继承开始后,承担及时通知各继承人和遗嘱执行人的责任问题,法律的规定是:1.知道被继承人死亡的继承人,要及时通知其他继承人和遗嘱执行人。2.如果继承人中无人知道被继承人死亡,或者知道被继承人死亡而无法通知的,由被继承人生前所在单位或者所住地的居民委员会、村民委员会通知。

(2)遗产的保管。

存有遗产的人,应当妥善保管遗产,任何人不得侵吞或者争抢。

(3)继承和受遗赠的放弃。

继承开始后,继承人要放弃继承,应当在遗产处理前作出这种意思表示。否则,便视为接受继承。

受遗赠人应当在知道受赠后两个月内,作出接受或者放弃受遗赠的表示。到期没有意思表示的,视为放弃受遗赠。

(4)要把遗产与被继承人配偶的财产、他人财产区别开来。

被继承人与其配偶在婚姻存续期间共同所有的财产,如无约定,其二分之一应视为被继承人配偶自己的财产,而不是遗产。因此,在遗产分割之前要先将这部分划归配偶所有,其余的作为被继承人的遗产。

如果遗产在家庭共有财产之中,那么,在遗产分割时,应先分出他人的财产。

(5)遗嘱处分的财产按法定继承办理的情况。

所谓遗嘱处分的财产,指遗嘱中指定的遗嘱继承人和遗赠受领人可能得到的那部分财产。按照法律规定,遗产中的这部分财产,如有下列情况之一的,要按法定继承办理:1.遗嘱继承人放弃继承或者受遗赠人放弃接受遗赠的;2.遗嘱继承人丧失继承权的;3.遗嘱继承人、受遗赠人先于遗嘱人死亡的;4.遗嘱无效部分所涉及的财产;5.遗嘱未处分的财产。

(6)胎儿的继承份额。

遗产分割时,应当保留胎儿的继承份额。这个份额不应当低于第一继承顺序中其他人的份额。胎儿出生时是死体的,保留的份额要依照法定继承办理。

(7)遗产分割应有利于生产和生活需要。

这就是说,遗产分割时,要注意不损害遗产的效用。对于那些不宜分割的遗产,可以采取折价、适当补偿或者共有等方法处理。

(8)夫妻一方死亡后另一方再婚的,有权处分所继承的遗产,任何人不得干涉。

(9)遗赠扶养协议。

公民可以与扶养人签订遗赠扶养协议。按照协议,扶养人承担该公民的生、养、死、葬的义务,享有受遗赠的权利。公民也可以与集体所有制组织签订这种协议。按照协议,集体组织承担生、养、死、葬义务,享有受遗赠的权利。

(10)无人继承又无人受赠的遗产。

这种遗产归国家所有。如果死者生前属于集体所有制组织成员,那么,这种遗产便归所在集体所有制组织所有。

(11)清偿死者所欠税款和债务。

继承遗产应当清偿被继承人依法应当缴纳的税款和债务,但只以其遗产的实际价值为限。如果继承人自愿清偿,可例外。如果继承人放弃继承的,不负这种清偿责任。

同样,执行遗赠也不得妨碍清偿遗赠人依法应当缴纳的税款和债务。

六、涉外继承

法律规定,中国公民继承在中华人民共和国境外的遗产或者继承在中华人民共和国境内的外国人的遗产,如果是动产就适用被继承人所在地法律,如果是不动产就适用不动产所在地法律。外国人继承在我国境内的遗产或者继承在我国境外的我国公民的遗产,也按前项原则办理。只有当我国与外国订有条约或协定的,方可例外,即按照条约或协定办理。

涉外继承的这种规定同许多国家法律的规定相一致,因而便于施行。

第四章　合　同

第一节　合同的概念和意义

一、合同的概念

合同,又称契约,是双方当事人为了发生一定的权利义务关系而达成的协议。

合同的特征在于:(1)合同是双方一致的意思表示,即合意。(2)合同中双方当事人的法律地位是平等的。这意味着,它是双方自由意志的产物。(3)合同必须是合法的行为。它是根据一定的法律规范而产生的,并将导致一定的法律后果。

二、合同的意义

在我国,合同是债的发生的最重要的根据。合同制度具有十分重要的社会意义。

(1)合同是落实和实现国民计划的工具。只有通过合同,才能有条不紊地把整个社会的产、供、销的复杂关系规定下来,使其最终实现。

(2)合同有利于促进企业加强经济核算,提高经济效益。

(3)合同是发展社会主义商品经济,繁荣社会主义市场所不可缺少的手段。

(4)合同能够沟通城乡之间的经济交流,巩固和发展农村生产承包责任制。

(5)合同是提高人民的物质、文化生活的手段。

(6)合同在实现我国对外经济往来方面也是绝对不可缺少的。

第二节　合同的签订及其主要内容

一、合同的签订

合同的签订,分为两个阶段。

(1)要约。

要约,就是订立合同的提议。要约必须包括希望订立的那个合同的主要内容,而且有一定的有效期,在这个期限内要约人受其约束。

（2）承诺。

承诺，就是接受要约，而与要约人订立合同。

二、合同的主要内容

（1）合同的标的。

（2）标的的数量和质量。

（3）价金。

（4）期限。它又分为合同的有效期限与合同的履行期限。

（5）有关违约责任的规定。

第三节　合同的种类

一、计划合同与普通合同

计划合同指按照国家经济计划签订的合同。此外的合同，都属普通合同。

二、诺成合同与实践合同

诺成合同是只要双方意思表示一致就宣告成立的合同。实践合同，是除双方合意以外，还必须交付标的物，合同才算成立。如借用合同，只有交付了借用物之后，合同才具有法律效力，否则，出借人可以反悔。

三、单务合同与双务合同

单务合同，是在双方当事人中，一方只享受权利，另一方只承担义务的合同。如赠与合同、借用合同。双务合同，则是指双方当事人相互间都是权利、义务承受者。

四、有偿合同与无偿合同

这实际上是从当事人受益与否的角度来区分双务合同与单务合同的。

五、要式合同与非要式合同

要式合同，指只有采取法定形式才成立的合同。这类合同一般是标的物数量较大,或者对国民经济生活的影响较大,也有的是出于诉讼需要的考虑,即便于确定责任,如房屋买卖合同。有些要式合同,还需要到有关国家机关登记,否则合同便不能成立。非要式合同,即法律上不要求特定形式,由当事人协定来确定其形式。如一般的买卖合同。

六、为自己利益订立的合同与为第三人利益订立的合同

对于多数当事人而言,他们都是为自己利益而订立合同的。但也有一部分合同是当事人并非为自己,而是为第三人的利益订立的。这种为第三人利益订立的合同,只能是为第三人设定权利(请求权),而非设定义务;并且,自合同成立之时起,第三人便能够独立地行使请求权,也可以放弃这个权利。如,投保人为了第三人利益而与保险人订立的人身保险合同。

第四节　合同的履行、变更和担保

一、合同的履行

合同的履行,指按照规定完成了合同的内容。

合同的履行应当是实际的履行。只有当失去实际履行的可能性(如特定标的物的灭失),继续履行已无实际意义(如急需时期已过),以及法律明文规定当事人不履行合同只承担违约或赔偿责任等情况之下,合同才可以不实际履行。

二、合同的变更

合同的变更,指双方当事人对原合同的内容进行改动。广义地说,合同的变更也应当包括合同的解除。

合同变更的条件是:(1)双方一致的协议。(2)订立合同对所依据的国家计划发生了变化。(3)当事人一方已经无法实际履行。(4)由于不可抗力或无法防止的原因而无法履行。(5)因一方违约,使合同的履行成为不必要或无意义。

合同变更的程序,同其订立的程序基本上是一致的。但是,涉及对国民经济有重要影响的合同,要事先报告主管部门。

三、合同的担保

合同的担保,指双方当事人,为保证合同的履行而采取的具有法律形式的保证

措施。

合同担保的方法有如下几种。

(1)违约金。即一方不履行或没有适当履行合同时,要给付对方一定数量的金钱。违约金的规定,可能是法律的要求,也可能是当事人双方的约定。违约金的支付,有的属于惩罚性的,有的属于补偿性的。

(2)定金。即一方当事人签订合同时,预先给付对方一定数量的金钱。定金具有合同成立标志的性质,具有预付款的性质,也具有保证的性质(保证合同的履行)。如果这方当事人不履行义务时,对方就不返还定金了。

(3)留置。即一方当事人对已被自己占有的对方财产,由于对方不履行合同而采取的扣留措施。如《经济合同法》规定,承揽人接受定做人的来料加工,在定做方超过受领期六个月不领取定做物时,承揽方有权将定做物变卖,并从所得价款中优先受偿。不过,在我国,留置权的行使是比较少见的。

(4)保证人。合同中规定,当义务人不能履行合同时,由第三人代为履行。第三人就是保证人。

第五节　若干具体合同

一、买卖合同

买卖合同,就是出卖人应将出售的财产交付给买受人所有,而买受人应接受此项财产并支付价金的协议。买卖合同是双务的、有偿的、诺成的合同。在我国,对于那些以违禁品、金、银、珠宝、珍贵文物及房屋等作为标的的买卖,有特殊的规定。

二、赠与合同

赠与合同,就是赠与人自愿把自己的一定财物,无偿地转让给受赠人所有的协议。赠与合同是单务的、无偿的合同。

三、信用方面的合同

信用方面的合同,有以下几种:

(1)借用合同。即出借人无偿地将特定物交付借用人使用,借用人使用后将原物返还给出借人。借用合同是实践的、单务的、无偿的合同。

(2)借贷合同(消费借贷)。即出借人将货币或者其他种类物交付借用人所有,借用人到时归还同等数量的货币或种类物。它与借用合同的区别是:①标的物是货币或者其他种类物。②标的物的所有权发生了转移。③借贷合同可以是无息的,也可以是有息的。

(3)信贷合同。这是指国家银行(中国人民银行)、专业银行(中国农业银行、中国工商银行、中国建设银行、中国银行)、信用合作社同法人、公民之间,以及国家银行同各专业银行之间,因贷款和存款而达成的协议。

四、租赁合同

租赁合同包括;

(1)房屋租赁合同。即出租人提供房屋给承租人使用,承租人交付租金,并且在租赁关系终止时,将房屋返还出租人。这种合同的标的物是特定物,出租人不丧失所有权,所以不同于借贷合同。房屋租赁合同是双务的、有偿的合同。

(2)财产租赁合同。即房屋以外的物品的租赁。

五、承揽合同

承揽合同包括:

(1)加工承揽合同。即承揽人为定作人完成加工定做任务,定做人接受工作成果并支付报酬。这种合同有加工、定做、修缮等等。加工承揽合同的特点在于,其标的是劳动成果(加工或定做的产品、工程修缮的结果),承揽人独立地进行劳动。

(2)基本建设承揽合同(包工合同)。即发包人(建筑单位)和承包人(施工单位),就完成一定的建筑安装工程达成的协议。所谓基本建设,包括的内容有建筑工程、安装工程、机器设备的购置、勘察计划。其中的机器设备的购置是通过买卖合同实现的,其余三项均包括在承揽合同之内。基本建设承揽合同的特点在于,它有严格的计划性和严格的国家监督。

六、运送合同

运送合同,指承运人将货物或旅客运送到指定地点,托运人或旅客向承运人支付一定报酬的协议。承运人使用的运输工具种类很多。运送合同是双务的、有偿的合同。它的特点在于:(1)以国家的运输计划为基础。(2)合同履行中,往往要将权利义务转移到第三人即收货人。(3)运费多由国家行政命令予以规定,而不由双方当事人协议。

七、保管合同

保管合同包括：

（1）寄存保管合同。即寄存人将物品交给保管人保管，保管人在指定期限内返还保管物。它的特点在于：①是实践合同。寄存人把物品交给保管人，才能使合同成立。②以是否有偿这一点来决定它是单务合同还是双务合同。③标的物是特定物。

（2）仓储保管合同。即仓储人根据储存计划，为存货人保管物资的协议。它的特征在于：①主体多为法人。②属于计划合同和诺成合同。③有偿的、双务的合同。

八、委托性合同

委托性合同包括：

（1）委托合同。即委托人授权受托人，使受托人能够以委托人的名义和费用，来实施一定的法律行为。委托合同可以是有偿的，也可以是无偿的。公民和法人均可以成为委托合同的当事人。

（2）信托合同。即信托人（亦称行纪人）以自己的名义，为委托人作一定的法律行为（如购买或出卖物品等），而委托人为此给付报酬。信托合同的特点是：①信托人以自己名义为委托人办事并收取费用，这是与委托合同的根本区别。②信托合同是实践合同，委托人把要出卖的货物或要购买货物的钱款交付后，合同才告成立。③信托人一般只能是法人，就是国营信托商店。④信托合同也是双务合同和有偿合同，信托人从价款中按一定百分比提取报酬。

（3）居间合同。即居间人替委托人与第三人的财产往来作介绍，并因此而取得报酬。现今的一些信息公司，主要是经营这种业务的。

九、合伙合同

合伙合同，指两个或两个以上公民或法人，联合出资，共同经营，以便达到共同经济目的而签订的合同。

合伙合同有如下特征：

（1）每个合伙人必须出资，并且共同参与经营活动。

（2）合伙人彼此的权利、义务是并列的。

（3）用合伙人的联合资金购置的财产，属于合伙人的共有物。

（4）偿付共同债务时，首先要动用共有物；只有当共有物不足以清偿，才由合伙人用其他财产按各自在合伙中的份额比例负责清偿。

十、保险合同

保险合同,指投保人交纳一定费用即保险费,而保险人在约定的事故发生时,按规定补偿投保人的财产损失即支付保险金的协议。

保险合同主要可分为财产保险合同与人身保险合同两大类。从另外的角度,也可分为强制保险和自愿保险,等等。

保险合同的特征是:(1)保险人只能是国家的法人。(2)财产保险的投保人,必须同被保险的财产有利害关系;而人身保险的投保人,可能是被保险人本身,也可能是同被保险人有关的人。(3)保险合同的标的,是保险的财产或者被保险的人身。(4)引起保险人履行义务(补偿)的法律事实是事故,在两全保险(不管被保险人在保险期届满时是否死亡,均能领取保险金)中则是时间的推移。(5)补偿金额。对于财产保险,不超过保险金额;对于人身保险,由于死亡、伤残和两全保险而有所不同。

第五章　损害赔偿

第一节　损害赔偿的概念

损害赔偿,指加害人不法侵害他人财产或人身权利,并造成财产损失时,受害人有请求赔偿的权利,加害人负有赔偿的义务的一种民事法律关系。

损害赔偿具有如下的特征:

第一,损害赔偿是一种违反民事法规或按照民事法规应该承担民事责任的行为。

第二,损害赔偿是由加害人承担的财产责任。

第三,损害赔偿是因为侵害他人所有权或人身权利而引起的,就是在双方当事人之间事先并无债权、债务关系的情况下发生的。这种情况,习惯上叫作"侵权行为"。损害赔偿正是对于侵权行为的制裁。这一点就把损害赔偿同对于不履行债的义务等民事制裁明显地区别开来。由此可知,它是损害赔偿民事法律关系的最突出的特征。

第二节　损害赔偿的一般责任构成

一般而言,构成损害赔偿民事责任的条件,有四个方面。

第一,损害的事实。

第二,加害人的行为是违法的。相反,如执行职务、正当防卫、紧急避险等均是合法行为,所以不负民事上损害赔偿的责任。

第三,违法行为与损害结果之间有因果联系。

第四,加害人有故意或过失,即有过错。

第三节　损害赔偿民事责任的特殊情况

一、混合过错

混合过错,指损害事实的发生,加害人有过错,被害人也有过错,双方均应承担民事责任。这时,加害人的责任得以减轻。就是说,加害人最终要承担的是两者造成损害的差数。

二、共同致人损害

共同致人损害,指两个或两个以上加害人共同实施侵权行为,而造成他人损失。此时,共同加害人对于受害人负连带责任。就是说,受害人有权向加害人全体或部分或其中的任何一人,请求赔偿损失的全部或一部分。

三、无行为能力或限制行为能力人致人损害

(1)未成年人致人损害,由其法定代理人负责赔偿。有经济收入的未成年人致人损害,他和他的法定代理人负连带责任。

(2)精神病人致人损害,由其监护人负责赔偿。

(3)因患病突然丧失意识和意志能力者致人损害,不负责任。

(4)酗酒及服用麻醉品者致人损害,承担完全的民事责任。

四、法人工作人员在执行职务过程中致人损害

法人工作人员在执行职务过程中致人损害,法人要承担赔偿责任。但事后,法人可以向有过错者进行追偿。

五、从事高度危险业务人致人损害

这里所谓高度危险业务,指高空、高压、高温、易燃、易爆、剧毒、放射性等对周围环境具有高度危险的业务。从事这种业务的人即使本身没有过错,也要承担民事赔偿责任。当然,由于受害人自己的责任,可以例外。

六、饲养动物致人损害

饲养动物致人损害,由动物饲养人或管理人承担民事责任。

第四节　赔偿的原则和范围

(1)对人身侵害并造成财产损失时,应赔偿侵害人的财产损失。

(2)对财产造成损失,原则上要全都赔偿。

(3)要根据加害人的经济负担能力,责令其赔偿。

(4)共同致人损害,应负连带责任。

经济法学

第一章　总　论

第一节　经济法的概念

经济法,是调整国家机关、社会组织及其他经济实体(个体户、专业户、公民的集体经济组织等),在国民经济管理过程和经济协作活动中的地位及所发生的经济关系的法律规范总和。

作为经济法调整对象的经济关系,是纵向的隶属关系和横向的协作关系两方面有机统一的关系。

这表明,经济法调整的范围包括:

(1)国家机关、社会组织及其他经济实体间在经济管理方面的经济关系。主要表现为领导、组织和管理国民经济的上下隶属关系。

(2)社会组织和经济实体相互间的经济交往与协作活动方面,以财产为内容的平等的经济关系,还要确定各经济法关系主体的法律地位。

(3)各国家经济管理机关内部和各经济实体内部的纵向和横向关系。

第二节　经济法的基本原则

(1)严格遵循客观规律。这些规律包括社会主义基本经济规律,有计划按比例发展规律,按劳分配规律,价值规律等经济规律,也包括各种自然规律,以保证社会生产力的高速度发展。

(2)维护和发展社会主义所有制及公民个人的财产所有制,兼顾国家、集体和个人的利益。

(3)国家集中统一领导与经济组织相对独立二者的结合。

(4)责、权、利以及经济效益相结合。这是经济法区别于其他法部门的最突出的一项原则。

①"责",指承担经济法律责任的制度,这是经济法律关系所具有的属性。经济法律责任,是通过违反法定义务而表现出来的。如违反合同一方要支付违约金、赔偿金,

等等。

　　这种"责",对上下级组织关系方面也是适用的。如下级组织未完成对国家承担的经济义务或任务,以及上级组织因管理失误而给下级组织造成经济损失,都要承担经济法律上的责任。

　　②"权",指享有一定的经济法律关系中的权限。这里,最主要的是国营企业的经济管理自主权。扩大各种经济组织地权限,是当前经济体制改革的重要方面。但是,如同权利义务的关系一样,权限与责任也是成正比例关系的。这表明,经济法赋予的责任有多大,其权限也要与之相适应。

　　③"利",指保障经济法关系主体的合理利益。经济法关系中的"责"和"权"必然同"利"紧密相关。不论是就不同经济成分之间的关系来说,还是就企业的上下和内部关系来说,都要坚持国家、集体、个人三方面利益的兼顾,保证在物质利益方面国家得大头,企业得中头,个人得小头。这样,就能激发集体或企业与个人的生产和管理的积极性,又使国家获得好处。

　　④经济效益,就是指不管是经济管理,还是经济经营,一律要讲求实效。从国民经济总体上看,"利"字是来源于经济效益的。没有经济效益或者经济效益不高,也就没有或极少有什么"利"可图的。这样,就达不到民富国强的目标。由此可知责、权、利最终均以效益见分晓。

　　为了保障经济效益,就要求采取一系列的措施,从计划、管理、经营直到企业之间的合理竞争以及奖惩制度等等。

　　总之,责、权、利、效,都是使一切社会主义经济组织和一切劳动者,能同切身利害方面联系起来搞好生产,搞好经济。

第二章 分 论

第一节 国民经济计划法

一、计划法的概念

国民经济计划法,就是用以调整国家机关、企业、事业单位、农业单位和其他经济单位在经济计划的编制、审批、执行、检查、监督过程中所发生的各种关系的法律规范的总和。

国民经济计划法,以国民经济计划为中心课题。所谓国民经济计划,是国家机关制定的有关生产、交换、分配和消费方面的总体方案。我国经济计划是包括国民经济、科学技术、社会发展的综合计划。它的任务是确定国民经济和社会事业发展的方向、目标、布局、规模、速度、比例、效益,调节各经济单位间、各种经济成分间、行业间、地区间,以及生产、变换、分配、消费间的关系,不断提高生产力,调整生产关系,有计划、按比例地发展国民经济和社会事业,满足人民不断增长的物质文化生活的需要,促进国家的四化建设事业的发展。计划法,就是把这种国民经济计划加以法律化,用国家的约束力保证其实施。

二、计划法的特征

(1)主体。

计划法律关系的主体,是指以国家为主导的各部门、各行业、各地区及其他组织,数量众多。

(2)客体。

计划法律关系的客体,是主体的权利义务所共同指向的对象。计划体系虽然是十分复杂的,纵横交错的,但其客体却是一致的,即一定的行为。具体说,是组织、领导、管理和实施计划工作的行为。

(3)计划法律关系的内容。

计划法律关系的内容,就是主体间的权利义务本身,是这种权利、义务的统一。在纵向的主体之间一般是领导和被领导的关系,就是具有权力关系的性质。虽然如此,也有权力和责任的统一问题。至于横向主体间的权利、义务的对应和统一,更容易理解。

　　(4)计划法律关系的范围。

　　计划法律关系,由于其主体众多,内容广泛,因而其范围也就非常宽阔。

三、计划法的意义

　　(1)计划法是社会主义生产资料所有制这种经济基础所产生的有计划、按比例地发展国民经济的客观经济规律的体现,是社会主义制度优越于资本主义制度的重要表现。

　　(2)计划法是正确地实现用经济方法管理经济的不可缺少的手段。对于国民经济的管理有行政方法、经济方法和法律方法,三者都是不可缺少的。其中,法律方法则是前两种方法的一种确定的、稳固的手段,并且使它们最终体现在经济效益上。离开法律方法,行政命令就不免要脱离正确的轨道,会出现瞎指挥或强迫命令,违反客观经济规律。另外,离开法律,经济方法就会脱离领导而陷于盲目性。强调计划法,就能保证经济计划的权威性和科学性紧密结合起来。

　　当前,党和国家提出的对内搞活经济、对外实行开放的政策,就应当用计划法来确定和保证贯彻实施。

四、计划体系和指标体系

　　(一)计划体系

　　计划体系,是由各种国民经济计划所构成的有机整体。

　　计划体系主要可以从三个角度上加以分类:(1)从空间上,分为全国计划(中央计划)、地方计划、基层计划、行业与专项计划。(2)从时间上,分为长期(十年以上)计划、中期(五年)计划、短期(年度)计划。(3)从内容上,分为国民收入、工、农、商、国防、科技、文教卫体、进出口、市场、人口等计划。其中,时间性的计划是综合性的,是最能显示经济和事业进步状况的计划,因而也就是最重要的计划。

　　长期计划,是一种战略的、宏观的计划。它对于中期和短期计划来说,是方向性和指导性的计划。像党中央提出的到本世纪末把国民收入翻两番,使全国人民平均达到小康水平,并为此提出二十年内为保证达到这个目标要狠抓农业、能源、交通、教育和科学几个环节,就是长期计划的一些要领。

　　中期计划即五年计划,是最主要的、基本的计划。它是连接长期计划和年度计划的中间环节。以五年为一期来测定和安排大中型工程建设、土壤改良、重大科技项目、人才培养等,是比较适宜的。

　　年度计划,是实施五年计划的具体计划。

长、中、短计划应构成一个严密的整体,使长远和近期、宏观与微观、战略与策略得到充分的协调。

(二)指标体系

计划任务是要通过一定的质量和数量相结合的数据表现出来的,但由于任务不同,指标也有区别。由各种不同指标结合为一个彼此联系和依存的整体,就是指标体系。

指标体系中包含有三类指标:

(1)指令性指标。

这是有关国家机关以法律规范形式下达的指标,负责执行的单位必须如实地加以完成。指令性指标一般是涉及国计民生的重大项目或需要全国范围进行平衡的项目。这种指标由国家计委提出,报经国务院决定。省级政府在保证完成中央计划的前提下,也可增列少数区域性的指令性指标,报国务院批准。

(2)指导性指标。

这是用以指导计划执行单位的活动,但不采取硬性或严格法律规范形式的指标。这种指标一般适用于不采取国家计划调拨和分配的重要产品或比较重要的产品。这种指标,主要靠经济调节和引导的手段使其在有关经济单位实现。这些经济单位有权根据实际情况作出恰如其分的安排,但要报下达任务的上级机关备案。指导性指标项目,区分不同情况,由国务院和省级政府授权计划机关和主管机关确定。

(3)预测性指标。

这是由国家大体上加以预测,靠市场法则自动调节的产品。它们一般是三类物资、小商品及企业在完成国家计划后有权自行产、销的商品。凡不属于指令性和指导性指标的,均可自行安排。

五、综合平衡

综合平衡,就是国民经济计划中所包含的,国民经济和社会事业各方面、各领域的适当比例关系。

综合平衡中包括的比例关系,主要是社会的积累和消费的关系,农、轻、重的关系,以及各部门内部的关系,以期保证生产和人民生活的稳步发展。

综合平衡,既是计划制定的工作,也是计划实施的工作。综合平衡必须注意到:(1)要从全面出发,并做到对全面情况胸中有数,充分重视经济信息和预测,提高计划的科学性。(2)要充分看到各种潜力,但又要留有余地,采取科学的态度。(3)贯彻上下一致、相互合作的精神,实行民主集中制。

六、计划管理

（一）计划管理体制

实行三级计划管理体制。

（1）中央计划管理，由国务院执行。确定国民经济发展的基本方针、任务、指标、措施及重大的综合平衡。

（2）省级计划管理，省级政府执行。确定完成中央计划的措施，及本辖区的发展计划。

（3）县级计划管理，县级政府执行。

各级政府计委是实现计划管理的专门职能机构。

（二）基层计划单位的权限

基层计划单位，指实行独立经济核算的企业、事业单位，农村以原社队组织为基础建立的经济联合体，及其他经济组织制定和实施的计划。

基层计划单位的权限是：（1）在完成中央、地方及行业计划的情况下，有权依社会需要独立地进行生产和流通。（2）编制生产、销售、财务、福利设施等计划。（3）按照国家规定进行固定资产投资，更新设备，改进技术。（4）经批准可以直接进行对外贸易活动。（5）对上级违法或显然会造成损失的计划或指标，有权要求重新考虑或拒绝执行。

（三）计划程序

计划程序指计划管理的各具体环节，包括计划的编制、审批、下达、执行、调整、检查、监督。

（1）编制。

中央计划编制采取"一上两下"的做法。长期计划和五年计划，在计划期的一年前，年度计划在上年十月前，由国务院提交全国人民代表大会或其常务委员会审批。其它计划，比照这个办法进行相应安排。

（2）审批。

其权限是：全国（中央）计划由全国人民代表大会审批；地方计划由各级人民代表大会审批。全国行业和专项计划由国务院审批；地方行业和专项计划由地方各级政府审批。

（3）下达。

中央计划，由国务院下达到它的各职能部门及省级政府，然后再逐级下达到基层计划单位。全国行业和专项计划由国务院主管部门下达到省级主管部门及直属企业，抄送同级政府。地方计划，由各级政府下达，地方行业和专项计划由省级主管部门下达，大中型企业组织计划由主管部门下达。农业生产、收购计划、全国生产计划下达到县。年度计划要在前一年十一月前下达到基层。

（4）执行。

计划一经下达便具有法律效力。有关单位必须如实地、努力地执行。

（5）调整。

对计划,任何单位都无权修改。但是,当出现重大情况变化或需要时,下级机关可向上级机关申请调整,有关权力机关也可主动调整。

（6）检查、监督。

经常进行检查和监督是正确、及时地完成计划的重要保证。检查和监督有下列几个主要方面:（1）权力机关（人民代表大会及其常务委员会）的检查和监督。（2）行政检查监督,即国务院及其各职能部门、地方各级政府、各级计委的检查和监督。（3）业务监督,即统计、财务、税务、银行、物价、物资供应、工商行政等部门的监督。（4）人民群众和党组织的监督。

（四）计划责任

计划责任,就是奖惩制度。前面已经指出,任何计划法律关系主体都有权利和义务,这就是它们责任的根据。有计划而无责任制度,计划就是废纸。这方面已有长期的教训。

计划责任制度就是奖惩制度。凡对编制和执行计划成绩出色,从而取得较大经济效益的,对计划编制、执行提出有效的合理化建议的,能积极地同违反计划行为作斗争而避免国家财产招致重大损失的,都应加以奖励。

凡违背权限、程序的,弄虚作假的,有人为重大错误的,擅改指令性指标的,拒不执行计划指标的,盲目蛮干或消极怠工而造成重大损失的,违背物资和款项管理的,泄露计划机密的,无故不履行合同的,一律加以惩罚。

第二节 基本建设法

一、基本建设法的概念

基本建设法,是调整基本建设关系的法律规范体系。

基本建设是固定资产的生产活动。其中包括生产性基本建设和非生产性基本建设在内。它有新建、改建扩建、恢复三种。基本建设是国家四化建设、满足人民生活需要的重要物质前提。

基本建设有限额以上和限额以下两类项目。基本建设法要确定这两类项目的界限,并着重于调整限额以上的基本建设关系。

二、基本建设的管理

(一)计划管理

计划管理实行"统一计划、分级管理"原则,明确中央与地方在计划管理权限上的划分。

在计划管理方面,重要的是坚决保证国家的重点建设项目,严格控制基本建设的规模。为此必须对资金使用、信贷,以及建设项目的审批和责任等规定严格的纪律。坚决处分乱搞计划外项目、冲击重点建设项目的违法行为。

(二)资金管理

凡是用于计划项目的基本建设资金,包括国家预算拨款、银行贷款、地方和企业自筹、外国投资等各种渠道的资金,一律由国家计委管理,并通过建设银行统一控制,按计划监督使用。

为了加强经济核算,提高经济效益,应逐步地把基本建设的国家拨款改为银行贷款。自筹资金的来源,必须正当和落实,并且要限制突破国家批准的计划。

(三)物资管理

基本建设需要大量物资。它们分为国家计委掌握的统一分配物资,国务院各主管部门掌握的部管物资,省级掌握的地方管理物资三大类。前二类由国家物资局分配办理。建设或施工单位要通过合同与供应单位发生关系。

其次,基本建设的物质管理中,还应包括征用土地的法律制度。

三、基本建设程序

基本建设要收到预期的经济效益,要有步骤、有计划、有秩序地进行,这就需要从基建项目的建设计划到建成投产,都经过一定的法律规定阶段。

这些阶段是:(1)在充分调查研究基础上,提出关于项目的可行性报告和编制计划任务书,其中包括按照国家布局而选定的地点。(2)计划任务书经批准后,提出施工计划方案和总投资的概算。(3)进行施工。(4)竣工验收,清理物资,完成转账手续,接受使用。

四、违法责任

(一)违反计划管理责任

对计划内项目要实行财政、统计、业务的监督。对计划外项目和停建缓建项目,在施工、物资、拨款、贷款方面加以拒绝,并对有关负责人追究责任,必要时给予经济的、法律的制裁。

(二)违反工程质量责任

凡因过失而发生工程质量事故,使国家财产和人民生命安全受到危害的,要及时地、严格地处理。

(三)违反合同责任

按照合同规定处罚,并追究主管部门责任。

(四)违反资金管理责任

建设项目总投资规模,包括预算拨款、自筹资金、银行贷款,均由国家计委和省级计委加以综合平衡,未经批准而突破投资指标,要追究责任。

第三节　国营工业企业法

一、国营工业企业法的概念

国营工业企业法,是调整国家对国营工业企业的管理和国营工业企业生产经营活动的法律规范体系。

国营工业企业是社会主义全民所有制企业。它是实行独立经济核算和经营管理的经济单位。国营工业企业有单厂企业和各个不同工厂结合成的企业公司两种组织形式。

国营工业企业法所调整的经济关系,分为纵向和横向关系。纵向关系包括国家对企业的关系和企业内部的领导、被领导关系。横向关系包括企业间和企业内部各单位间的并列关系。

国营工业企业在国民经济体系和四化建设中起着主导作用。这一点就决定了国营工业企业法的重要意义。

二、国营工业企业的法律地位

国营工业企业是经济法律关系的主体,或经济法人。

国营工业企业的开办须经一定的法律程序。即根据其经营性质和规模、产销范围,分别由国务院,或国务院的有关部门,或省级政府进行审批,并在其所在地的市或县工商行政管理部门登记,才可以取得法人资格。它们的关、停、并、转与迁移,也要经过同样的手续。

国营工业企业作为一个经济法人,所必备的法律特征是:(1)有稳定的组织机构。

(2)在国家授权范围内,对于它所经营管理的财产有独立支配权。(3)能以自己的名义开展经济活动。(4)能在经济仲裁或经济诉讼中,成为独立的主体。

国营工业企业的基本权利有生产计划、物资采购、产品销售、外贸(有出口任务的企业)、财务管理、劳动管理等权利。其基本义务有:严守国家的方针政策和法律,完成指令性计划和履行合同义务;全面搞好经济核算义务;证实产品质量义务;搞好企业职工的劳保和福利的义务;保护国家财产的义务;缴纳税金、利润或其他费用的义务。

三、国营工业企业的内部领导体制

(一)厂长负责制

厂长是企业的最高行政领导人,对企业的生产、行政工作全权负责。厂长的法定权限是:(1)统一指挥生产经营活动。(2)调度处理企业的资金、物资和人员。(3)对职工的奖惩。(4)紧急情况下的随机处理权。(5)对党委或职工大会决定提出异议权。

(二)职工代表大会制

职工代表大会是依靠全体职工办好工厂的重要形式,是工厂管理的民主集中制的重要部分。它是"实现职工民主管理权力的机构"。

职工代表大会的代表是由职工选举产生,每半年至少开会一次。代表会议的选举和决议须经全体代表二分之一以上通过。职工代表大会设常任的主席团主持工作。

职工代表大会的职权是:(1)审议厂长工作报告,生产建设计划,财务预决算,重大的挖潜、革新、改造方案和经营管理重大问题,并作出决议。(2)决定企业劳保、福利、奖励基金的使用,职工住宅分配和奖惩办法。(3)通过企业体制改革、工资调整方案、职工培训计划、全厂性规章制度。(4)监督企业干部,提出对其奖惩建议。(5)选举企业行政领导人员,报请上级任命。

四、国营工业企业的外部关系

(1)国营工业企业在生产行政上只受主管机关的领导。

(2)国营工业企业相互间是平等的关系,经济往来通过合同实现,进行社会主义经济竞争。

(3)国营工业企业要遵守地方政府有关管理本行政区域的决议、命令,要积极支持地方政府的工作。

地方政府对国营工业企业的责任是:①保护其财产和合法权益。②解决企业建设需要的土地征用问题。③物资供应。④兴办企业职工福利事项。

第四节　商业法

一、商业法的概念

商业法,是调整国家对商业企业管理活动和商品流通活动关系的法律规范体系。

商业企业或单位履行城乡、工农业、生产与消费之间商品交换的职能。它包括收购、销售、调拨、储存等环节。

我国商业单位有全民所有制的国营商业企业、合作商业、个体商业等。其中以国营商业企业居主导地位。

我国实行社会主义的有计划的商品经济,因此,商业法的任务就在于大力维护和发展社会主义社会商品流通的秩序,以保障生产的发展和人民生活物资的供给。

二、商业企业管理体系

(一)商业的行政管理机构

商业行政管理机构分四级,即中央(商业部)、省级、县级、乡级。它们的职责是计划方面的管理,规章制度方面的管理,检查监督方面的管理,商业经济组织进行活动方面的管理。一般不准经营企业(政企分开)。

(二)商业的经济管理机构

商业的经济管理机构,是专业公司系统。专业公司担负双重职能:它既是国家管理本专业商业企业的环节之一,又是经济核算单位。专业公司分为全国性的专业公司系统(如商业部的中国百货公司)和地方性的专业公司系统。

(三)商店

商店,指独立核算和经营批发、零售商品的机构。

批发商店是作为商业企业进行收购工农业产品,以供应生产企业或供应零售商业企业转卖的、独立从事批发活动的经济单位。批发商业企业又分为工业品批发商业企业和农产品采购企业。

零售商店(或企业)是直接为消费者服务的独立经营单位。

三、商品管理

社会主义商业对商品实行计划管理,即对商品及其指标加以控制。

按照商品的重要性和需要调剂的范围,国家把它们分成三类:

第一类商品,由国务院或其委托有关部委安排计划和统一平衡。这类商品包括粮食、食用油、棉花、棉布、汽油、煤油、煤炭等。

第二类商品,由国务院主管部门在统一计划的基础上,对省级实行差额调拨。这类商品包括生猪、鲜蛋、毛竹、茶叶、铁丝、圆钉、缝纫机、自行车、中药材等三百余种。

第三类商品,由各地区自行管理。这类商品指除一、二类以外的各种商品。

列入各级计委和商业部门计划的商品,即一、二类商品和部分三类商品,为计划商品。其他为非计划商品。

四、市场管理

市场管理,是国家对于生产者和经营者在市场进行商品买卖活动的行政管理。

社会主义市场,由国营经济、集体经济和个体经济所组成。其形式有批发站、商场、物资交流会、集市等。它们均由工商行政管理部门管理,包括企业登记、商标管理、物价管理、产、供、销管理等各个环节。在管理中要注意遵守国家的搞活经济政策和法律,又要取缔各种非法的经济活动。

五、价格管理

商品价格的管理制度是:在国务院统一领导下,由国务院各部委和省级来分级管理。物价的政策、法规、计划,由国务院制定和批准。重要的工、农业产品和交通运输的价格,由物价局与国务院有关业务主管部门管理;次重要的价格,由各级地方政府物价部门与有关业务主管部门管理;其他价格,工商企业有权在政策范围内自行定价。

在当前的经济体制改革中,为了改革价格管理,一方面是调整商品价格,另一方面是改革过分集中的价格管理体制,逐步缩小国家统一定价的范围,适当扩大有一定幅度的浮动价格和自由价格的范围,使价格能够比较灵敏地反映社会劳动生产率和市场供求关系的变化,较好地适合国民经济发展的需要。

六、违法责任

1.违反市场管理的法律责任,主要是为了打击走私和投机倒把活动。

2.违反物价管理的法律责任,就是要对随意提价、变相涨价、哄抬议价的行为进行法律追究。

第五节　财政金融法

一、财政法

（一）财政法的概念

财政法，是调整有关国家财政收支和管理关系的法律规范的总和。

财政是国家本身对部分的社会产品（资金）直接进行分配、再分配的活动。财政关系以行使国家权力和无偿性为特征，同双方当事人自愿有偿的民事法律关系是不同的。我国财政法的任务，在于保证完成国家财政收支，以促进整个社会主义事业的发展。

财政法主要包括预算法和税法。

（二）预算

预算，是财政的重要组成部分。它指的是有关国家机关和社会组织，在一定期间内的资金收支计划。

我国预算管理体制，主要有以下几个环节：（1）权力机关系统：全国人民代表大会及其常务委员会，是国家预算的最高权力机关；地方（县以上）各级人民代表大会及其常务委员会，在保证国家预算的前提下，行使本地区的最高预算职权。（2）政府机关系统：国务院，全面地负责组织实现国家预算；县以上各级政府，全面地负责组织实现地区内的预算。（3）财政机关系统。各级财政部门，是各级政府管理预算的专门职能部门。（4）企业、事业、行政单位，要负责完成自己的收支预算。（5）主管国家预算资金的出纳工作机关，是国家金库，它的职能由中国人民银行代理。

预算的编制、审批和执行的程序，是同上述预算管理体制相一致的。这几个环节也是由法律加以确定的。

在预算的概念中，应包括决算，即国家预算执行的总结。

（三）税收

税收，是国家依照法律确定的范围，强制地和无偿地取得财政收入的经济活动。税收的法律关系，表现为国家与纳税人之间的关系。税收是国家积累建设资金的重要方式，是管理国家事务和发展生产的经济支柱，从而是发展国民经济、提高人民生活的有力手段。

目前我国的税收种类，主要是：（1）工商税，按其营业额收税。（2）工商所得税，按其利润征税。（3）盐税，根据销售量和地区差价征税。（4）地方税，包括：工商税中的屠宰税，城市房、地产税，车船使用牌照税，集市交易税，牲畜交易税五种。（5）农业税（公粮）和牧业税。（6）关税，即由海关对进、出国境货物和物品的征税。

我国税收制度结构包括的要素:(1)征税对象。对流转额、收益额、财产、一定行为(如屠宰、使用车船等)四种对象征税。(2)纳税人。一切有纳税义务的组织和个人。(3)税率。即税额与征收对象间的价值比例,其中包括比例税率、累进税率、定额税率三种。(4)减免税。对某些纳税人和征税项目给予鼓励和照顾减税、免税。(5)对违反税法的行为给予处罚。包括加收滞纳金、处以罚金或刑事处罚等。

二、金融法

(一)金融法的概念

金融法,是确定金融机构地位和调整货币资金流通关系的法律规范的总和。

(二)金融管理体制

根据集中统一领导和专业化相结合的原则,我国目前的金融管理机构包括如下几个部分:

1.中国人民银行。它作为国务院的组成部分,首先是国家管理金融事业的行政领导机关,同时又是国库代表。

2.专业银行:(1)中国农业银行,办理农村信贷。(2)中国银行(由中国人民银行代管),是我国唯一的外汇专业银行。(3)中国人民建设银行,管理基本建设投资的专业银行。(4)工商银行,办理工商信贷和储蓄业务。(5)其他金融机构:①国家外汇管理总局。制定外汇法规,平衡外汇收支,公布外汇比价等。②中国人民保险公司(由中国人民银行领导)。③农村信用社。它是农村集体金融组织,又是中国农业银行的基层组织。④中国国际信托公司。办理引进外资、先进技术,举办中外资合营企业,接受外国企业委托,承办代理业务等。

(三)货币管理

我国对货币实行统一管理,人民币是唯一的国家货币。

货币发行,只能由中国人民银行进行。不经国家特许,禁止人民币以外的货币在市场流通。

货币管理也包括现金管理。国家要求一切组织的现金库存超过限额的部分,必须存入银行,银行还要对它们提取现金进行监督。

(四)信贷管理

信贷,指银行收存和借贷资金的活动。

在我国,信贷由银行集中办理。银行的信贷活动,有资金来源和资金运用两方面。

银行资金来源包括:自有资金(国家拨给);农业长期贷款资金(专用拨款);各种存款,金库存款、组织与公民个人存款等;结算过程中的资金;国家发行的货币。

银行贷款,要按计划进行;贷款要有物资保障,要求按期归还。贷款对象,主要是从事生产和商品流转的单位,行政和事业单位一般不予贷款(它们也没有还款来源)。贷款有很强的政策性。

（五）外汇管理

外汇,即是以外国货币单位表示的、用于国家之间的信用凭证和支付凭证。

我国对外汇实行"集中管理,统一经营"的方针。集中管理,就是集中到国务院授权的国家外汇管理总局来管理。统一经营,就是实际外汇业务活动统一地由中国银行进行。但按外汇的部分分成办法,现在地方和企业也有了一定的外汇使用权。

按国家规定:境内一切组织,未经批准,不得把外汇存入国外或港澳地区,不得保存外汇。任何单位和个人,都不得私自以外汇计价,不得经营外汇。各组织收、付外汇均要通过中国银行办理。不得以其抵作外汇支出,也不得借用、调用、挪用任何我国境外单位的外汇。私人的外汇收入,除国家许可存留的,一律要卖给中国银行,而其所需用的外汇由中国银行按规定卖给。

违反国家外汇管理法的行为,如走私、套汇、逃汇、倒卖外汇等,要依法处理,严重的要处以刑罚。

第六节　中外合资经营企业法

一、中外合资经营企业法的概念

中外合资经营企业法,是调整中外合资企业在建立、发展以及终止生产经营管理过程中所产生的各种关系的法律规范的总和。

中外合资经营的企业,其法律特点是:(1)这种企业的所在地,只是在中国境内。(2)它是中国法人,受中国法律管辖和保护。(3)由于它是与外资合营的,因而同本国一般企业在性质上有所区别。国家也对它适用不同的政策。

中外合资经营企业这种经济组织形式,对于引进外资和外国先进技术,促进国家四化建设,有重要意义。这种制度是中央实行对外经营开放政策的一个环节。

二、中外合资经营企业的兴办和存在期限

中外合资经营企业的制度,体现了我国独立自主、贯彻平等互利和参照国际惯例这样三项主要原则。

合营各方首先要签订合营的协议、合同、章程。然后报请"中华人民共和国外国投资管理委员会"(归对外经济贸易部领导),在三个月内决定是否批准。最后,如经过批准,就要在一个月内向"中华人民共和国工商行政管理总局"登记,发给营业执照,开始营业。

　　合营企业合同的期限,由合营各方商定。我国法律没有对这种期限作具体规定,目前已经批准的企业都不超过三十年。

　　合同期满前六个月,如果双方同意延长其期限,要报请原批准机关批准,方可延长。如果没有申请延长,或者延长申请未获批准,合营企业即告终止。

　　在合营期满前,如发生严重亏损、一方不履行合同和章程规定的义务、不可抗力等,经合营各方协商同意,报请原批准机关批准,并向原登记机关登记,可提前终止合同。

三、中外合资经营企业的经营管理

　　(一)合营企业的管理机构

　　董事会是合营企业的最高权力机构。其中,设董事长一人,由中国合营方担任;副董事长一至二人,由外国合营者担任。企业内部的一切重大问题,由董事会讨论决定。

　　董事会下设经理部,进行企业的日常工作。其中包括由董事会聘请的总经理一人,副总经理若干人,由合同双方任何一方的人担任均可。

　　(二)注册资本和利润分配

　　注册资本,即载入合同并经主管机关批准的投资。其中,外国合营者的投资比例,一般不低于百分之二十五,但也没有限定为百分之五十。资金包括:(1)现金。(2)外国合营者提供的确实适合我国需要的先进技术和设备。(3)中国合营者提供的场地。注册资本如果转让,必须经合营各方同意。

　　利润分配的原则,是从企业毛利润中扣除应缴纳的所得税、合营企业章程规定的储备基金、职工奖励及福利基金和企业发展基金以后所得的净利润,按照合营者各方注册资本分配。例外的情况是:(1)企业当年没有获得利润,不提取后三种基金。(2)如果过去尚有未分配的利润可弥补当年亏损,弥补后仍有剩余,是否提取这三种基金,由董事会决定。(3)上年度造成亏损未得到弥补前,当年利润不得分配。(4)如果上年度利润没有分配,或分配后尚有剩余,其余额可并入本年度利润,统一分配。

　　(三)企业生产经营管理

　　合营企业的生产经营计划,要报主管部门备案,并且通过经济合同的方式执行。

　　企业所需原材料、燃料、配套件等,应尽先在中国购买;也可由企业自筹外汇,直接在国际市场购买。

　　鼓励企业向中国境外销售产品。需要时,可在境外设立分机构。合营企业有需要时,也可在国内市场销售。

　　(四)企业劳动管理

　　在合营企业劳动管理问题上,法律作了下列的规定:

（1）劳动合同，由企业同本企业的工会组织集体签订。其内容包括职工的雇佣、解雇与辞职、工资福利、劳保待遇、工作时间与假期、劳动纪律与奖惩制度。

（2）企业雇用职工，可由当地企业主管部门或劳动管理部门推荐；也可由劳动管理部门同意后，由企业自行招收；但均须由合营企业考试，择优录用。解雇的条件是，由于企业技术构成水平提高或生产环节变化，经培训仍不能适应要求，也不宜改调工种时，方可解雇，但要给予补偿，并由劳动管理部门另行分配。自愿辞职者，不发补偿费。职工受到开除处分，须报经企业主管部门或劳动管理部门批准。职工的雇用和解雇，事先要规定在合营各方的协议和合同之中。

（3）工资待遇，要体现社会主义按劳分配原则。合营企业职工的工资水平，应为所在地区同行业国营企业职工实得工资的百分之一百二十至一百五十。职工的劳动保险、医疗费及各项补贴，不得低于国营企业标准。

（4）劳动争议首先由争议双方即企业与职工协商解决。经过协商仍不能得到解决时，报请劳动管理部门仲裁。若不服仲裁，可向法院起诉。

（五）税收管理

合营企业的所得税是毛利润与税率的积。税率为百分之三十，再加上地方所得税，共百分之三十三。这是低税率。

另外，还规定许多减免所得税的优惠条件：（1）所办合营企业，期限十年以上的，开始获利后，第一年免征所得税，第二、三年减半征收。（2）对农业、林业利润较低的企业，或在经济不发达的边远地区开办的合营企业，除头三年的免、减所得税外，还在以后十年内继续减征百分之十五至三十的所得税。（3）亏损或没有盈利时，免征所得税。（4）外国合资者以所分得的利润进行再投资的，如期限不少于五年，则退还再投资部分已纳所得税的百分之四十。

外籍职工的工资和其他收入应缴纳的所得税，按《中华人民共和国个人所得税法》中的规定办理。

（六）外汇管理

吸收外资，就是吸收外汇。所以，合营企业要在中国银行或经中国银行同意的银行开户。

在经营活动中，企业可直接向外国银行筹集资金。但各项保险要向中国保险公司投保。

合营企业在国外的分支机构，要在当地的中国银行开户。

合营企业停办，资金要外转时，要由外汇管理总局监督清理工作，再由中国银行按外汇管理条例规定予以汇出。

外国合营者纳税后的纯利润，可按合同规定的货币，通过中国银行汇往国外。

四、合营各方争议的处理

合营各方发生争议的解决程序,依法分三种:(1)董事会内部协商。(2)中国仲裁机构调解。(3)中国仲裁机构(即中国国际贸易促进会对外经济贸易仲裁委员会)仲裁。但根据合营协议,也可由被告一方国家仲裁机构仲裁,或请第三国仲裁机构仲裁。如果合营协议没有规定,任何一方均可向中国法院起诉。

第三章　经济纠纷的调解、仲裁和经济司法

第一节　经济调解

一、经济调解的概念

经济调解,指的是主管的行政组织对于经济法律关系当事人间的经济纠纷所进行的调解。

这种调解以当事人自愿、调查研究、明确责任、合法为原则。

调解制度的好处是,程序简便,使各方满意,从而容易被自动地执行。

二、经济调解的程序

发生经济纠纷后,尽可能内部和解。如不能和解,可由任何一方当事人向主管机关提出调解申请,而主管部门必须受理。

调解的申请期限一般以申请者从他知道或应当知道被侵权之日起一年内提出为限。如有正当理由,超过一年的也可作为特殊情况予以受理。否则,一般地不予受理。调解成立后,要制作调解书。

三、调解的效力

调解达成协议,即有法律效力。如果一方不履行义务,可通过法院强制执行。

第二节　经济仲裁

一、经济仲裁的概念

仲裁即公断,是由中立地位的机关,依法对争议的双方当事人的问题进行调停并作出裁决的活动。仲裁是完全由第三者来决断,所以同双方当事人自愿达成协议的调解不同。对仲裁不服,当事人可向法院起诉。

在我国,法人间的经济纠纷案件,由国家授权的行政机关进行仲裁。经济合同的

管理机关,同时就是经济合同纠纷的仲裁机关。如本行业系统的主管机关、各级经委、工商行政管理部门等。

二、涉外仲裁

涉外仲裁是指涉外经济纠纷案件的仲裁。

我国涉外仲裁机构是中国国际贸易促进委员会设立的"对外经济贸易仲裁委员会"(1980 年前叫对外贸易委员会)、"海事仲裁委员会"二组织。

对外经济贸易仲裁委员会,受理如下案件:(1)外贸合同与交易中所发生的争议。包括外国法人同中国法人间、外国法人间、中国法人间的有关争议。(2)中外合资经营企业、外国来华投资建厂、中外银行相互信贷等,对外经济合作方面的争议。

海事仲裁委员会,受理的案件有:(1)海上或内河船舶互救的报酬争议。(2)船舶碰撞争议。(3)海上船舶租赁、船舶代理、运输业务及保险等方面发生的争议。

涉外仲裁程序,首先是根据双方当事人的协议,仲裁机关才能受理。仲裁的裁决一经作出就有法律效力,不得向法院或其他机关请求变更。如一方当事人如期不执行裁决,另一方可请求法院依法执行。

第三节　经济司法

经济司法,指人民法院和检察院对经济纠纷案件、经济犯罪案件、涉外经济案件所进行的诉讼活动。

经济司法机构有:法院的经济审判庭,铁路、水运、海事及森林等专门法院,以及相应的检察院组织。

经济司法程序,要按照刑事诉讼法和民事诉讼法来进行。

婚姻法学

第一章　总　论

第一节　婚姻法的概念

我国婚姻法,是调整婚姻、家庭关系的法律规范的总和。就是说,我国婚姻法所调整的对象范围是广义的,既包括婚姻关系,也包括家庭关系。

我国婚姻法所调整的社会关系,具有人身关系和财产关系的双重性质。其中,人身关系即具有特定身份的人们之间的关系是主导性的,而财产关系是附属性的,这是婚姻法同其他部门法,尤其民法的主要区别。在资本主义社会,财产关系压倒一切,几乎所有的人与人的关系都可换算成金钱关系,所以,婚姻家庭法被当做民法的一个组成部分。而社会主义社会,婚姻家庭关系是一种独特的社会关系,所以婚姻法是一个单独的部门法。

婚姻法的主要特征是:第一,它是适用于全体公民的法律。第二,它具有最浓厚和鲜明的道德色彩。第三,它的规律大多是命令性即义务性和禁止性的,授权性较少。

婚姻家庭关系是社会的细胞和缩影。因此,巩固和发展社会主义婚姻家庭关系。对于加强社会主义社会自身的建设有直接的影响。

第二节　婚姻法的基本原则

一、婚姻自由

婚姻自由是我国公民基本的人身自由权利的表现。婚姻自由包括结婚自由和离婚自由两个方面。

结婚自由,指在法定条件下,由男女双方完全自愿地结成婚姻关系。法定条件表明了婚姻关系是被纳入整个社会主义社会关系之中的,因而是很严肃的;表明了婚姻自由是在维护社会主义社会关系大前提下的自由。双方完全自愿,说明了婚姻关系的主观根据必须是当事人双方的自由意志,而不受任何人的干预和侵犯。

离婚自由,指夫妻感情已经破裂,任何一方均有依照法定程序要求解除婚姻关系的权利。从历史上看,离婚自由往往比结婚自由更能表现一种社会制度的性质。社会主义国家的离婚自由,表明社会主义婚姻关系的唯一基础应当是双方的感情。

婚姻自由是近代资本主义文明的产物。但是,在资本主义制度下,却又不可能有真正的婚姻自由。因为在那里人们都紧紧受着不平等的经济地位的制约,而很少有可能把婚姻关系真正建立在爱情基础之上。更何况,资产阶级婚姻自由在形式上也是有局限的(如在很多情况下,要经父母同意,等等)。

为了坚持婚姻自由,就必须反对包办婚姻、买卖婚姻,以及借婚姻而索取大量财物的变相买卖婚姻的现象。

二、一夫一妻

一夫一妻制是到文明社会才出现的婚姻制度。但是在剥削阶级类型社会中,这种制度从来没有真正地实行过,它往往用多妻制作为必然的补充。在剥削阶级当中,这种现象更为普遍。这种情况应当看做是私有制和男女经济地位不平等的必然产物。真正实现一夫一妻制,只有人们在爱情生活方面完全解除了经济因素的干扰的情况下,也就是在社会主义和共产主义情况下,才能成为现实。

为什么必须实行一夫一妻制?这是由爱情的本性决定的。恩格斯说,性爱按其本性来说是排他的。因而以性爱为基础的婚姻在本性上就是个体婚。事实证明,凡违反一夫一妻制的婚姻,必然要给男女双方,尤其女方带来痛苦,进而对整个家庭生活(尤其子女的教育和抚养)造成不利影响。

为保证一夫一妻制,就要同违背这种制度的种种行为作斗争。第一,要禁止重婚,即有配偶而又与他人结婚的违法行为,包括登记的重婚和事实上的重婚(以夫妻关系同居生活)。重婚构成犯罪。第二,反对婚姻关系以外的通奸、姘居等不法行为。第三,坚决惩办卖淫的野蛮行径。

三、男女平等

男女平等是社会主义革命所担负的任务之一。它是我国社会主义社会的根本原则之一,当然也要成为婚姻家庭关系中的根本原则。

男女平等,首先表现在夫妻之间的平等。彼此都有独立的人格和荣誉,有参加生产和工作的权利,有同等地进行社会活动和家庭生活的权利。夫妻之间要互敬互爱、互助合作。

其次,男女平等也体现在全体家庭成员的关系之中。

实行男女平等,就要同传统的男尊女卑的陈腐观念作斗争。

四、保护妇女、儿童、老人的合法权益

保护妇女权益,是真正实现男女平等所绝对必须的。从现今我国的实际情况看,尽管经过解放后三十多年的努力,妇女地位已发生根本变化,但尚未达到同男子完全平等。因此,国家法律对妇女给予某种特殊的照顾。歧视、虐待妇女的现象,是不能容忍的。

社会主义时期的家庭,是公民天然的生活单位,儿童的抚养和教育单位。做父母的,在这方面负有当然的责任。但是,对儿童的关怀不限于家庭,它也是整个社会的职责。法律规定,严禁溺婴、弃婴等虐待儿童的行为;不得歧视非婚生子女、养子女、继子女;保障子女的继承权,等等。儿童是祖国的明天,必须把他们培养成朝气蓬勃的一代新人。

老人毕生地为社会、为后代进行了辛苦劳动,他们理所当然地要得到社会和后代的尊敬与关照,这是社会主义社会同旧社会之间一个重要的分界线。我国政府对老年人给予无微不至的关怀,但是不能取代家庭成员对他们的赡养义务。所有家庭成员都要在物质上、精神上体贴老年人,使他们能度过幸福的晚年。法律规定了对于虐待、遗弃老人的行为要加以惩罚。

五、计划生育

家庭履行社会人口的再生产即种族的繁衍的职能。我国四化建设,需要各个家庭帮助社会培养体魄和精神都健康及智力发达的人才。与此同时,也要履行计划生育,控制人口增长的义务。

实行计划生育,在今后长时期内,是我国的一项基本国策。这项政策,在社会上可保证人民物质文化生活水平的较快提高;在家庭中,可保证所有成员生活的富裕和精力的旺盛。减轻父母负担,有利于子女的优生优育。所以,法律赋予夫妻双方都有实行计划生育的义务。

为提倡计划生育,就必须同重男轻女、传宗接代、多福多寿多男子等旧观念决裂。

第二章 婚 姻

第一节 结 婚

一、结婚的概念

结婚,是男女双方按照法定的条件和程序建立夫妻关系的行为。我国婚姻法中的结婚概念,不包括订立婚约(订婚)和举行结婚仪式等环节,这些做法应视为同法律无关的私人的事情。

二、结婚条件和程序

(一)结婚条件

1.必备条件。第一,男女双方必须完全自愿。第二,达到法定年龄。我国法定结婚年龄是男二十二周岁,女二十周岁。这是考虑到男女双方身心发育成熟的程度及社会的实际需要与可能确定下来的。这个结婚年龄,比老婚姻法男二十、女十八的规定提高了。相比中国历史上的法定婚龄,如唐开元年代的男十五、女十三,宋嘉定的男十六、女十四,国民党统治时期的男十八、女十六的规定,更是大大提高了。在世界各国法定年龄中,我国是最高的。结合各国情况看:男子最高为二十一,最低十四;女子最高十八,最低十二。丹麦、波兰及美国部分州,男二十一、女十八;瑞士、越南等国,男二十、女十八;另外德国、南斯拉夫、苏联、新加坡等国,男、女均为十八;罗马尼亚、阿尔巴尼亚、日本、巴基斯坦等国,男十八、女十六;菲律宾等国,男十六、女十四;西班牙、希腊等国,男十四、女十二。我国公民的实际结婚年龄有提高的趋势,一般是城市高于农村。国家提倡晚婚、晚育。

2.禁止条件。第一,直系血亲和三代以内旁系血亲。这种规定的根据,主要是生物学与生理学上的,即近血统关系影响造就健康的下一代。其次,也有传统观念方面的影响。1950年婚姻法规定五代以内旁系血亲结婚从习惯,新婚姻法改为一律禁止结婚。第二,未痊愈的麻风病患者以及其他医学上认为不应当结婚的。后者包括精神失常未愈者,先天性痴呆者,某些传染性或遗传性疾病患者。还有处于婚姻状态者,不言而喻是禁止结婚的。在外国法律中,关于禁止结婚的条件,还包括禁止相奸者结婚,禁止丧偶或离婚女子在待婚期(长短从半年到一年不等)中结婚,禁止监护人同被监护人结婚等规定。我国法律没有这些禁止条件。

（二）结婚程序

要求男女双方必须亲自到婚姻登记机关进行登记,取得结婚证即确立夫妻关系。

结婚登记的主要目的,在于由国家机关对婚姻的合法性和条件进行审查监督,保证合法婚姻,防止非法的、违法的婚姻关系的建立。

受理结婚登记机关,城市是街道办事处或区政府,农村是乡、镇政府。

结婚登记后,根据男女双方约定,女方可以成为男方家庭的成员,男方也可成为女方家庭的成员。这改变了传统的歧视"入赘"的旧宗法观念,体现了男女平等,并有利于执行计划生育,解决无儿户可能碰到的困难。

须予说明的是,事实婚姻而无配偶的男女,双方未经登记而以夫妻关系同居生活,应视为违法婚姻,一般不承认其法律效力。至于对完全合乎结婚条件,仅仅没有履行登记手续的,可责令其补行登记,维护法律的严肃性。

第二节　婚姻关系中男女双方的权利、义务

婚姻的法律效力,首要是通过夫妻双方的权利、义务关系表现出来的。

一、夫妻人身关系

（1）姓名权。

夫妻双方都有各用自己姓名的权利,用不着更换姓名。如果自愿,两人当然也有权改为对方的姓氏。

姓名权,还包括子女可随父姓,也可随母姓。

在旧社会制度下（包括相当多的资本主义国家）,法律一般要求妻随夫姓、子随父姓。不言而喻,这种规定是建立在夫妻不平等的基础上的。

（2）参加生产、工作、学习和社会活动的自由

法律规定夫妻双方均有这种自由权利,一方不得对他方加以限制或干涉。在当前,这项自由的主要意义,一般是对妇女方面而言的。

（3）实行计划生育的义务

在资本主义国家,有的对于夫妻的人身关系的法律规定,还包括贞操义务、同居（性生活）义务、住所决定权等,而这种权利义务重点在于制约女方。

二、夫妻财产关系

（一）夫妻共同所有的财产

法律规定:除另有约定外,夫妻在婚姻关系存续期间所得的财产,归夫妻共同所

有。还规定:夫妻对共同所有财产,有平等的处理权。

既然夫妻共同所有财产是由结婚的法律事实产生的,那么,在婚姻关系存续期间,双方或一方的劳动收入及继承、接受赠与、储蓄利息等合法收入,均属共同所有财产的范围。

按照法律行文推定,夫妻的婚前财产分别属于个人所有。

按照法律规定,夫妻双方可以就财产做出约定。但约定必须合法、自愿、公平方为有效。

夫妻的共同所有财产的性质,与按份共有不同。因此对于这种共有财产,必须经过一起协商才能处理,而不得由一方擅自处理。与夫妻共同财产权利相对应,某些义务也是共同的。如共同生活的消费、对老人和子女抚养等费用,以及由此而引起的债务,也要从这部分财产中支付。

（二）夫妻的扶养义务

"扶养",是我国婚姻法中对于夫妻间的相互扶助和供养义务的专用语。(但刑法对该词采取广义解释,即也包括对卑亲属的扶养和对尊亲属的赡养。)这个规定,对于一方丧失劳动能力的情况,是十分重要的。

如果一方不履行扶养义务,需要扶养的他方有权向调解部门或法院提出请求付给赡养费。

（三）夫妻的继承权

婚姻法规定,夫妻有相互继承遗产的权利。

在我国,夫妻、父母、子女,属于第一法定继承顺序。配偶一方死亡,他(她)在夫妻共同所有财产中的份额,由其配偶(活着的一方)和其父母、子女平等分割。当然,实际处理时,还要考虑到各种具体情况。

在夫妻继承遗产问题上,要特别注意保护寡妇的权利,不得妨碍她再婚时带走这些财产。

第三节　离　婚

一、离婚的概念

离婚,指夫妻在生存期间而解除婚姻关系的法律行为。由于离婚会带来一系列的家庭与社会后果,所以,离婚必须有严格的法定程序。

在存在剥削阶级的社会中,尤其在前资本主义社会中,离婚权利往往操在男方手中。而在社会主义国家,离婚权利对于双方是平等的。但是,对于轻率的离婚,必须加以限制。

二、离婚的条件和程序

根据婚姻法规定,离婚分为双方自愿离婚和男女一方要求离婚两种。

双方自愿离婚的条件是:第一,双方有自愿解除婚姻关系的协议。关键在于自愿,真正的自愿。第二,双方对子女和财产做出适当的处理。对子女,由何方扶养,费用如何负担等问题安排必须恰当。对财产,如何分割共同所有的财产,如何清偿共同债务,一方对另一方遇有经济困难时怎样帮助等,也要安排恰当。

双方自愿离婚,要一起到婚姻登记机关申请离婚。这种申请,原则上要准许。但婚姻登记机关要进行认真的审查。首先要促使双方慎重对待离婚问题,并极力进行调解促其和好。如无效,就审查双方的离婚申请是否合乎法定条件。如果离婚确属双方自愿,而对子女和财产尚有分歧或欠当时,可协助合理安排。但这是调节性质的,没有强制性。一切停当,便可准予登记,发给离婚证。如果发现并非真正出于双方自愿,有一方是被迫的,或者对于子女和财产方面不能达成协议,都不得登记离婚。当事人要到法院,按诉讼程序处理。

法院审理这种离婚案件,首先要进行调解,这应视为审理案件的必经步骤,是法院处理人民内部矛盾案件职能的一种表现。调解也是力争双方和解。不能和解,便调解离婚。如双方达成离婚协议,法院便制作调解书分发双方,作为解除婚姻关系的根据。调解书与判决书有同等法律效力。最后,假若和解与离婚的调解均无效,就可依法判决。法院判决离婚的条件是,双方感情确已破裂,调解无效。反之,如双方感情并未达到确已破裂程度,即使一时调解无效,也不应判决离婚。

在处理离婚案件过程中,要注意分析和正确对待当事人的过错。导致离婚纠纷的原因是很复杂的。有的是由剥削阶级陈腐思想引起的,如出于大男子主义而虐待妻子,喜新厌旧,同第三者通奸等;有的是因实际问题引起的,如对方被判决服刑、失去性行为能力或者其他重大不治之症等;有的因家庭经济、子女及与对方的亲属不和而导致的感情变化;有的结婚草率,从来就缺乏深厚感情。分析离婚原因,为的是掌握当事人间感情破裂的程度。这有利于做好调解工作,通过思想教育乃至必要的批判,使之和好。但是,如果确实看到其感情已经破裂,还是要允许其离婚的。简单地把不准离婚当做惩罚有过错当事人的手段,是不恰当的,这样做,对于双方、子女和社会,都没有好处。

在处理离婚案件时,还要注意到法律对现役军人和对女方的特殊保护。第一,关于对现役军人的特殊保护,是婚姻法第二十六条的规定,即"现役军人的配偶要求离婚,须得军人同意"。这个规定是从人民的根本利益出发的。司法实践经验是:现役军人的范围,指正在服役、从而有军籍的人员,不宜做扩大解释。这条规定对于夫妻双方均为现役军人的情况不适用。这条法律规定要严格予以遵守,要竭力做好军人配偶的工作使之和解,调解无效要做不准离婚的判决。不过,对于感情确已破裂、没有和好可能的情况,法院可通过军人所在单位做好工作,准予离婚,因为这样做对于军人本人和社会均有好处。第二,关于对女方的特殊保护。婚姻法第二十七条规定:"女方在怀孕期间和分娩后一年内,男方不得提出离婚。女方提出离婚的,或人民法院认为确有必要受理男方离婚请求的,不在此限。"这个规定是从关怀妇女与胎儿、婴儿利益出发的。但它不能反过来限制女方,所以允许女方在同时期内提出离婚。为的是不使问题处理绝对化,也给法院一点受理男方提出离婚案件的机动权。这条规定就其实质而言,涉及的仅仅是程序问题,即推迟离婚请求期限,不是准离与否的问题。

三、离婚的法律后果

(一)对离婚当事人

第一,解除夫妻身份关系。其中包括解除由于夫妻身份关系所带来的法定权利义务,即解除扶养义务,丧失相互继承遗产的权利,获得再次结婚的自由。

第二,变更夫妻间的财产关系。其一,分割共同所有的财产。婚姻法规定:"离婚时,夫妻共同财产由双方协议处理;协议不成时,由人民法院根据财产的具体情况、照顾女方和子女的权益的原则判决。"法院在处理财产分割时,一般情况是:属于一方的生活用品和职业所需的工具,应归各自所有;房屋、家具、储蓄、生产工具等财产,按双方生产和生活实际需要,并考虑到照顾女方和子女权益原则,合理分割;未成年子女独立财产(如通过继承、遗赠、赠与的财产),不能列入夫妻共有财产范围加以分割;夫妻婚前的个人财产也不属共同财产,原则上归个人所有,但可做适当调整(已在共同生活中消费掉的婚前财产不应要求返还)。其二,清偿债务。原为夫妻共同生活所负的债务(包括抚养子女、赡养老人等所负债务),以共同财产来清偿。共同财产不足以清偿共同债务时,由双方协议或判决解决清偿责任(1950年婚姻法规定由男方清偿)。男女一方单独的负债,由本人清偿。其三,离婚时,如一方生活困难,另一方应给予适当的经济帮助。具体办法通过协议确定,协议不成要通过判决解决。

(二)对子女的法律后果

第一,父母与子女间的关系,不因父母离婚而消除。离婚后,子女无论由父母何方抚养仍是父母双方的子女。父母与子女关系,不同于父母间的两性结合,它是血缘关系,无法通过法律程序来消除,收养子女是一种拟制的血缘关系,也不能因父母离婚而解除。离婚后父母与子女的这种关系,主要表现在相互间扶养权利义务方面,即离婚后父母对子女们有抚养和教育的权利和义务。反过来,子女也不消除扶养父母的义务。其次,父母子女间的相互继承遗产的权利等,也不因父母离婚而消灭。

第二,离婚后子女由何方抚养问题。婚姻法规定:其一,哺乳期内的子女,以随母亲抚养为原则。这是考虑到有利子女的发育、成长而确定的。但在母方无力抚养,或随母方对子女不利时,也可灵活处理。其二,哺乳期后的子女归何方抚养,由父母协议,协议不成,由法院判决。法院应考虑到父母双方的个人状况、家庭环境、同子女的感情联系等各种情况。在子女有思考能力时,应征求子女本人的意愿。但是,也要考虑父母的利益和正当要求。如父母一方年老、生病、不能再婚或再育时,对其抚养子女的合理要求,也应加以照顾。需指出的是,父母离婚后,不准对方来探望子女,要求自己抚养的子女断绝同对方的亲子关系等做法,都是违背法律精神的。

第三,抚养费用的负担问题。法律规定,一方抚养的子女,另一方应负担必要的生活费和教育费的一部或全部(1950 年婚姻法规定,女方抚养的子女,男方担负扶养费的一部或全部,而反过来,对女方没有规定。)。当然抚养的一方(尤其男方)经济条件较好,又愿全部承担费用,也可以。其次,抚养费的数额、给付的期限等办法,通过协议或判决规定,期限一般到子女能独立生活为止。有工资收入者,按月给付;农村可按收获季节或年度给付。最后,还有抚养费的变动问题。法律规定,关于子女生活费和教育费的协议或判决,不妨碍子女在必要时向父母任何一方提出超过协议或判决原定数额的合理要求。这个规定考虑到情况的变化。如果由于情况变化,负有给付义务一方发生给付困难时,可通过协议或判决减少或免除给付;当其情况好转时,仍应该恢复原定的给付。还有,当抚养子女一方再行结婚,继父或继母愿意负担子女生活费用和教育费用的一部或全部时,他方可减、免负担;若情况变化,继父或继母不愿意或无力负担时,原来有给付义务一方仍按原定给付。

第三章 亲 属

第一节 亲属的一般原理

一、亲属的概念和范围

亲属,是由于婚姻、血缘、收养而产生的社会关系,这种关系具有一定的法律意义。

亲属的范围包括:第一,由婚姻而引起的配偶关系,这是一切亲属关系的基础。第二,血亲(血缘亲属),指建立在血缘基础上的亲属关系,包括直系血亲和旁系血亲。血亲中还包括拟制血亲或准血亲,法律上确认它与自然血亲有同等效力。第三,婚姻亲属(姻亲),即由婚姻而产生的亲属关系,其中包括:血亲的配偶(嫂、弟媳、姐夫、妹夫、儿媳、女婿、伯母、婶母等);配偶的血亲(公婆、岳父母、小舅、小姨、大伯、小叔等);配偶的血亲的配偶(妻的弟媳和妹夫、夫的弟媳和妹夫等)。以上这不同层次的亲属关系具有什么样的法律意义,要视法律规范的具体规定来确定。

二、亲系和亲等

亲系,是亲属间的血缘系统。包括:男系亲和女系亲,分别指以男子或者女子为主干来计算亲属关系;父系亲和母系亲;直系亲和旁系亲,分别指上下各代间的直系血缘关系亲属和间接血缘关系亲属;直系姻亲和旁系姻亲;尊亲属和卑亲属,即自己辈分以上的亲属和以下的亲属。

亲等,是计算亲属远近的单位。我国婚姻法是以世代作为计算单位。如五代以内旁系血亲、三代以内旁系血亲的提法。如需要计算自己同某人的旁系血缘关系时,首先向上溯及共同的尊亲属,然后再下及某人,此间的世代数目就是旁系血亲的等级(亲等)。

三、亲属的法律效力

(1)在婚姻上的效力。在夫妻及其同子女间,有相互扶养的义务,有法定的共同财产,有相互继承遗产的权利,一定范围的亲属间禁止结婚,等等。

(2)在刑法上的效力。某些犯罪,只有受害亲属告诉,法院才处理。(如,刑法第一百七十九条规定以暴力干涉他人婚姻自由的,第一百八十二条规定虐待家庭成员,情节恶劣的,都是告诉才处理。)

(3)在民法上的效力。父母为未成年子女的法定代理人。按亲属关系来确定继承权利(包括继承顺序和份额)。

(4)在诉讼法上的效力。有较近亲属关系,是某些诉讼参与人(审判员、检察员、侦查人员、书记员、鉴定人、翻译人员)的回避条件。被告人的近亲属(父母、子女、兄弟姐妹)和监护人有为被告人出庭辩护和上诉的权利,而且这种上诉不得加刑。

此外,亲属关系在劳动法、国籍法等法律上也有特殊的意义。

第二节 父母子女关系

一、父母子女关系的含义

父母子女关系就是亲子关系,为最近的直系血缘关系。子女是夫妻以外的最基本的家庭成员。这种关系具有重要的法律意义。

父母子女关系,包括自然的血缘关系和拟制的血缘关系。自然血缘关系,又包括婚生的和非婚生的两种。

于是,在父母子女关系中,分为婚生子女的父母、非婚生子女的父母、养父母、继父母与婚生子女、非婚生子女、养子女、继子女几种情况,但他们在法律上的性质是一致的。

二、父母子女间的权利义务

(1)父母对子女的抚养教育义务。这里包括物质的和精神的支付责任。父母对未成年子女的抚养和教育的责任是绝对不能免除的,对于成年子女,当他们生活有困难时,也应给予帮助。如果父母不履行抚养义务时,子女有权向法院提起索要的诉讼。

法律特别强调父母对未成年子女的管教和保护的权利和义务,根本目的在于保护子女的健康成长。

父母作为未成年子女的法定代理人,当子女利益受到侵犯时,有权代表他们请求赔偿损害,当子女从事与其年龄不相应的经济活动时,应取得父母同意,或由父母代理。反过来,当子女致人损害时,父母有赔偿经济损失的责任。

法律规定的禁止溺婴和其他残害婴儿行为,首先是对其父母而言的。遇有此种情况,要负刑事责任。

(2)子女对父母的赡养扶助义务。这项义务不分男女,不分婚生子女、非婚生子女、养子女、继子女,不分是否同父母生活在一起,都必须履行。

如果子女不履行赡养义务,父母有权通过诉讼程序提出索要。

如果发生遗弃或虐待,要负刑事责任。

(3)父母与子女间的继承权。父母与子女是最近的直系亲属,相互继承遗产的权利都排在第一继承顺序之中。

三、关于非婚生子女、继父母继子女、养父母养子女的法律规定

(1)关于非婚生子女。婚姻法规定:"非婚生子女享有与婚生子女同等的权利,任何人不得加以危害和歧视。"还规定:"非婚生子女的生父,应负担子女必要的生活费和教育费的一部或全部,直至子女能独立生活为止。"如果生父或生母不履行抚养义务,非婚生子女有权提起给付之诉。

(2)关于继父母、继子女。继父母与继子女的关系,是由于父母一方死亡或父母离婚、再婚造成的。对保障继父母与继子女之间的协调,法律规定:"继父母与继子女间,不得虐待或歧视。"其次,法律还规定:"继父或继母和受其抚养、教育的继子女间的权利和义务,适用本法对父母子女关系的有关规定。"就是说,在继父母承担了对继子女抚养教育责任的条件下,他们相互间就发生了一般父母子女的权利义务关系。

(3)关于养父母、养子女。(下面有专题)

四、祖父母、孙子女间,兄、弟、姐、妹间的权利义务

(1)扶养义务。法律要求,有负担能力的祖父母,对于父母已经死亡的未成年的孙子女、外孙子女,有抚养义务。反过来,有负担能力的孙子女、外孙子女,对于子女已经死亡的祖父母、外祖父母,有赡养义务。法律还要求,有负担能力的兄、姐,对于父母已经死亡或父母无力抚养的未成年的弟、妹,有抚养义务。这些法律规定是完全符合情理的,是为人民群众的习惯所肯定的。

(2)继承权。按照政策,祖父母、孙子女或外祖父母、外孙子女间,兄、弟、姐、妹间,相互属于第二继承顺序的人。孙子女、外孙子女,还有代位继承权。

第三节　收　养

一、收养的概念

收养,是把他人子女作为自己的子女。这样就使收养人与被收养人之间,成为拟制的父母子女关系。在法律上,养父母与养子女的关系和亲生父母子女关系相同。差别在于,这种收养关系在一定条件下可以解除。

法律规定："国家保护合法的收养关系。"这种制度往往是使孤儿享受父母和家庭温暖,同时又使无子女的夫妻得到感情上的安慰的好办法。这些都符合社会主义社会人们之间的互助合作精神。

二、收养关系的建立

收养关系建立所需具备的条件是:第一,收养人一定是成年人。未成年人没有收养的需要,而且也无此行为能力。除此以外,我国有些地区把收养条件同计划生育原则联系起来,要求必须是结婚后长期未有生育的夫妻才能收养。对于子女残废或痴呆的夫妻可予照顾。对未婚或丧偶的老年人收养子女,也放宽处理。第二,被收养人一般应是未成年人。只是对确实年老体弱而无子女的人,并且双方条件能够相互适应时,有的地区也允许收养成年人为子女。第三,要有收养的协议。首先是收养人及其配偶一致同意,其次是送养人生父母一致同意。如收养父母双亡的孤儿,应取得监护人或教养单位的同意;但被收养人的父母是无行为能力的人或者有严重遗弃与虐待子女行为者不在此限。还需注意的是,如被收养人有识别能力,一定要征得本人同意。假如违背上述条件,收养应视为无效。

三、收养程序

目前,我国办理收养登记的机关有国家公证机关以及基层政权机关及其派出机构。

首先由收养人提出申请,携带收养申请书、双方协议书、所在单位证明信等。然后办理这方面工作的单位加以审查和调查。合格的,发给收养证明书,并由基层政权机关登记。不合格的,不予同意。有不正当行为(如欺骗等)要加以批评。另外,还要考虑到城镇户口问题,要同户籍部门协商,并取得其同意。

四、收养的法律效力

(1)养父母与养子女间的权利义务,适用一般的父母子女间的有关法律规定。

(2)养子女可改为养父或养母的姓氏。养父母可为养子女另起名字。养子女有识别能力时,还应该征求其意见。

(3)养父母与养子女有相互的遗产继承权。

(4)养子女同养父母的亲属关系,与亲生子女相同。

五、收养关系的解除

关于收养关系解除的政策,大体上承认两种理由。第一,由当事人协议而解除。如果出现了使收养关系无法维持下去的情况,双方可以协议解除关系,并同时把可能发生的经济纠纷作出妥善处理,然后通过公证或登记程序办理,有关部门审查后,如果认为有理由,便准予登记,并到户籍机关办理户口转移手续。第二,根据当事人一方要求解除收养关系的问题,通常的理由是,或养父母未履行抚养、教育养子女的义务,歧视、虐待,使之不能正常生活;或养子女不听管教,甚至违法而屡教不改;或养子女长大成人不履行赡养、扶助养父母的义务,甚至虐待老人;或养父母与生父母的情况变化,如生父母的子女死亡,身边无人照顾,养父母已生有子女,以及无力继续抚养,等等。这种养父母和生父母中途反悔的情况,由有关部门调整,必要时也可向法院起诉。法院经调解或判决解决。一般要尽量继续维持收养关系,确实不能继续维持的,才同意解除收养关系。不管是养子女本人还是生父母提出解除收养关系,一般都存在补偿养父母支付的抚养费用问题;尤其当养父母无生活来源时,养子女要短期或长期地支付赡养费用。

随着收养关系的解除,双方的父母子女间的一般权利义务关系就结束了。相应的,曾被收养者同其生父母及其亲属的权利义务关系便恢复了。

刑事诉讼法学

第一章　总　论

第一节　刑事诉讼法的概念和任务

刑事诉讼法,是规定司法机关办理刑事案件程序的总和。换句话说,刑事诉讼法是作为实体法之一的刑法的程序法。

一个国家的法律,可以分为实体法和程序法两类。实体法也叫"主法",指规定人们在政治、经济、文化、婚姻、家庭等方面的实际权力、义务关系的法律。如宪法、民法、刑法、婚姻、家庭法等等。程序法也叫"助法",指规定为实现实体法中权利、义务关系,而调整诉讼活动过程的法律,诉讼法包括刑事诉讼法、民事诉讼法,也有些法学家主张再加上一个行政诉讼法。所谓刑事诉讼法,通俗地说就是专门管打刑事案件"官司"的法律。其中,包括调整司法机关(公安机关、检察院、法院)、案件当事人以及其他参与人之间的刑事诉讼活动过程中所发生的关系。没有一套完整的法定刑事诉讼程序,便不能保证正确地适用实体法(刑法),从而也就不能正确地解决刑事案件。

根据我国刑事诉讼法的规定,它所承担的任务有三项:

(1)保证准确地、及时地查明犯罪事实,正确应用法律,惩罚犯罪分子。司法机关处理刑事案件的锋芒是指向犯罪分子,使他最终受到应有的惩罚。而要做到这一点,必须经历两个步骤:首先是把犯罪的客观事实弄清楚;其次是针对这些犯罪事实来适用刑法,即对犯罪分子加以定罪和量刑。这就是"以事实为根据,以法律为准绳"的司法原则的体现。

(2)保障无罪的人不受刑事追究。我国刑事诉讼法在打击敌人、惩罚犯罪的同时,还要保护好人,坚持做到"不放纵一个坏人,不冤枉一个好人"。同犯罪作斗争和处理刑事案件的过程,是涉及被告人的荣誉、财产、自由或权利,甚至生命的重大事情。而且,犯罪分子又往往制造虚假情况,使其犯罪的事实不容易被揭露。这表明,刑事案件是可能被搞错的,一弄错就会伤害好人,哪怕是司法人员的非法作风,也能侵犯公民的权利。所以,刑事诉讼法的一个重要着眼点,就在于同剥削阶级,尤其专制主义司法中的野蛮传统彻底划清界限。

(3)教育公民自觉地遵守法律,积极地同犯罪行为作斗争。俄国十月革命以后不久,列宁就多次强调,社会主义国家的法庭是"教育人民遵守纪律的工具"①。我国人民法院组织法规定:"人民法院用它的全部活动教育公民忠于社会主义祖国,自觉地遵守宪法和法律。"我国的刑事诉讼法,正是教育人民的一个重要手段。它之所以能够经常地起到这种作用,就在于人民群众的个人利益同国家利益的一致性。人民通过一个个的刑事诉讼,可以清楚地看到和体会到犯罪的危害,因而就会激发他们同犯罪行为作斗争的自觉性,与此同时,也不断地加强遵守国家法律的观念。总起来说,我国刑事诉讼法有力地实现着社会主义法制,保护公民的人身权利、民主权利和其他权利,保障社会主义革命和社会主义建设事业的顺利进行。

第二节　刑事诉讼法的基本原则

我国刑事诉讼法的基本原则,贯穿于全部刑事诉讼之中,作为指导人民法院、人民检察院和公安机关进行刑事诉讼活动的基本准则。它们包括:

一、司法机关的诉讼职权由法律规定

根据宪法和法律,唯有法院、检察院、公安机关是司法机关,即专门的执法机关。而且,这三机关的职权也是严格加以区分的。从刑事诉讼的方面说,这种分工是:公安机关,负责对案件的侦查、拘留、预审;检察院,负责批准逮捕、检察(包括侦查)、提起公诉;法院,负责审判。这种分工是不能相互超越和代替的。除三机关以外,其他的任何国家机关、社会团体和个人都没有处理刑事案件的权力,都不得拘人、捕人、搜查、审讯、施用刑罚。否则便是违法乱纪,要追究有关人员的法律责任。

既然法院、检察院、公安机关是专门的司法机关或执法机关,那么它们在维护和执行国家法制方面就赋有特殊的责任。它们在刑事诉讼活动过程中,必须严守刑事诉讼法的各种规定,以及人民法院组织法和人民检察院组织法、逮捕拘留条例等法律规定。

坚持司法机关的诉讼职权的法定原则,使人民民主专政国家能够有效地集中力量对付犯罪,实现对敌专政的职能,同时使公民权利能够避免遭受法外的侵犯。

二、紧密依靠人民群众,以事实为根据、以法律为准绳,一切公民在适用法律上一律平等

这三点是我国整个政治、法律工作中的基本原则。它们当然也是司法机关在刑事诉讼活动过程中所要遵循的基本原则。

---

① 《列宁全集》第27卷,第199页

三、司法三机关互相分工负责,互相配合,互相制约

人民法院、人民检察院和公安机关都是人民民主专政国家司法机构的组成部分,它们的分工仅仅是具体职能上的分工,而在根本性质、任务和目标上是完全一致的。由此决定了三者之间的关系,是既互相配合,又互相制约。互相配合才能使三机关在工作中齐心合力,扭成一股绳,发挥打击犯罪、保卫人民和保障四化的强大威力。互相制约即互相监督,才能及时地发现和纠正各机关工作中的缺点、错误,使它们都能忠实于事实,忠实于法律,忠实于人民,防止任何机关独断专行。

实践证明,这一原则是维护和加强社会主义法制的重要措施,是提高办案质量,避免冤案、错案、假案,确保公民合法权益不受侵犯的重要措施。

四、各民族有权用本民族语言文字进行诉讼

这项原则的主要要求是:(1)司法机关对于不通晓当地通用的语言文字的诉讼参与人,应当为他翻译。(2)在少数民族聚居或者多民族杂居的地区,用当地通用的语言进行审讯,用当地通用的文字发布判决书、布告及其他司法文件。

为了实现这项原则,应当大量培养少数民族的司法干部,大量邀请各族人民的人民陪审员参加审判。

真正使各民族享有用本民族语言文字进行诉讼的权利,对于保证办案质量、实现刑事诉讼法的任务是极为重要的。它生动地体现了党和国家的马克思主义民族政策。

五、法院审判案件的两级终审制

我国的法院体系,除专门法院以外,有基层人民法院、中级人民法院、高级人民法院、最高人民法院四级普通法院。对于地方各级法院的第一审判决和裁定,如果当事人不服可以向上一级法院上诉,检察院也可以抗诉;上一级法院对于上诉和抗诉的案件要进行第二次审理。经第二审判决和裁定后,不得再行上诉和抗诉。

两级终审制是适合我国国情的审级制度。它既避免了一审终审制所难以避免的独断专行的弊病,又避免了更多审级制所必然带来的麻烦。

更具体说,我国两级终审制的必要性和好处在于:(1)它可使绝大部分刑事案件在本省(自治区、直辖市)、本地区或市,及时获得解决。这样,既便利群众,也便利上级法院对下级法院审判工作的监督。(2)可以排除由于我国疆域广阔、交通条件较差等造成的困难。换言之,审级过多势必劳民伤财,而且大大拖延诉讼时间。

六、法院要公开审判

在一般情况下,法院审判案件必须公开进行。一方面要传唤当事人到庭,允许他们相互辩论,行使其诉讼权利;另一方面,也允许群众参加旁听,允许新闻记者采访和报道。

但是,对于三类案件是例外的:(1)涉及国家机密的案件。(2)个人阴私案件,主要指与妇女或幼女有关的性方面的案件。(3)十八周岁以下,尤其十四至十六周岁的未成年人的案件。这些案件不公开审判,其原因是容易理解的。尽管如此,但判决仍要公开宣告。

公开审判是为了使司法机关接受人民群众的监督,并使人民群众受到教育。

七、被告人有权获得辩护

刑事被告人的辩护权,在我国的宪法和刑事诉讼法中有明文的规定。关于这个问题应有正确的理解。

八、人民陪审员参加审判

按照我国的现行法律制度,除了简单的民事案件、轻微的刑事案件和法律另有规定的以外,法院在审理第一审案件时,可由审判员和人民陪审员组成合议庭进行。

人民陪审员参加审判,是人民群众参与国家管理活动的一项重要制度。人民陪审员来自群众,对群众的意见和社会知识比较熟悉,所以他们对于案件的处理往往能够提出很有价值的见解。另外,人民陪审制度也是训练人民群众了解和掌握党和国家政策、法律的一种有效形式,是他们监督司法工作和进行自我法制教育的好办法。

九、司法机关保障诉讼参与人依法享有的诉讼权利

关于什么是刑事诉讼参与人,刑事诉讼法有专门说明。他们包括:(1)当事人,其中有自诉案件的原告人或自诉人,公诉案件的被告人,附带民事诉讼的原告人和被告人;(2)公诉案件中的被害人;(3)法定代理人,指被代理人的父母、养父母、监护人,以及负有保护责任的机关、团体的代表;(4)辩护人;(5)证人;(6)鉴定人;(7)翻译人员。

诉讼参与人参加刑事诉讼活动的目的不同,因而法律赋与他们的诉讼权利就不同。首先是当事人,他们同案件的处理结果有直接利害关系,其参加诉讼活动主要是

为保护自身的利益。鉴于这种情况,法律赋与他们的诉讼权利就比较广泛。其次,是其他诉讼参与人。他们对于当事人的合法权利负有保护的责任或者负有法律规定的某种义务,因此,刑事诉讼法也根据各诉讼参与人的特点赋与其一定的、不同的诉讼权利。这样规定,为的是保护当事人的合法权益,揭露和证实犯罪事实,有利于案件的解决。

十、保证贯彻法律关于不追究刑事责任的各种规定

刑事诉讼法必须成为实现党和国家政策的工具,并切实地使实体法(刑法)得到实施。它所规定的六种不追究刑事责任的情况,都属于政策和刑法的要求。

这六种情况是:(1)情节显著轻微,危害不大,不认为是犯罪的。(2)犯罪已过追诉时效期限的。(3)经国家特赦令免除刑罚的。(4)依照刑法告诉才处理的犯罪,没有告诉或者撤回告诉的。(5)被告人死亡的。(6)其他法律规定免于追究刑事责任的。

司法机关遇有以上情况之一,就不追究刑事责任。已经追究的,要撤销案件,或者不起诉。已起诉的,法院可以要求检察院撤回起诉,或宣告被告人无罪。

十一、对于外国人犯罪应当追究刑事责任的,要适用我国刑事诉讼法的规定

这是我国国家主权的要求。对此,前面在回答我国法的对人效力问题时,已经作了说明。

我国刑事诉讼法的这些基本原则,生动地体现了人民民主专政的社会主义国家政权和法律的本质。他们虽然具有各自相对独立的含义,但又密切相联,形成一套完整的体系。

第二章 刑事诉讼法的一般制度

第一节 管 辖

管辖,指刑事案件由法院、检察院、公安机关三机关中的哪个机关受理,以及由哪类和哪级法院审理。

在我国,管辖有以下两种。

一、职能管辖

职能(部门)管辖,说的是法院、检察院、公安机关各受理哪些案件方面的分工。其一,法院直接受理的案件包括告诉才处理的案件(干涉他人婚姻自由和虐待而没有引起重大后果的案件),不需要进行侦查的轻微的刑事案件。法院在处理这类案件时,可以进行调解。其二,检察院进行侦查的案件包括贪污罪、侵犯公民民主权利罪、渎职罪,以及检察院认为需要自己直接受理的案件。这些案件,一般地不需要采取特殊的侦查手段来破案。另外,它们大都同检察院对国家工作人员的监督职权有密切关系。其三,公安机关侦查的案件是除以上两类案件以外的案件。

二、审判管辖

审判管辖,指案件由哪级和哪种法院管辖。这又有三种情况:

其一,审级管辖。这是指哪类案件由哪级法院管辖,也就是上、下级法院对于第一审案件的分工。按照法律规定,基层人民法院管辖第一审普通刑事案件。中级人民法院管辖的第一审刑事案件有:反革命案件,判处无期徒刑、死刑的普通刑事案件,外国人犯罪或者我国公民侵犯外国人合法权利的刑事案件。高级人民法院管辖的第一审案件,是全省(自治区、直辖市)性的重大刑事案件。最高人民法院管辖的第一审案件,是全国性的重大刑事案件。

其二,地区管辖。这是指同级法院之间对于第一审案件的职权划分,具体情况是,刑事案件一般由犯罪地的法院管辖。但假若由被告人居住地法院审判更合适,也可由居住地法院处理。对于几个法院均有管辖权的案件,由最先受理的法院审理;必要时,也可移送主要犯罪地的法院审理。管辖不明的案件,由上级法院指定一个下级法院处理。也可指定下级法院将案件移送其他法院处理。

其三，专门管辖。这是指有些案件依法律规定应由专门人民法院（军事、铁路、水运、海事、森林等专门法院）处理。

规定管辖的出发点是方便人民，有利于同犯罪作斗争和保护人民，有利于充分发挥司法机关的职能，并且有利于把原则性和灵活性结合起来有效地处理案件。

第二节　回　避

刑事诉讼中的回避，指审判人员、检察人员、侦查人员，以及书记员、翻译人员、鉴定人，与案件有某种利害关系或者其他关系，可能影响到公正地处理案件，而不能参加本案件的诉讼活动的制度。

法律要求上述人员回避的条件是：本案的当事人或者当事人的近亲属；本人或者他的近亲属和本案有利害关系；审判、检察、侦查人员担任过本案的证人、鉴定人、辩护人，或者附带民事诉讼当事人的代理人；与本案当事人有其他关系，可能影响公正处理案件的。

第三节　辩　护

辩护，是被告人及其辩护人，在刑事诉讼过程中，根据事实和法律，提出有利于被告人的材料和意见，对于控诉的内容进行反驳和辩护，证明被告人无罪、罪轻或者应免除、减轻其刑事责任的一种诉讼行为。

前面已经指出，辩护权是被告人的一项由宪法和法律所赋予的权利。

被告人的辩护权，首先由其自己行使。除此而外，还可以委托下列人员代替行使：律师；人民团体或者被告人所在单位或者经法院许可的公民；被告人的近亲属（夫或妻，父母，子女，同胞兄、弟、姐、妹）和监护人。

公诉人出庭支持公诉的案件，如果被告人没有委托辩护人时，法院可以为他指定辩护人。

被告人是聋、哑、盲或者未成年人，又没有委托辩护人的，法院应当为他指定辩护人。

辩护人的责任是维护被告人的合法权益，不是胡搅蛮缠、强词夺理。

辩护律师有权查阅本案材料，了解案情，可以同在押的被告人会见和通信。其他的辩护人经法院许可，也可以了解案情，同在押的被告人会见和通信。

在审判过程中，被告人有权拒绝辩护人继续为其辩护，也有权委托另外的辩护人为其辩护。

那么，保障被告人辩护权的必要性是什么呢？（1）可以使被告人能够充分地实现他的法定诉讼权利。同时又给法定的有权为被告人进行辩护的人以表述意见的机会。

反之,假如被告人连为自己辩护的权利也没有,那他就完全处于诉讼客体的地位了,一切权利都无从谈起。(2)帮助法院正确地弄清案情和适用法律,公正判决。(3)有利于人民群众对司法机关的监督。因为,他们兼听控诉和辩护两面之词,能更全面地了解事情的原委。(4)使人民群众受到教育。

第四节　证　据

刑事诉讼法规定:"证明案件真实情况的一切事实,都是证据。"在这个科学的证据定义里,包含三方面紧密联系的意思:(1)证据是客观事实;(2)证据与案情有联系,对于查明案情有意义;(3)证据的来源、收集和查实,有法律的规定。

证据有以下六种。

一、物证、书证

物证,指证明犯罪的物品和物质痕迹。其中包括犯罪工具(刀、枪、毒药,等等),带有犯罪痕迹的物品(现场的血迹、指纹、脚印,等等),犯罪所侵犯的对象物(赃物、尸体、烧毁的房屋,等等),及其他物品。

书证,指在内容上对案件事实有证明意义的书面材料。如,身份证明、书信、单据、账簿,等等。广泛地讲,书证也包括在物证的范围之内,但二者又有区别:其一,作为书证的文件,主要取其内容的意义;而作为物证的文件,则取其外部特征(如伪造痕迹)以及发现该文件的地点的意义。其二,可以用其他文件来代替的文件是书证文件,如罪犯制造的犯罪计划的内容,就可借助抄录、复印的文件来表达;而不可以用其他文件来代替的文件是物证文件,如伪造文件。在实践中,一种文件常常兼有物证、书证的两重意义。

二、证人证言

证人证言,就是证人根据司法机关的通知,把他耳闻目睹的或知道的一切与犯罪有关的事实所作的陈述。

生理上、精神上有缺陷或者年幼、不能辨别是非和正确表达意见的人,不能作为证人;同案的被告人不得互相作为证人,但已经处理完毕的被告人则不在此限;辩护人不许充当其辩护案件的证人。其他,凡是知道案件情况的人,都有义务作证,提供证言。

证人证言是刑事诉讼中一种主要的、普遍性的证据,因而甚为重要。但它并非完整无缺,不能直接用来作为定案的根据。证人证言必须在法庭上经过对公诉人、被害人一方和被告人、辩护人一方的讯问、质证,听取各个证人的证言,并经过查实以后,才能作为定案的根据。

法庭查明证人有意作伪证或者隐匿罪证时,应当依法处理。

三、被害人陈述

被害人陈述,是遭受犯罪行为直接侵害的人,如实地向司法机关反映侵害的事实经过所作的叙述。

被害人由于他是犯罪行为的直接受害者,因而对犯罪实施的情况了解得比较清楚和具体,其叙述对于破案有重要的意义。但另一方面,被害人的地位又常常使他从有利于自己的角度进行陈述。鉴于这种情况,司法人员对于被害人的陈述既要重视,又要有所分析。

四、被告人的供述和辩解

被告人的供述和辩解,指被告人承认自己有罪和否认自己有罪或罪重、罪轻的陈述。

被告人的供述和辩解之所以是证据的一种,是由于他对自己的情况最为了解。但是,显而易见,被告人同案件的处理结果最有利害关系,因而他的供述和辩解又往往最具有主观的片面性和虚伪性。这表明,把它当作证据是要十分谨慎的。

从历史上看,对被告人的陈述,尤其供词采取什么态度,往往是对一个国家司法机关性质的重要测量标尺。剥削阶级,特别是前资本主义的剥削阶级总是迷信口供的证据力,所以推行刑讯逼供的野蛮制度。我们社会主义国家则根本不同。在这里,被告人是诉讼的主体。他提出有利于自己的陈述,属于行使其为自己辩护的权利;而他坦白自己的罪行事实,表现着他的悔罪态度,这两者都应当肯定。我国刑事诉讼法专门规定:"对一切案件的判处都要重证据,重调查研究,不轻信口供。只有被告人供述,没有其他证据的,不能认定被告人有罪和处以刑罚;没有被告人供述,证据充分确实的,可以认定被告人有罪和处以刑罚。"这是对被告人陈述作为证据的价值的科学表达。

五、鉴定结论

鉴定结论,就是对案件所涉及的专门知识或技术问题进行鉴定的专家(即鉴定人)所作的结论。

鉴定人的特点是,他同案件没有利害关系,也不是事先对案情有所了解的人。因而,他的鉴定人地位不是特定的,而是可以更换的,他所提供的证据属于纯粹技术性或知识性的证据。

鉴定人的结论应当是正确的,但并不一定正确。司法机关对于这种证据也需要认真地加以判断。司法机关不受鉴定结论的约束,有权同意或不同意,或仅同意一部分;有权交付鉴定人补充鉴定,或请另外的人重新鉴定。

必须看到,随着我国建设事业的发展和科学技术的进步,鉴定结论作为证据的意义必然会不断地增强,而且所要求的水平会越来越高。

六、勘验和检查笔录

勘验、检查笔录,是侦查人员在诉讼活动中制作的、记载通过勘验和检查所发现的各种情况的笔录。它包括现场勘验笔录、物证勘验笔录、尸体勘验笔录、侦查实验笔录,等等。

这种证据的特点在于,其提供的主体是侦查人员;它只是对有关犯罪情况的客观记载;它具有综合的证明作用;它没有新的证明意义,仅仅是对已有证据的特殊固定方法。

一般说来,这种证据的可靠性比较大。但侦查员也会由于受到各种主观和客观因素的影响而作出错误的或部分错误的笔录。

证据是认定案件事实的唯一根据,因此法律特别强调其意义。法律规定,司法机关有权向有关的国家机关、企业、事业单位、人民公社、人民团体和公民,收集和调取证据。凡伪造证据、隐匿证据或毁灭证据的,一概要受到法律追究。对于涉及国家机密的证据应当保密。法律还规定,公安机关的提请批准逮捕书、检察院的起诉书、法院的判决书,都必须忠实于事实真相;故意隐瞒事实的人员,应当追究责任。这就是人民司法工作中的实事求是精神。

在刑事诉讼证据的理论中,有一系列的理论问题需要进一步加以研究。这里仅简要地提出两个问题。

(一)举证(证明)责任问题

举证责任问题是指谁负有提出证明案件事实的义务。我国刑事诉讼法第三十二条规定:"审判人员、检察人员、侦查人员必须依照法定的程序,收集能够证实被告人有罪或者无罪、犯罪情节轻重的各种证据。"这表明,司法三机关负有举证的责任。不言而喻,在自诉案件中,控告人负有举证责任。

至于被告人则没有义务证明自己有罪或无罪,但却有反驳控诉他有罪的辩护权利。虽然刑事诉讼法第六十四条也规定"被告人对侦查人员的提问,应当如实回答",但这不能理解为被告人负有举证义务,而是说,这样做对于案件的处理,特别是对于被告人本人有好处(因为这是他的一种悔罪态度)。

在司法实践中,由于对举证责任问题缺乏正确的理解,有时就会发生把举证责任加到被告人身上的现象。例如,使用刑讯逼供和威胁、利诱、欺骗被告人等非法手段取得口供,就是一些典型的表现。正是为了防止这类情况的发生,法律专门规定要坚决加以禁止。

（二）罪行的推定（假定）问题

罪行推定是指在整个刑事诉讼过程中，在法院的判决生效以前，对被告人是否犯有罪行作出什么样的假定。在剥削阶级国家，有两派意见：（1）有罪推定论。即先把被告人当作罪人看待，所以对他刑讯、拷打等等。（2）无罪推定论。即先把被告人当作无罪的人看待，最后根据证据作出他究竟有罪还是无罪的结论。自由资产阶级一般地倾向无罪推定论。苏联的学者大多提倡无罪推定。在我国的法学界，对于这个问题一直有分歧。意见无非三种：一是无罪推定；二是有罪推定，但公开坚持这种观点的极少；三是既非无罪推定，又非有罪推定，而是实行"以事实为根据，以法律为准绳"的原则。最后的一种即"以事实为根据，以法律为准绳"的主张，讲的是我国刑事诉讼法的原则，并非罪行推定问题。

第五节　强制措施

刑事诉讼法中的强制措施，是司法部门为了有效地保证侦查和审判工作的顺利进行，依法对被告人或重大犯罪嫌疑分子的人身自由采用的一些必要的限制方法。其目的在于防止犯罪分子为了逃避法律制裁，而可能逃跑、串供、毁灭罪证、自杀，甚至可能继续进行犯罪，搞破坏活动。这样，便可以排除对司法工作所造成的人为的障碍。

强制措施有如下几种。

一、拘传

拘传，是司法机关强迫无正当理由而拒不到案的被告人能够到案，以便对他进行讯问的强制措施。

这种措施是对于没有被逮捕和被拘留的被告人实行的。拘传时要填写"拘传票"，执行拘传人员要向被告人宣告，如果他拒绝拘传便采用适当的强制方法，令其到案。

二、取保候审

取保候审，是司法机关要求被告人提出同案件无利害关系的第三人出具保证书，保证被告人随传随到的一种强制措施。

取保候审适用于罪行轻微的被告人。此外，对应当逮捕的人犯，如患有严重疾病，或正在怀孕、哺乳自己婴儿的妇女，也可以采取这种措施。

保人的责任是保证被告人随传随到，不使其逃跑。如果被告人逃跑，要责成保人限期找回到案；否则，要给保人适当处分。如果是保人有意同被告人串通使之逃跑，要负隐藏罪犯的刑事责任。

当案情发生了变化,司法机关有权撤销或变更这种强制措施。

三、监视居住

监视居住,是司法机关限制被告人不得擅自离开指定的地区,并对他的行动自由加以监视的一种强制措施。

监视居住适用于罪行不太严重、不需要逮捕的被告人。对于前述的患病者和怀孕或哺乳自己婴儿的妇女也可适用。

这种强制措施的目的,是为了防止被告人逃跑或继续危害社会。它由当地公安派出所执行。

这种措施也可依情况而撤销或变更。

四、逮捕

逮捕,是依法对被告人的人身自由采取强制性的限制,并加以羁押的一种方法。它是强制措施最严厉的一种。

在我国,任何公民非经法院决定或者检察院决定和批准,并由公安机关执行,不受逮捕。

逮捕人犯要具备的条件是:主要犯罪事实已经查清;经考虑其罪行能够判处有期徒刑以上刑罚的人犯,采取取保候审、监视居住的方法不足以防止其发生社会危害性。如果是可捕可不捕的,一律不捕。

逮捕要经过一定的审批程序。首先,公安机关逮捕人犯时,要填写提请批准逮捕书,连同案卷材料、证据,一并移送同级检察院审核批准。其次,检察院逮捕人犯,由检察长决定,重大案件交检察委员会讨论决定。再次,检察院对于公安机关提请批准逮捕的案件进行审查后,要分别情况作出批准逮捕、不批准逮捕,或要求公安机关补充侦查的决定,最后,公安机关对于检察院不批准逮捕的决定。认为有错误,可要求复议,但必须将被拘留人立即释放。如果逮捕意见仍不被接受,还可提请上一级检察院复核。

逮捕还要遵照一定的执行程序。公安机关逮捕人犯时,必须出示逮捕证。逮捕后,如无特殊情形,应将逮捕原因和羁押处所,于二十四小时内通知被捕人的家属和其所在单位。法院和检察院对于各自决定逮捕的人,都要在二十四小时内进行讯问;若发现不应当逮捕时,必须立即释放,发给释放证明。

法律规定,检察院在审查批准逮捕工作中,如发现公安机关的侦查活动有违法的情况,应予以纠正;而公安机关则要把纠正的情况通知检察院。

五、拘留

拘留,指公安机关为了防止该逮捕的现行犯或者重大嫌疑分子逃避侦查、审判或继续进行犯罪活动,在紧急情况下依照法律采取的限制其人身自由的一种临时性强制措施。这种拘留是在紧急情况之下由公安机关自行决定采取的,而且是在没有采用其他强制措施之前短时期采取的,所以与逮捕不同。另外,这种拘留也不同于对违反治安管理规则的人适用的行政性拘留。

公安机关对于罪该逮捕的现行犯或重大嫌疑分子,有下列情形之一的,可先行拘留:(1)正在预备犯罪、实行犯罪或者在犯罪后及时被发觉的;(2)被害人或者在场亲眼看见的人指认他犯罪的;(3)在其身边或住处发现有犯罪证据的;(4)犯罪后企图自杀、逃跑或在逃的;(5)有毁灭、伪造证据或串供可能的;(6)身份不明,有流窜作案重大嫌疑的;(7)正在进行"打砸抢"和严重破坏工作、生产、社会秩序的。

另外,对于正在实行犯罪或在犯罪后当即被发觉的人,通缉在案的人,越狱逃跑的人,正在被追捕的人,任何公民都可以立即把他们扭送公安机关、检察院或者法院进行处理。

公安机关拘留人犯时,必须出示拘留证。拘留后,除有特殊情形,一般应将拘留的原因和羁押的处所,在二十四小时内通知被拘留人的家属或所在单位。公安机关对于被拘留的人应在二十四小时内进行讯问。并依照情况分别处理:(1)发现不应当拘留时,必须立即释放,并发给释放证明。(2)对需要逮捕而证据尚不充足的,可采取取保候审或监视居住的措施。(3)认为需要逮捕的,应在拘留后三日内提请检察院审查批准。遇有特殊情况,可延长一至四日。(4)公安机关和检察院如果没有按照前项法定时间办理时,被拘留的人或其家属便有权要求释放,而司法机关应立即释放。

第六节　附带民事诉讼制度

附带民事诉讼,是司法机关在刑事诉讼过程中,根据被害人等的申请,为处理被告人的犯罪行为直接造成的物质损失的赔偿而进行的诉讼活动。这种诉讼是由刑事诉讼所派生的、附带的。它对于法院的审判工作和案件当事人都很方便。

谁有权提起附带民事诉讼呢? 首先是被害人。如果是国家或集体的财产遭受损失的,检察院在公诉时也可提起。必要时,法院得查封或扣押被告人的财产。

附带民事诉讼应和刑事案件一并审理。只有为了防止刑事案件审判期间的过分迟延,才可以在刑事案件审判以后,再由同一个审判组织继续审理附带民事诉讼案件。

第三章　刑事诉讼程序

刑事诉讼程序或刑事诉讼阶段,指进行刑事诉讼活动的法定次序和若干典型的过程。

我国刑事诉讼程序分为普通程序和特殊程序两种。

第一节　普通程序

一、立案

立案,就是司法机关在接受并审查了控告、检举、自首的材料以后,认为存在犯罪事实,应追究刑事责任,从而决定作为一起案件来侦查和调查的诉讼活动。

向司法机关控告和检举犯罪事实或犯罪嫌疑分子,是所有国家机关、社会团体、企业、事业单位和公民的权利和义务。

司法机关对于控告、检举和自首都要接受。对于不属于自己管辖的,要移送主管机关处理,并通知控告人或检举人;对于不属于自己管辖而又必须采取紧急措施的,应先采取紧急措施,然后移送主管机关。

司法机关接受的控告和检举,可以是用书面形式提出的,也可以是用口头形式提出的。接受口头提出的,应写成笔录,经宣读无误后,由控告人或检举人签名盖章。在这过程中,应先向检举人或控告人说明诬告要承担的法律责任。但是,只要不是捏造事实、伪造证据,即使事实上有出入甚至错误,也不能当作诬告。如果控告或检举的人不愿公开自己的姓名,那么在侦查期间应为其保密。

司法机关对于上述材料要按照管辖范围,迅速进行审查。审查的结果不外是:(1)认为有犯罪事实,需要追究刑事责任的,就要立案;(2)认为没有犯罪事实,或者犯罪情节显著轻微,不需要追究刑事责任的,就不予立案,并将不立案的原因通知控告人。控告人不服,可申请复议。

二、侦查

侦查,就是公安机关、检察院在办案中,依法进行的专门调查工作和采取有关强制性措施的诉讼活动。侦查的任务在于查明犯罪事实,搜集充分的证据,确定应该追究刑事责任的被告人,并保证不使他逃避被起诉和审判。

侦查活动是复杂的,包括一系列的环节。

（一）讯问被告人

讯问被告人必须由检察院或公安机关的侦查员二人以上负责进行。

讯问地点。对于不需要逮捕和拘留的被告人,可以传唤到指定的地点或到他的住所、所在单位进行讯问。事前要出示检察院或公安机关的证明文件。

讯问内容。首先讯问被告人是否犯有罪行,让其陈述有罪情节或无罪辩解,然后提出问题要他回答。但与本案无关的问题,被告人有权拒绝回答。

讯问聋、哑被告人,应有通晓聋、哑手势的人参加,并将这种情况证明记录。

最后,讯问笔录应交被告人核对。没有阅读能力的,要向他宣读。记载有错漏,被告人可提出补充或修改。被告人如认为记录无问题,要签名或盖章,侦查人员也要签名,被告人请求自行书写供述,应予准许;必要时,侦查人员也可以要求他亲笔写供词。

（二）讯问证人

讯问证人的地点、手续同讯问被告人。

讯问证人要个别进行。

在讯问证人之前要告诉他如实提供证据和证言,告诉他有意作伪证或隐匿罪证要负法律责任。

（三）勘验、检查

这是指侦查人员对于与犯罪有关的场所、物品、人身、尸体的勘验和检查。必要时还可指派或聘请有专门知识的人协助进行。侦查人员进行勘验和检查,要出示证明。勘验和检查要做笔录。

勘验和检查,通常有以下几个方面:(1)现场(出事地点)。对于犯罪现场,任何单位和个人都有义务加以保护,并立即通知公安机关派员勘验。(2)尸体。对于死因不明的尸体,公安机关有权决定解剖,并通知死者家属到场。(3)身体检查。这是为了确定被害人、被告人的某些特征、伤害情况或生理状态而进行的。检查妇女的身体,由女工作人员或女医师进行。检察院审查案件时,对公安机关的勘验和检查,可提出复查的要求,并可派检察员参加。(4)侦查实验。即在侦查过程中,为证明某一事实有无发生可能,而有意地在该事件发生的同样条件下重复一次的活动。其目的是为了弄清案情。侦查实验经公安局长批准,并且不得有足以造成危险、侮辱人格或有伤风化的行为。

（四）搜查

搜查,是侦查人员对被告人以及可能隐藏罪犯或犯罪证据的人身、物品、住处和其他有关地点所采取的强制措施,目的是为了收集犯罪的证据,查获犯罪人。

检察机关和公安机关可以要求任何单位和个人,履行交出可以证明被告人有罪或无罪的物证、书证的义务。

搜查时要向被告人出示搜查证。但在执行逮捕、拘留时，遇有紧急情况，不另用搜查证也可以进行搜查。

搜查妇女身体，由女工作人员进行。

搜查时应有被搜查人或者他的家属、邻居或其他见证人在场。

搜查情况要写成笔录，由侦查人员、被搜查者或其家属、邻居或其他见证人签名或盖章，如果被搜查人或其家属在逃或拒绝签名或盖章，应在笔录上注明。

（五）扣押物证、书证

这是指办案人员依法强行扣留某人或某单位占有的、同案件有关的物品、文件、邮件、电报等的一种取得证据的方法。扣押与搜查不同：搜查是以不知藏处或特征的东西为对象，扣押则是以已知存处和明确指定的东西为对象。

扣押的物品必须与案件有关，否则不得扣押。对扣押物品要妥善保管或封存，不得使用或损毁。

扣押的手段是：（1）对扣押的物品和文件，应会同在场见证人和被扣押物品的持有人，查点清楚；当场开列清单一式二份，由侦查人员、见证人、持有人签名或盖章，一份交给持有人，一份附卷备查。（2）扣押被告人的邮件、电报，要经公安机关或检察院批准，即可通知邮电机关将其检交扣押。不需要继续扣押时，应立即通知邮电机关。（3）对于扣押的物品、文件、邮件、电报等，经查明与案件无关时，应迅速退还原主或原邮电机关。

（六）鉴定

侦查人员为查明案件情况，需要解决案件中某些专门性问题时，要指派、聘请有这方面专门知识的人进行鉴定。

鉴定人最后要写出鉴定结论，并签名。

如果鉴定结论被用作证据，应告知被告人。被告人若提出申请，可以补充或重新进行鉴定。

（七）通缉

通缉，是公安机关对于在逃的罪犯通令逮捕的一种措施。

各级公安机关在自己管辖地区内，可直接发布通缉令。超出自己管辖的地区，报请有权决定的上级机关发布通缉令。

（八）侦查终结

侦查终结，是检察院和公安机关对刑事案件进行系统的侦查活动以后，认为案件事实已经查清，证据确实和充分，足以提出下一步处理结论时，而结束侦查。

在侦查中，对被告人的羁押期限不得超过两个月。如果案情复杂，满两个月还不能结束侦查时，可经上一级检察院批准延长一个月。对于特别重大和复杂的案件，三个月仍不能结束，由最高人民检察院报请人民代表大会常务委员会批准延期审理。

侦查终结后,要提出下一步的处理意见。(1)如是检察院侦查的案件,要作出提起公诉、免予起诉或撤销案件的决定。(2)如是公安机关侦查的案件,要写出起诉意见书或免予起诉意见书,连同案卷材料和证据,一并移送检察院审查决定。

假若在侦察过程中发现不应对被告人追究刑事责任的,应撤销案卷;如被告人已被逮捕,应立即释放,发给释放证明,并通知原批准逮捕的检察院。

三、提起公诉

提起公诉,就是检察院代表国家,将依法应该加以惩办的犯罪分子交付法院审判的活动。它是检察院的重要职权之一。

检察院对于侦查终结的案件,要进行系统的审查。其中包括:(1)犯罪事实和犯罪情节是否清楚,证据是否确实和充分,犯罪性质和罪名的认定是否正确。(2)有无遗漏罪行和其他应当追究刑事责任的人。(3)是否属于不应当追究刑事责任的情况。(4)有无附带民事诉讼。(5)侦查活动是否合法。

检察院对于公安机关移送的起诉或免予起诉的案件应在一个月内作出决定,对于重大和复杂的案件可延长半个月。

检察院审查侦查完毕的案件,要视情况分别作出起诉、免予起诉、不起诉的决定。

（一）起诉

当检察院认为被告人的犯罪事实已经查清,证据确实和充分,依法应该追究刑事责任的,应制作起诉书,按照审判管辖的规定,向法院提起公诉。

（二）免予起诉

当检察院对于虽然有罪,但依法不需要判处刑罚或免除刑罚的(又聋又哑的人或盲人,正当防卫过当和紧急避险过当的人,从犯、胁从犯、预备犯、中止犯等),可免予起诉,不交付审判。免予起诉书要公开宣布,并交给被告人及其所在单位。如被告人在押,要立即释放。

检察院决定免予起诉的案件,如属于公安机关侦查的,要将免予起诉书送公安机关。公安机关认为决定有错误可要求复议;如果意见不被接受,可向上一级检察院提请复核。

有被害人的案件,免予起诉书要送交被害人。若被害人不服,可在收到免予起诉书后七日内向检察院申诉,检察院应将复查结果告知被害人。

如果被告人不服,可在七日内向检察院申诉,检察院应将复查决定通知被告人,同时抄送公安机关。

（三）不起诉

检察院认为被告人的行为不构成犯罪,或依法不应当追究刑事责任(情节显著轻微,时效已过,经过特赦,需要亲告而被害人没有亲告或撤回告诉,被告人死亡,以及其他法定情况)的时候,即要作出不起诉的决定。

前面关于免予起诉的法律程序,适于不起诉。

四、审判

法院组织法第十条规定:"人民法院审判案件,实行合议制。"这表明,在我国实行集体审判制度。合议庭,就是法院审理案件的组织形式。合议庭组织的具体法律规定是:(1)基层人民法院、中级人民法院审判第一审判案件,除自诉案件和其他轻微刑事案件可由审判员一人独任审判以外,都由审判员一人、人民陪审员二人组成合议庭进行。(2)高级人民法院、最高人民法院审判第一审案件,由审判员一人至三人、陪审员二至四人组成合议庭进行。(3)法院审判上诉和抗诉案件(第二审案件),由审判员三至五人组成合议庭进行。所有的合议庭,由院长或庭长指定审判员担任审判长;若是院长、庭长本人参加审判时,由院长、庭长亲自担任审判长。合议庭进行评议时,意见有分歧,应当少数服从多数,但少数意见要记入笔录。评议笔录,由全体合议庭成员签名。凡属重大或疑难案件,院长认为需要提交审判委员会讨论的,照此办理。合议庭要执行审判委员会的决定。

(一) 第一审程序

第一审程序是法院对案件的初次审理。

第一审程序有公诉案件与自诉案件的区分。

(1)公诉案件。

公诉案件即由检察院代表国家对被告人进行控诉的案件。根据我国法律规定和审判实践经验,公诉案件的第一审程序分为几个步骤。

①开庭前准备。

法院对公诉案件,认为犯罪事实清楚,证据充分,应决定开庭审理;认为主要事实不清,证据不足,可退回检察院补充侦查;对不需要判刑的,要求检察院撤回起诉。

人民法院认为必要时可进行勘验、检查、搜查、扣押和鉴定。

一旦决定开庭,还要进行下列工作:其一,确定合议庭组成人员;其二,将检察院起诉书至迟七日以前送达被告人,并通知他可以委托辩护人,或必要时为被告人指定辩护人;其三,将开庭时间、地点在开庭前三日通知检察院;其四,传唤当事人,通知辩护人、证人、鉴定人和翻译人员,传票和通知书至迟在开庭前三日送达;其五,公开审判的案件,先期公布案由、被告人姓名、开庭时间和地点。

案件一般要公开审理,但有三种情况例外,符合这三种情况的,不公开审理。

公诉案件,除经法院同意的罪行较轻案件外,检察院要派员出席法庭支持公诉。

出庭的检察人员发现审判活动有违法的情况,有权向法庭提出纠正的意见。

②法庭调查。

开庭时,审判长查明当事人是否到庭,宣布案由;宣布合议庭组成人员、书记员、公诉人、辩护人、鉴定人和翻译人员的名单;告知当事人有权对上述人员申请回避;告知被告人具有辩护权利。

在审判庭上,公诉人宣读起诉书。

然后,开始讯问被告人:先由审判人员讯问;公诉人经审判长许可,也可以讯问;被害人、附带民事诉讼的原告人、辩护人,经审判长许可,也可发问。

再询问证人和鉴定人。审判人员和公诉人询问证人的时候,告诉他如实作证,不作伪证。当事人、辩护人申请审判长对证人、鉴定人发问,或请审判长直接发问,审判长若认为发问内容与案件无关时,应制止。

审判人员还要向被告人出示物证,让其辨认。对勘验和检查笔录及其他作为证据的文书要当庭宣读,并听取当事人和辩护人的意见。

审理过程中,当事人和辩护人有权申请通知新证人到庭,调取新物证,申请重新鉴定或勘验。对于这些申请,法庭要作出是否同意的决定。

③当事人辩论。

法庭调查后,由公诉人发言,然后被告人陈述和辩解,辩护人辩护,并且可互相辩论。当事人辩论就是各自根据法庭调查的情况,向法庭发表自己的见解。

④被告人最后陈述。

审判长宣布辩论终结以后,被告人有最后陈述的权利。

⑤评议和宣判。

被告人最后陈述完毕,审判长宣布休庭,进行合议庭评议。评议要根据已查明的事实、证据和有关的法律规定,作出被告人有罪或无罪、犯的什么罪、适用什么刑罚或免除刑罚的判决。

判决的宣告一律公开。当庭宣告判决的,应于五日内将判决书送达当事人和起诉的检察院。定期宣布判决的,应在宣布后立即将判决书送达当事人和起诉的检察院。判决书由合议庭组成人员和书记员署名,并写明上诉的期限和上诉的法院。

法庭的全部审判活动,均由书记员作成笔录。笔录确定的手续同已讲过的大体相当。

法庭审判过程中,由审判长维持法庭秩序。

审判过程中,遇有下列情况之一,影响审判进行的,可延期审理。其一,需要通知新的证人到庭,调取新证据,重新鉴定或重新勘验的。其二,检察人员发现案件需要补充侦查,提出建议的。其三,合议庭认为案件证据不充分,或者发现新的事实,需要退回人民检察院补充侦查或者自行调查的。其四,由于当事人申请回避而不能进行审判的。

法院审理公诉案件应在一个月内宣判,至迟不超过一个半月。

（2）自诉案件。

自诉案件，即不由检察院而由被害人自己进行控诉的、轻微的刑事案件，经法院审查后，分别作出以下处理：犯罪事实清楚、证据充足的案件，要开庭审理；必须由检察院提起公诉的案件，要移送检察院处理；缺乏罪证的自诉案件，如果自诉人提不出补充证据，而法院经调查了解又未能收集到必要的证据时，应说服自诉人撤回自诉，或裁定驳回。

法院对自诉案件可进行调解。自诉人在宣告判决之前可以自行同被告人和解，或撤回自诉。

被告人在诉讼过程中，可以对自诉人提起反诉；反诉适用自诉的规定。

（二）第二审程序

第二审程序就是对地方各级人民法院未生效的第一审判决或裁定，由其上级法院重新进行审理。

引起第二审程序的原因是：（1）上诉。当事人或其法定代理人不服第一审判决或裁定，有权用书状或口头的形式向上一级法院上诉。被告人的辩护人和近亲属，经被告人同意也可上诉。附带民事诉讼的当事人及其法定代理人，可就第一审判决或裁定中的附带民事诉讼部分提出上诉。对于被告人的上诉权，不得以任何借口加以剥夺。（2）抗诉。地方各级人民检察院认为本级人民法院第一审判决或裁定有错误，应向上一级法院提出抗诉。这种不服判决的上诉和抗诉的期限为十日，不服裁定的上诉和抗诉为五日（从接到判决书或裁定书的第二日起算）。

第二审法院受理案件的手续是：（1）对于上诉的案件，如是当事人通过第一审法院提出上诉的，第一审法院应在三日内将上诉状连同案卷、证据移送第二审法院，同时将上诉状副本交同级检察院和当事人。如是当事人直接向第二审法院上诉的，第二审法院在三日内将上诉状交第一审法院转交同级检察院和对方当事人。（2）对于抗诉的案件。抗诉要通过第一审法院提出，并将抗诉书抄送上一级检察院。第一审法院将抗诉书连同案卷、证据移送上一级法院并将副本送交当事人。上级检察院认为抗诉不当，可向同级法院撤回抗诉，并通知下级检察院。

第二审的内容范围。第二审法院应对第一审判决所认定的事实和适用的法律进行全面审查，不受上诉或抗诉范围的限制。对于只有被告人上诉的共同犯罪案件，应对全案进行审查，一并处理。

检察院抗诉的案件或第二审法院要求检察院派员出庭的案件，同级检察院都应派员参加。第二审法院必须在开庭十日以前，通知检察院查阅案卷。

第二审法院对案件的处理情况，有四种可能：认为原判决或裁定认定事实和适用法律正确、量刑适当时，要裁定驳回上诉或抗诉，维持原判；认为原判决或裁定认定事实没有错误，但适用法律有错误或量刑不当时，应改判；认为原判决或裁定事实不清楚或证据不足时，可在查清事实后改判，也可裁定撤销原判，发回第一审法院重审；发现第一审法院违反法定程序,可能影响正确地判决或裁定时,应撤销原判决或裁定,发回重审。

我国实行上诉不加刑制度。也就是,第二审法院对于被告人或其法定代理人、辩护人、近亲属进行上诉的案件,不得加重对被告人的刑罚。但检察院抗诉和自诉人上诉的,不在此限。

原审法院重审案件时,仍按第一审程序进行,其所作的新判决或裁定仍可上诉或抗诉。

第二审法院受理上诉或抗诉案件的期限为一个月,最迟不超过一个半月。

第二审法院的判决或裁定和最高人民法院的判决或裁定,都是终审的判决或裁定。

五、执行

执行,指法院把已经发生法律效力的判决或裁定,交付有关国家机关加以实现的活动。

那么,什么是已经生效的判决或裁定呢?(1)已过了法定期限而没有上诉和抗诉的判决或裁定;(2)终审的判决;(3)经过最高法院核准的死刑判决或经过最高法院授权的高级法院核准的死刑判决,高级法院核准的死刑缓期二年执行的判决。

对于判处不同刑罚的判决或裁定,分别由不同机关以不同的方式来执行。其中,包括对于在执行中发现新情况的各种处理办法。

(一)对各种判决和裁定的执行

(1)死刑。

经最高人民法院判决和核准的死刑立即执行的判决,由最高人民法院院长签发执行死刑的命令。下级法院接到最高人民法院执行死刑命令后,在七日内交付执行。

(2)死刑缓期二年执行、无期徒刑、有期徒刑、拘役。

对于这些罪犯,由交付执行的法院,将执行通知书和判决书送达监狱或其他劳动改造场所执行,并由执行机关通知罪犯家属。

对于判处有期徒刑和拘役的罪犯,执行期满,由执行机关发给刑满释放证。

(3)拘役的缓刑、徒刑的缓刑。

对于这些罪犯,由公安机关交所在单位或基层组织予以考察。

(4)管制、剥夺政治权利。

对于这些罪犯,由公安机关执行。执行期满,通知本人,并向有关群众公开宣布解除管制或恢复政治权利。

(5)罚金。

对于这些罪犯,如果期满不缴纳的,法院要强制缴纳;若遇到不可抗拒的灾祸,确实缴纳有困难,可裁定减少或免除。

(6)没收财产。

不论是附加适用还是独立适用这种刑罚的,都由法院执行。必要时,可会同公安机关执行。

(7)无罪、免除刑事处罚。

第一审法院判处无罪、免除刑罚的,如果被告人在押,宣判后立即释放。

(二)对执行遇到特殊情况的解决

(1)停止执行。

下级法院接到最高人民法院执行死刑的命令后,发现有下列情况之一时,要停止执行,并立即报告最高人民法院,由其作出裁定:①在执行中发现判决或裁定可能有错误的,要停止。当停止的原因消失后,必须报请最高人民法院院长再次签发执行死刑的命令,才能执行。②罪犯正在怀孕的,要停止,并报请最高人民法院改判。

(2)监外执行。

无期徒刑、有期徒刑、拘役的罪犯,如患有严重疾病需要保外就医的,怀孕或正在哺乳自己婴儿的妇女,可暂时监外就医或监外执行。对他们,由公安机关委托罪犯原居住地的派出所执行,基层组织或原所在单位协助进行监督。

(3)减刑、假释。(已在刑法学中讲过)

(4)死刑缓期二年执行的撤销与解除。

(5)缓刑的减刑与撤销。

(6)罪犯在服刑期间又犯新罪,或发现了判决时所没有发现的罪行,监狱和劳改机关应移送检察院处理。这里存在数罪并罚的问题。

(7)监狱和劳动改造机关,在刑罚执行中,如认为判决有错误或罪犯提出申诉,应转请检察院或原判法院处理。

第二节　特殊程序

在我国刑事诉讼的特殊程序中,有死刑复核程序和审判监督程序两种。

一、死刑复核程序

死刑复核程序,是对死刑的判决和裁定进行审查的一种制度。这是我国法律规定对死刑采取的特殊的监督程序。目的在于严格控制死刑,以免错杀、多杀。

按照刑事诉讼法规定,死刑判决原则上一律由最高人民法院核准。具体说:(1)中级法院的第一审死刑判决,被告人不上诉的,由高级人民法院复核后,报请最高人民法院核准。高级法院复核后,如不同意判处死刑时,可提审或发回重审。(2)高级法院的第一审死刑判决,被告人不上诉的,以及高级法院的第二审死刑判决,都要报最高人民法院核准。(3)中级法院的死刑缓期二年执行的判决,由高级法院核准。

上述对判处死刑和死刑缓期二年执行的案件的复核,均由审判员三人组成的合议庭进行。

二、审判监督程序

审判监督程序,是法院对于已经发生法律效力的判决或裁定,因其有错误而重新审判的诉讼程序。

有权提起审判监督程序的国家机关是:(1)高级法院院长对于本院已生效的判决或裁定,一经发现有错误,必须提交审判委员会处理。(2)最高法院对于各级法院已生效的错误判决或裁定,可指令其再审。(3)上级法院对下级法院已生效的错误判决或裁定,有权提审或指令其再审。(4)最高检察院对地方各级法院已生效的错误判决或裁定,有权按照审判监督程序抗诉。(5)上级检察院对下级法院已生效的错误判决或裁定,有权按照审判监督程序抗诉。

法院按照审判监督程序重审的案件,应另组织合议庭进行,如果原来是第一审的案件,按照第一审程序进行,对其所作的判决或裁定仍可上诉和抗诉;原来是第二审的案件或由上级法院提审的案件,按照第二审程序进行,其所作的判决或裁定是终审的判决或裁定。

第三节 一九八三年九月二日全国人民代表大会常务委员会《关于迅速审判严重危害社会治安的犯罪分子的程序的决定》和《关于修改〈中华人民共和国人民法院组织法〉的决定》的主要精神

一、《关于迅速审判严重危害社会治安的犯罪分子的程序的决定》的主要精神

(1)对杀人、强奸、抢劫、爆炸和其他严重危害公共安全、应当判处死刑的犯罪分子,主要犯罪事实清楚、证据确凿、民愤极大的,应当迅速及时地审判,可以不受刑事诉讼法第一百一十条规定的关于起诉书副本"至迟在开庭前七日"送达被告人期限,以及各项传票、通知书"至迟在开庭三日以前"送达期限的限制。

(2)前列犯罪分子的上诉期限和检察院抗诉期限,由刑事诉讼法第一百三十一条规定的十日,改为三日。

二、《关于修改〈中华人民共和国人民法院组织法〉的决定》的主要精神

（1）删去第九条"人民法院审判第一审案件实行人民陪审员陪审的制度"；对第十条第二款"人民法院审判第一审案件，由审判员和人民陪审员组成合议庭进行"，改为"人民法院审判第一审案件，由审判员组成合议庭或者由审判员和人民陪审员组成合议庭进行"。

（2）第十三条"死刑案件由最高人民法院判决或者核准"修改为"死刑案件除由最高人民法院判决的以外，应报请最高人民法院核准。杀人、强奸、抢劫、爆炸以及其他严重危害公共安全和社会治安判处死刑的案件的核准权，最高人民法院在必要的时候，得授权省、直辖市、自治区高级人民法院行使"。

民事诉讼法学

第一章　民事诉讼法的概念和任务

第一节　民事诉讼法的概念

民事诉讼法,是调整人民法院和诉讼参与人,在审判民事案件过程中所进行的活动,以及由此而引起的诉讼关系的法律规范的总和。

民事诉讼法的概念,主要包括如下内容。

(1)在民事诉讼活动中占据主导地位的,始终是人民法院。就是说,其中最主要的是规定人民法院如何行使民事案件审判权。在民事诉讼活动中,其他国家机关(包括检察机关)的参与,仅仅是辅助性的。这点同刑事诉讼中的公安机关和检察机关所起的那种重要作用,是不一样的。

(2)民事诉讼法规定了,法院和所有民事诉讼参与人,在民事诉讼活动中所必须遵循的规则。民事诉讼法就是处理民事案件的程序法。

(3)民事诉讼活动的目的,在于处理民事案件,解决民事纠纷。这里所说的民事纠纷,不仅包括民事法律关系方面的纠纷,很大程度上也包括婚姻法律关系和经济法律关系方面的纠纷,以及某些行政法律关系等方面的纠纷。

第二节　民事诉讼法的任务

根据法律规定,我国民事诉讼法的任务是"保证人民法院查明事实,分清是非,正确适用法律,及时审理民事案件,确认民事权利、义务关系,制裁民事违法行为,保护国家、集体和个人的权益,教育公民自觉遵守法律"。这段话包括:第一,借助法定诉讼程序,使法院解决认定事实和法律归属问题。第二,正确解决案件的实体问题,维护社会合法权益。第三,通过整个案件的处理,对人民群众进行法制教育。

第二章　民事诉讼法的基本原则

我国民事诉讼法的某些基本原则,其中包括法院依法独立行使审判权,以事实为根据、以法律为准绳,对公民适用法律上一律平等,两审终审,公开审判,合议制,回避制度,各民族公民有权用本民族语言文字进行诉讼等。这些都同刑事诉讼法是一致的。这里需要专门加以提出的,是民事诉讼法所特有的一些基本原则。

一、保障当事人平等地行使诉讼权利

这是对公民适用法律一律平等原则的具体体现。就是说,双方当事人的诉讼地位是完全平等的,他们的权利与义务或者相同,或者相互对应,没有一方享有特权。由于地位平等,权利平等,才足以保证最后审判结果的公平。

二、着重调解

着重调解是我国法院处理民事案件所独具的成功经验,有力地表现了人民司法的本质。

所谓调解,就是法院通过细致的思想教育工作和法制宣传,消除当事人之间的隔阂,使之互谅互让、互相协商,以使其自愿地达成协议。

法院在任何诉讼阶段上,都要体现出着重调解原则。但是,对于无法调解和调解无效的案件,则不能久拖不决,而应及时进行判决。贯彻着重调解原则的好处,是容易理解的。

三、巡回审理,就地办案

这项原则要求人民法院审理民事案件,应当根据需要与可能,派出法庭巡回审理,就地办案。在第二审程序中,这一原则表现为上诉案件除在第二审法院审理外,也可以到案件发生地或原一审法院所在地进行。

这项原则也是我国老解放区办案的优良传统。

四、辩论原则

辩论原则,是指民事诉讼的双方当事人,有权利用事实、证据和法律规定论证自己的主张和理由,而对对方当事人的主张和理由加以答辩和反驳。这样就有利于法院查明案件事实,作出正确的决定。

辩论原则要体现于民事诉讼的整个过程。它可以用口头的或书面的形式进行。

辩论内容,除实体性(权利、义务)问题外,也可以包括某些程序性问题(如当事人或其代理人是否合乎法定条件等)。

五、处分原则

处分原则,指民事诉讼当事人有权在整个诉讼活动过程中,按照法律的规定,来处分自己的民事权利和诉讼权利。

处分的权利具体表现是:当事人自己决定是否起诉;诉讼程序开始后,原告自己决定是否放弃或变更起诉以及同对方和解;被告自己决定是否承认或反驳以及同对方和解;当事人自己决定对一审判决是否上诉,以及是否申请强制执行已生效的法院决定;等等。

但是,当事人的处分权利必须是在法律范围之内行使,即它是同国家干预相结合的,是受限制的而不是无限制的。当事人处分行为若是违法的,侵犯了国家、集体或他人利益,法院便不承认其处分行为的有效性。

六、支持起诉

支持起诉原则,指企业、事业单位、机关、团体,对损害国家、集体或公民个人的民事权益行为,可以支持受害人(个人或单位)向法院起诉。支持的方式,是促使受害人以他自己名义起诉,而非代替受害人起诉。

这项原则体现了社会对于侵犯民事权益行为的干预。

七、人民法院指导和监督人民调解委员会工作

1954 年中央人民政府政务院颁布《人民调解委员会暂行组织通则》。十一届三中全会后又重新加以公布,并强调要履行双方当事人达成的协议。

人民调解委员会是调解民间纠纷的群众性组织,而非司法机关。它设立于农村基层政权,厂矿企业、事业单位,街道的居民委员会和农村的村民委员会。委员会成员由

群众推选。它的基本工作原则是当事人自愿,采取说服教育的方法。当事人不愿调解,可向法院起诉。

人民法院对人民调解委员会的指导和监督包括:经常对调解人员讲解政策、法律和业务技能;发现调解案件有违反政策和法律时,要加以纠正。

这种人民调解工作是人民司法工作的"第一道防线",把绝大部分的案件(民事案件和轻微而不足判刑的刑事案件)在起诉之前予以解决,从而防止矛盾的激化,促进人民内部的团结,减轻法院的负担。它是人民群众自我管理和进行自我法制教育的好形式。

第三章 民事诉讼的参加人

在我国民事诉讼法中,民事诉讼参加人包括当事人、共同诉讼人、第三人、诉讼代理人四种。除这四种人外,还有证人、鉴定人、翻译及诉讼支持者等,统称为"诉讼参与人"。对于诉讼参加人和诉讼参与人这两个专有术语,必须加以区分。

第一节 当事人

民事诉讼中的当事人,指在民事争议或纠纷中,以自己的名义进行诉讼,并受法院裁判约束的利害关系人。

在这个当事人的概念中,指出了当事人有如下特点:第一,当事人是以自己的名义进行诉讼的。如果以他人名义(像诉讼代理人)进行诉讼,他就不是案件的当事人。第二,当事人与案件处理结果有直接的利害关系。就是说,他之所以参加民事诉讼,是为了保护个人的切身利益。如果与案件没有直接的利害关系(如支持诉讼的单位代表),就不是当事人。第三,当事人受法院裁判的拘束。如虽参与诉讼,但不受法院裁判约束(如证人、鉴定人等),就不是当事人。这是因为民事诉讼就是为了解决当事人的民事纠纷的。

当事人必须具备诉讼权利能力和行为能力,就是必须具备享有权利、承担义务的能力,具备到法院起诉、应诉的能力。

公民的民事诉讼权利能力,同民事上的权利能力是一致的。至于社会组织的诉讼权利,法律的规定是:"企业、事业单位、机关、团体可以作为民事诉讼的当事人,由这些单位的主要负责人作为法定代表人。"这项规定表明,有些单位即使不是法人,也被承认有诉讼权利能力。这显然同我国民法上没有明确的法人制度有关系。

至于说,当事人(有权利能力的人)能否亲自参加民事诉讼,那就是民事诉讼的行为能力的问题。当事人的民事诉讼的行为能力,同他的民事行为能力是相一致的。

当事人的民事诉讼权利包括:委托诉讼代理人,申请回避,提供证据,申请证据保全,参加法庭调查,进行辩论,请求调解,自行和解,上诉,申请执行,得到法院许可而查阅本案的审理材料,等等。当事人的民事诉讼义务包括:要依照法律规定行使诉讼权利,遵守诉讼秩序,履行发生法律效力的裁决和调解协议等。如果不履行这些诉讼义务,就要承担相应的法律后果。例如,不按法定期限及时上诉,一般要丧失其上诉的权利。

第二节　共同诉讼人

共同诉讼人,就是指共同诉讼案件的当事人。

什么叫共同诉讼?即当事人一方或双方为二人以上的民事诉讼。共同诉讼可以看作是把诉讼主体加以合并了的诉讼。

共同诉讼分为必要共同诉讼和普通共同诉讼两种。

必要共同诉讼,指诉讼标的是共同的那种诉讼。所谓诉讼标的,是指双方当事人争议的、要求法院裁判的民事法律关系(权利、义务关系)。如果双方当事人的诉讼标的是共同的,说明他们的权利义务方面有共同利害关系,因而这种诉讼是不可分开审理的,只能合并审理。例如,对于共同财产的诉讼,就是必要的共同诉讼。

普通共同诉讼,指共同诉讼人的诉讼标的,由于属于同种类而加以合并审理。所谓诉讼标的是同一种类,即当事人请求法院裁决的法律关系(权利、义务关系)属于同一种类。这样的诉讼,法院可以分开审理,也可以合并审理,即共同审理不是"必要"的,而是法院决定的结果。假如,房屋出租人向住在同一楼房中的几个承租人提起索取房租的诉讼,或者反过来,几个承租人都向同一个房屋出租人提起修缮房屋的诉讼,如果合并审理时,都属于普通共同诉讼。因为,作为共同诉讼来处理,可简化诉讼程序,防止对同一种类问题作出相互矛盾的裁判。在这种普通共同诉讼中,数个被告或数个原告,彼此没有共同的权利义务,所以其中一人的诉讼行为对其他共同诉讼人不发生效力。

第三节　第三人

民事诉讼中的第三人,是指在已经进行的诉讼中,对于当事人争议的标的,认为自己有独立的请求权,或者虽然没有独立请求权,但案件的处理结果同自己有法律上的利害关系,因而参加到诉讼中的人。

第三人的特征是:第一,他所参与的是已经由双方当事人开始了的诉讼。所以,他与原来的双方当事人不同。第二,他参与这个诉讼的法律根据在于,认为自己对诉讼标的有独立请求权,或者同案件处理结果有直接利害关系。第三,他参加到这个诉讼中来,是为了保护自己的利益。

第三人,根据他对争议标的是否有独立的请求权,可以分为两种,即有独立请求权的第三人和无独立请求权的第三人。

有独立请求权的第三人参加诉讼,实际上是提起了一个新的,即不同于原诉或本诉的诉讼。在这个诉讼中,他把原诉的双方当事人都当作被告,而自己成为原告。这样一来,法院事实上是把这新的诉讼与原诉两个诉讼合并一起审理。

无独立请求权的第三人,他仅仅参加当事人一方进行诉讼。这是由于案件处理的结果,会使他同这一方面的当事人一起受到利害影响。但是,第三人不论他帮助当事人哪一方,都既非原告,又非被告,而是具有独立诉讼地位的诉讼参加人。他帮助当事人一方进行诉讼,说到底,是为了维护自己的民事权益。没有独立请求权的第三人,在诉讼过程中,有权陈述意见、提供证据、参加辩论,但无权处分实体权利。现在理论上有争议的是:无独立请求权的第三人,能否在判决中确定其承担义务? 如果能够确定,那么,无独立请求权的第三人当然就应当有上诉的权利。

第四节　诉讼代理人

关于民事诉讼代理人问题,在刑事代理人的问题中已基本上讲过了。

第四章 第一审程序

我国第一审民事案件的诉讼程序,包括普通程序、简易程序和特别程序三种。

第一节 普通程序

第一审普通程序是最基本的民事诉讼程序。普通程序又可分为如下三个阶段。

一、起诉和受理

起诉,就是原告提起诉讼或提出民事请求。这每个诉讼或请求,就叫做"诉"。

起诉要符合三项法定条件:第一,原告是与本案有直接利害关系的人(个人或法人)。第二,要指出明确的被告,具体的诉讼要求,以及事实根据(即诉讼理由)。第三,所起诉的案件,属于法院管辖范围,同时又属于受诉讼法院管辖。除此之外,某些案件还要具备一些特殊的条件,如已经判决不准离婚的案件,只有具有新情况、新理由,才能在六个月以内再行起诉。

起诉,分为递交起诉状和口诉两种形式。

法院对于原告的起诉,经过审查后认为符合受理条件,便加以立案。认为不符合受理条件,要在七日内通知原告,不予受理。

二、审理前的准备

法院立案后,应在五日内把起诉状副本发给被告,使他在收到后的十至十五日内提出答辩状。

法院发现起诉或应诉的人不符合当事人的条件时,要加以更换。更换通知发出以后,不符合条件的原告不愿退出时,要作出裁定驳回他的起诉;符合条件的原告若全都不愿意参加诉讼时,可以终结案件的审理。

法院发现必须共同进行诉讼的当事人没有参加诉讼时,要通知其参加。

遇有诉讼保全和先行给付的问题时,要依照法定程序及时解决。

所谓诉讼保全,指法院为防止判决不能或难以执行,而在作出判决之前,采取查封、扣押等方法,限制当事人使用和处分一定的财产,以保证判决确认的权利能够实现。诉讼保全措施,可由法院主动采取,也可以根据当事人的申请而采取。

所谓先行给付,指法院在判决之前,责令负有义务的当事人向对方先行给付一定的财物。先行给付,只适用于追索赡养费、扶养费、抚育费、抚恤费、劳动报酬和其他需要的案件,亦即急需解决原告生产、生活的案件。

当事人不服诉讼保全或先行给付的裁定时,可申请复议一次,但不停止裁定的执行。

开庭的时间、地点一经确定,要在三日前通知当事人和其他诉讼参与人。

三、开庭审判和调解

法院开庭审判民事案件,循序进行的环节,包括以下五个:

(1)开庭。

由审判长或独任审判员:核对当事人;宣布案由;宣布审判人员、书记员名单;告知当事人的权利义务;解决当事人申请回避问题。

(2)法庭调查。

法庭以先原告、后被告的顺序询问当事人,并听其陈述;询问证人、鉴定人(包括宣读鉴定结论);出示书证、物证和视听资料,宣读勘验笔录。当事人也参与这个调查活动。

在法庭调查过程中,当事人可以提出新的证据。

法庭调查是否完毕,要以案情是否查清来决定。查清了,便转入下一个环节;未查清,应宣告延期审理。

(3)法庭辩论。

法庭辩论,是当事人、第三人以及他们的代理人,在审判人员的支持下,就已经调查过的事实和证据,提出维护自己诉讼请求,反驳对方主张,这样反复互相辩论的诉讼活动。

(4)法庭调解。

法律规定,"法庭辩论终结,可以再行调解"。

经过法庭的调查和辩论之后,案件情况以及当事人的思想认识都暴露得比较清楚了。这有利于法庭更有针对性地进行调解工作。如果调解不成,就须进行判决。

最后的环节是法庭的评议和宣判。宣判一律公开。当庭宣判的,在十日内发送判决书;定期宣判的,宣判后立即发给判决书。

需要说明的,在法院审理民事案件过程中,当事人要随时听从召唤到庭。如果经过两次传唤、无正当理由拒不到庭或擅自中途退庭,在这种情况下:①对于原告,可以按撤诉处理;被告反诉,可缺席判决。②对于被告,除必须到庭的可拘传外,也可缺席判决。

第二节　简易程序

简易程序,是普通程序的简化。

简易程序适用于基层法院及其派出法庭,审理简单的民事案件。

这种程序的简易之处在于:第一,原告人可以口头起诉。第二,如果双方当事人同时到法院或法庭,可立即审理,也可当即决定某日审理。第三,以简便方式传唤当事人、证人等。第四,审判组织一律由审判员一人进行审理,即采取独任制的审判组织。第五,开庭审理程序简化。法庭可以把普通程序的几个环节合并进行,或据情而进行。

简易程序对于当事人、对于法院,都是方便的。

第三节　特别程序

特别程序,是民事诉讼法规定的审理某些特殊案件的程序。

按照特别程序审理的案件有两类:

(1)选民名单案件。

(2)非讼案件,其中又包括:①宣告失踪人死亡案件;②认定公民无行为能力案件;③认定财产无主案件。

不论是选民名单案件还是非讼案件,都不属于民事权益的争议。因此,对于这些案件,就不能按照审理民事案件的普通程序和简易程序来进行。所以,法律才规定了特殊程序。

特殊程序的特征在于:(1)它所审理的案件,不存在民事权益之争,没有被告,仅仅是确认某种法律事实是否存在。(2)实行一审终审制。(3)选民名单案件和重大、疑难的非讼案件,由审判员组成合议庭,其余的案件均由审判员一人独任审理。(4)判决生效后,如有新事实新情况,法院依有关人的申请,查证属实,可以作出新判决,撤销原判决,而不需依照审判监督程序处理。

第五章　第二审程序

第二审程序是由于上诉所引起的。上诉的期限,判决为十五日,裁定为十日。

什么人具有上诉权呢?第一审程序中的原告、被告、有独立请求权的第三人以及他们的继承人或代理人等。这些人在案件中具有民事的实体权利和义务。需要说明的是,必要共同诉讼人之一提起上诉,应视为全体共同诉讼人的上诉。非必要共同诉讼人,各自享有上诉权,可独立地上诉。无独立请求权的第三人,只能随其参加的一方当事人提起上诉,而他自己没有独立上诉权,但是,如果第一审裁判中认定他有实体的权利、义务,或与当事人一方有实体权利、义务关系时,应准许他作为符合条件的上诉人。

第二审法院审查上诉条件,对原裁判进行全面审查,不受上诉范围的限制。对上诉条件原则上要开庭审理,但如果认为事实清楚,合议庭也可不开庭审理而直接裁判。

第二审法院在裁判之前,可以进行调解;上诉人可以申请撤回上诉(但要经第二审法院决定是否允许)。

第二审法院对上诉案件的可能处理是:驳回上诉,维持原判;依法改判;撤销原判,发回原审法庭重审。

第六章　执行程序

民事诉讼中的执行程序,指法院对不履行已生效的法律文书规定的义务的人,强制他履行义务的活动。

申请执行和法院采取执行措施的根据(执行根据)是:第一,法院已生效的民事判决书、裁定书、调解书。第二,法院已生效的,并具有财产内容的刑事判决书、裁定书。第三,法院先行给付的民事裁定书。第四,仲裁机关生效的裁决书、调解书。第五,公证机关依法赋予强制执行效力的债权文书。第六,法院制作的承认并协助执行外国法院判决的裁定。

申请执行需遵守法定期限。这个期限是:双方或一方当事人是个人的,为一年;双方当事人是企业、事业单位、机关、团体的,为六个月。

执行权是法院审判权的组成部分。具体执行工作,由执行员、书记员进行;重大执行措施,应当由司法警察参加。

民事诉讼法中规定的执行措施,有如下几种:第一,提取、扣留被申请人的储蓄存款或者劳动收入。第二,查封、扣押、冻结、变卖被申请人的财产。第三,强制被申请人交付法律文书指定的财物或者票证。第四,强制被申请人迁出房屋或者退出土地。第五,强制执行法律文书指定的行为。第六,划拨企业、事业单位、机关、团体的存款。

在执行过程中,案外人有权提出异议。执行员应对此进行及时审查。如认定法律文书确有错误,应报请法院院长批准,中止执行程序,并交合议庭或审判委员会认定原判决、裁定、调解协议是否有错。这些司法文件确有错误时,依审判监督程序再审,由案外人另行起诉。假若正在执行的法律文书是由其他国家机关制作的,退回原制作单位,请其审查处理。如果法律文书正确,则驳回申请,继续执行。

在执行过程中,法院如需要有关单位或个人协助执行,这些个人或单位必须照办。

最后,需要加以补充的是,在整个民事诉讼过程中,人民法院均可对有关的人采取法定的强制性措施,其中包括拘传、训诫、责令具结悔过、罚款、拘留共五种。对于民事诉讼中的强制措施属于什么性质的措施这个问题在理论界还有争论。

第三部分

国际法学

第一章　国际法的概念

第一节　国际法的定义和特点

一、国际法的定义

在现今的世界上,并没有一个统一的国际法定义。但多数法学家不否认这样一点,即国际法是调整国家与国家之间关系的法律。

国际法的实质定义可表述如下:国际法是国家之间在相互合作和斗争过程中制定或认可,由国家单独或集体的强制力保证实施,调整它们之间关系的特殊法律规范的总和。

二、国际法的特点

(1)国际法的主体是各个主权国家。

(2)国际法是国家之间在相互合作和斗争过程中制定或认可(明示或暗示)的。就是说,世界上没有一个统一的国际法的立法机关。

(3)国际法的实施,没有统一的国家强制机关来保证。它只能依靠国家单独的或集体的强制力来保证。

(4)国际法不可能反映特定国家统治阶级的意志。但各国统治阶级都不免力图按照自身利益对国际法加以解释和利用。

第二节　国际法的渊源

国际法的渊源,指国际法规范产生和表现的形式。它分为条约和惯例两种。

一、条约

条约是国际法的主要渊源。

条约包括不同性质的几类。第一,普遍性条约或规定行为准则的条约。它直接制定或认可国际法的原则、规则和规章制度。如联合国宪章就属于这样的条约。第二,特殊性条约,指仅两个或少数几个国家所缔结的条约。它只对缔约国有约束力,而没有一般国际法规范的意义。第三,契约性条约或叫作处理具体问题的国际条约。这种条约当其具体目的实现之后就不再有效。所以,它不可能成为国际法的渊源。

侵略性和奴役性的不平等条约,由于它违反国际法的基本原则,本来就是无效的,更谈不上什么国际法渊源的问题。

二、惯例

国际惯例或国际习惯,指国家之间通过默示的方式而逐渐形成的事实上的协议。国际惯例作为国际法的渊源,其历史是相当悠久的。

国际惯例成为国际法的渊源,必须是:第一,它已被反复的重复,而获得比较确切的公认的含义。第二,它被各国都当作义务来履行。

惯例的主要缺点是不如条约那么确定。但它同条约是相辅相成的,很多条约是循惯例而来的。反过来,也有些国际条约中的规定逐渐地被非缔约国承认为惯例。

需要指出,国际组织(如联合国)的决议和国际法院的判决都不是国际法的渊源,而是执行国际法的问题。

关于国际法编纂的问题,是指国家之间对于已有的国际法规范的编纂。例如,1899 年和 1907 年两次海牙和平会议,编纂了关于和平解决国际争端和战争法规的公约。又如,经联合国大会"国际法委员会"审议以后,在联合国主持下缔结的公约,就具有一定的国际法规范的法典化的意义。其中包括:第一,1985 年日内瓦海洋法的四项公约,即:领海与毗连区公约、公海公约、捕鱼与养护公海生物资源公约、大陆架公约。第二,1961 年的减少无国籍状态公约。第三,1961 年维也纳外交公约。第四,1963 年维也纳领事公约。第五,1969 年的特别使团公约。第六,1969 年维也纳条约法公约。第七,1973 年防止和惩处侵害应受国际保护人员,包括外交代表的罪行的公约。第八,1975 年关于国家在其对普遍性国际组织关系上的代表权的维也纳公约。第九,1978 年关于国家在条约方面继承的维也纳公约。

第三节　国际法的基本原则

国际法的基本原则,指国际法体系中具有最高的指导性、普遍性、强制性、稳定性的那种规范。它是近半个世纪以来才开始逐渐形成的。尽管到目前为止,国际法基本原则这个用语没有被普遍使用,对于它究竟包括哪些内容也没有统一的说法,但是,国际法基本原则所体现的精神则是普遍承认的。

在谈到国际法基本原则时必须指出 1954 年 1 月我国与印度政府谈判西藏和印度通商及交通问题时,提出以"五项原则"作为处理中、印间存在问题的准则。同年 6 月周总理访印、访缅的联合声明中,也分别重申这五项原则,1955 年 4 月在印尼万隆召开的亚非会议上肯定和发挥了五项原则,并提出十项原则。此后,五项原则获得越来越广泛的赞同。

一、互相尊重主权和领土完整原则

主权原则是近代以来最首要的国际法原则。国际法本身就是调整主权国家关系的规范。可以说,一切国际法原则都是从主权原则中引申出来的。国家主权即表现国家相互间的独立的、平等的状态,反对霸权主义。

领土是国家主权借以表现的基本物质形式和范围。所以,侵犯国家主权最鲜明的标志便是破坏其领土完整,即侵略。

二、互不侵犯原则

这是对于国家有权利进行战争的传统国际法原则的一项重大的修正。这个旧传统的提法,其最大弊病是没有区分战争的性质,而且也没有表现出尽可能和平解决国际争端的意思。互不侵犯原则克服了这种弊端,表明国家间不应当进行侵略战争,反过来又表明,进行反侵略的战争是正义的。

三、互不干涉内政原则

这里所说的内政,泛指一个国家的社会、经济、政治、文化、外交等制度。它承认各国的人民有选择国家制度与生活方式的权利,而不允许别国以任何形式进行干涉。

四、平等互利原则

不论国家的大小强弱,在其相互交往中,使双方能均等地获得政治和经济上实际的好处,同样地赋有权利义务。

五、和平共处原则

和平共处作为国际法的基本原则,是各国追求的国家间关系的基本状态。因而五项基本原则,又被统一地叫作"和平共处五项原则"。它要求的是国家间的和平相处、和平协商,以和平方法解决争端的和平原则。对于五项原则中的任何一项的破坏,都是破坏和平共处。

和平共处,不论对社会和政治制度不同的国家之间,还是对社会和政治制度相同的国家之间,一概适用。

第二章　国际法的主体

第一节　国际法主体的概念

国际法的主体,广义上指能独立地参与国际法关系,并享有权利和承担义务的人格。从这个意义上说,有如下的国际法主体。

一、国家

国家是主权人格,因而是唯一的狭义上的国际法主体。

国家作为国际法主体所享有的基本权利,包括:第一,独立权,即领土的独立或完整,政治的独立。第二,管辖权。一是属地管辖,也就是有权管辖境内的一切人和事;二是属人管辖,也就是有权管辖国境内外的一切本国人。国家管辖权中也包括相互对等的不受他国管辖即豁免权的问题。第三,平等权。第四,自卫权。这是反对侵略、维护本国主权的权利。

与国家权利相对应的,是国家的义务或责任。国家责任指国家违反国际法规范而造成他国损害时所应承担的责任。国家除了其自身外,对于它的公职人员、公民及境内的外国人或无国籍人的行为,也承担责任。国家承担的责任,首要的是政治责任,其次是物质责任、道义责任。

二、为争取独立而斗争的民族

从第一次世界大战爆发后就有了这种先例。战争期间设在巴黎的捷、波两国的民族委员会就获得协约国的承认。1954 年建立的阿尔及利亚民族解放阵线,于 1958 年宣布成立临时政府;它在 1962 年法国承认之前,已有包括中华人民共和国在内的二十多个国家的承认。1964 年成立的巴勒斯坦解放组织,已经在许多国家设立办事处,并在联合国派有观察员。但一般说来,一个民族不是国际法主体。

三、国际组织

这是指政府间的国际组织,如联合国组织。国际组织作为国际法主体,其权利和义务仅限于该组织章程规定的范围,超越这个范围便失去其主体资格。简言之,国际组织的国际法主体地位,不过是由国家派生出来的。

最后需要指出,个人(自然人)和法人,在任何情况下都不是国际法主体。

第二节　承认和继承

一、承认的概念

国际法上的承认,指承认国通过一定方式宣告承认新产生的国家或政府的存在,从而承认它所产生的政治、法律后果。

承认是一项重要的国际法制度。它是主权国家的单方行为,所以与双方法律行为的建交不同。承认能鲜明地表现出一个国家的政治倾向和政治策略。

二、承认的种类

(一)对国家的承认

对国家的承认是指对新产生的国家的承认。这些新国家可能是刚脱离殖民地的地位而独立的,可能是几个国家合并成为一个国家的,可能是从某个国家分离出来的,或者其他原因产生的(如1947年联大关于巴勒斯坦分治的决议产生了以色列和阿拉伯人国家)。

(二)对政府的承认

一般情况下,对国家的承认就是对政府的承认。这里指的是,作为国际法主体的国家没有发生变化,而是由于社会革命或政变的结果,引起政府的变化,因而产生的承认。

关于政府的承认问题,在国际法的理论与实践中有所谓的"有效统治原则",即新政府在其控制范围内已事实上有效地行使了权力,从而推定它有参加国际交往的能力。如1950年,英国和瑞典政府发给中华人民共和国中央人民政府的电告中均援用这一原则宣布对我国政府的承认。显而易见,这一理论也必然导致对于外来干涉而建立的政府的承认,这是同现代国际法原则不相符合的。

(三)对起义(叛乱)和交战团体的承认

当一国发生内战,起义或叛乱一方有效地控制国家的一部分或大部分领土时,就可能引起他国出于保护侨民及贸易、通航等利益的考虑,承认它为"叛乱团体"而与之打交道。

在内战双方发展为真正的战争时,他国可以把起义(叛乱)一方承认为"交战团体"。如美国南北战争期间,英国宣布中立,这就表示它承认南方政府为交战团体。

三、承认的方式和法律后果

(一)法律的承认

这就是承认国认为被承认的国家或政府正式和完全地达到了国际法规定的参与国际活动的要求。因此,法律承认是全面地、无保留地承认,表示自承认之日起双方相互承担国际法义务的约束。

(二)事实的承认

这就是承认国鉴于种种考虑,仅希望在事实上暂时地、局部地使被承认国家或政府参与国际活动的要求。事实承认是一种过渡性的承认。

四、继承

国际法上的继承问题,指新旧国家间或新旧政府间的权利义务的继承关系。

继承的内容包括条约的继承、财产的继承、债务的继承、档案的继承,等等。

国家继承问题在理论上没有统一的理解,在实践中因情况错综复杂也没有统一的处置格式。

第三章　国际法上的居民

第一节　国　籍

一、国籍的概念

国籍,指一个人属于某个国家的国民或公民的资格。具有某国国籍就表明,他受这个国家的管辖,赋有其法律规定的权利义务;他在国外时,享受其外交保护。

国籍是由国内法规定的。国籍问题对于国家相互间的影响很大,因此需要通过协商,签订双边或多边的条约。

二、国籍的取得

(一) 因出生而取得国籍

这是指一个人生下来就有了国籍。这种取得国籍叫原始国籍,是世界各国取得国籍的主要方式。但这又有血统主义原则和出生地主义原则的区别。

血统主义原则就是不管一个人在何国出生,其国籍均取决于父母的国籍。具体说,本国人所生的孩子即使出生地是国外,也属本国国籍;外国人所生的孩子即使出生于本国,也属外国国籍。这个原则又有双系血统主义(父母两方的国籍)和单系血统主义(父方的国籍)的区分。

出生地主义原则就是根据一个人的出生地国家来决定其国籍。

除此而外,还有第三种原则即混合原则。这又有以血统主义或出生地主义二者哪个为主的区分。目前世界大多数国家都采取混合原则。

(二) 因入籍而取得国籍

这种方式旧称"归化",其国籍称继有国籍。入籍的情况包括:第一,由于自愿申请而取得国籍,这是狭义的入籍。第二,由于结婚而取得国籍。过去,多数国家采取妻随夫籍,而现今,有许多国家,尤其社会主义国家的法律规定,一个人不因结婚而取得或丧失国籍。第三,由于收养而取得国籍,也就是被收养人取得收养人的国籍。第四,由于准婚生而取得国籍。在一些国家,非婚生子女初随其母国籍,后再因其母的结婚而取得其父(母亲的配偶)的国籍。

三、国籍的丧失

（1）由于本人自愿申请外国国籍，而自动丧失原有国籍。

（2）由于妇女与外籍人结婚而丧失原有国籍。

（3）由于本人申请退出某国国籍。

（4）由于被剥夺而丧失国籍。

四、国籍的抵触

（1）双重或多重国籍。

这种情况容易造成国家间的矛盾，所以许多国家都在设法予以解决或避免。1930年的海牙国际公约，便是为解决双重或多重国籍问题而签订的。我国不承认中国公民有双重国籍。1955年我国同印尼签订《关于双重国籍问题的条约》，1960年又签订这个条约的《实施办法》，以解决、避免双重或多重国籍问题。

（2）无国籍。

五、中华人民共和国国籍法

1980年颁布了《中华人民共和国国籍法》，其内容主要有三点：

（1）采取血统为主、出生为辅的原则来确定国籍。该法规定：第一，父母双方或一方为中国公民，本人出生在中国，具有中国国籍。第二，父母双方或一方为中国公民，本人出生在外国，具有中国国籍；但是，父母双方或一方为中国公民并定居在外国，本人出生时即具有外国国籍，不具有中国国籍。第三，父母无国籍或国籍不明，定居在中国，本人出生在中国，具有中国国籍。

（2）不承认双重国籍。该法规定：第一，定居外国的中国公民，自愿加入或取得外国国籍，即自动丧失中国国籍。第二，父母双方或一方为中国公民并定居外国，本人出生即具有外国国籍，不具有中国国籍。第三，经批准加入中国国籍的，不得保留外国国籍。

（3）减少和消除无国籍人。如上述国籍不明或无国籍的人定居中国，其子女为中国国籍的规定，便是一项重要措施。

第二节　外国人的法律地位

外国人，指具有外国国籍的人，广义地也包括无国籍的人。外国人处于居留国的属地管辖权之下,又处于本国的属人管辖权之下。

一、外国人的入境、居留和出境

一般情况下,国家在互惠的基础上,准许外国人为了合法目的而入境。外国人入境必须事先获得该国的准许,并由该国主管机关在入境者的护照上作入境签证。国家可以协议,对于对方公民免办签证手续,简化边民过境手续。

国家为了本国安全利益,可以不准某些类的外国人,如疯痴、传染病人、以事不正当职业者、刑事罪犯等入境。帝国主义国家常以此搞种族歧视。

外国人合法进入一个国家的国境后,应按照获准的申请和居留国的法律规定作短期、长期或永久的居住。

国家对于境内的外国人,只要他不违反离境规定,是不能令其出境的。但居留国有权依法限令外国人离境。唯驱逐外国人出境权不能滥用。

二、外国人的待遇

外国人要服从所在国的属地管辖权,遵守该国法律;所在国要保护外国人的合法权益,尤其人身和财产的安全。一般讲外国人待遇,主要指长期居留的外国人而言的。外国人待遇有国民待遇和最惠国待遇两种。

国民待遇平等待遇,指给外国人的待遇与本国公民相同。这主要指民事方面的待遇,而非政治待遇。对于有关国家是互惠的。

最惠国待遇,指一国给予另一国的自然人或法人的待遇,不低于现时或将来给予任何第三国自然人或法人的待遇。最惠国待遇要根据条约来确定。最惠国待遇不包括给予邻国的优惠,以及关税同盟、经济共同体范围内国家的优待。

第三节　庇护和引渡

一、庇护

庇护指对遭受政治迫害的外国人加以保护,包括准其入境和居留。庇护也叫政治避难。但驻国外的任何机构均无庇护权。

国际惯例有对外国政治犯加以庇护和不引渡的原则。这一原则是从资产阶级革命时代留传下来的,它常常写在一个国家的宪法里。庇护的阶级性是显而易见的。

二、引渡

引渡指国家对于处在本国境内的被通缉的某国人,应其国家的请求而把他移交给该国审判或处罚。

引渡与否,完全属于国家主权范围内的事。

实践中常常遇到下列几个有关引渡方面的问题。第一,哪些国家可以提出引渡?其中包括罪犯本人所属的国家,犯罪行为发生地国家,受害国家。在这几种情况冲突时,以最严重的犯罪行为的发生地国家,享有优先权。第二,引渡的对象,包括被指控为犯罪的本国公民,被请求国公民,第三国公民。但极少有将本国公民引渡出去的情况。第三,引渡的理由,通常是双方国家均认为是犯罪的行为,或是引渡条约指定的行为(达到一定严重程度的犯罪行为或几种特定的犯罪行为)。第四,引渡需通过外交途径办理。

第四节　人权问题

人权问题是资产阶级在反封建革命斗争中提出的,并将其载入宪法性文件之中。起先,人权问题大体上属于国内法问题,而且主要指公民政治权利。随着帝国主义的形成,尤其第一次世界大战的爆发,那种非人道的残酷的掠夺、扩张和大屠杀,激发了人道主义和人权思潮的高涨,使许多国际条约也充塞着这样一些言词。

第二次世界大战后,法西斯主义的暴行唤起了全世界人民要求保障人权的渴望,从而保障基本人权便成为国际法的一项重要原则。人权的呼声在联合国宪章和一系列文件中,尤其联大 1966 年《经济、社会、文化权利国际公约》和《公民权利和政治权利国际公约》,获得强烈的反映。这些人权公约的内容有:第一,个人权利和自由的公约。其中包括生存、工作休息、受教育、人身自由和安全等权利;言论、思想、宗教信仰、居住、迁徙、集合结社、通讯等自由权利;禁止奴隶制度,反对种族歧视,维护民族自决,男女平等;还有对家庭、妇女、婚姻、儿童的保护,对老、弱、病、残的社会救济,劳动安全保障;等等。第二,专门保护妇女、难民和无国籍人的公约。第三,民族权利公约。此外,还有关于惩办战争罪犯的公约,等等。其中,尽管有很多超阶级的观点、口号和主张,但其进步意义是很显然的。

第四章　领　土

第一节　领土的概念及其结构和变更

一、领土的概念

领土,指一个国家管辖下的地球的特定部分。领土不可侵犯是国际法的一项重要原则。

二、领土结构

(1)领陆,即国家境内的陆地部分。它是领土的主体,其他部分都是领陆的延伸。

(2)领水,包括内水(江、河、湖、泊)和领海。

(3)领空,即领陆、领水的上空。在现代,由于航天技术的发展,领空已与外层空间区别开来。

(4)底土,即领陆、领水的下底。

国际法中常常把航行国境以外的本国船舶和飞行器,作为拟制的领土。

三、领土的变更

(1)先占。这是指对"无主土地"实行有效占领的古老的增加领土的方式。在近代,它常常同殖民主义联系在一起。

(2)时效。根据某些学者的说法,一国对于原为不正当地占有的领土,经过相当长的时间(比如五十年或一百年)内的继续和稳定的占有,就被视为其领土。显然,这是为老殖民主义者作辩护的。

(3)添附,即土地通过新的形成而增加。这包括自然添附(如河口或海岸线内外延伸)和人工添附(如筑堤、填海延伸了领陆和领海)。

(4)割让,包括强制割让(以武力为手段)和非强制割让(交换、买卖、赠与等)。

(5)征服,即完全依靠战争中的占领来取得土地,因而与订约的割让不同。

第二次世界大战后有大批殖民地独立或被占领的领土复归原主,这也是一次领土的大变更。

四、领土主权的限制

（1）共管，即两个以上国家对同一领土主张主权，这时可以认为它们对该领土主权互为限制。

（2）租借，指一国依据条约将领土一部分借给另一国家在一定期限内使用。本来，租借应本着自愿、平等原则来订立条约实行；但是这种制度却多是根据不平等条约强行签订的，租借的期限不管多长，终不同于割让。

（3）划分势力范围。各国实际上在自己的势力范围内享有种种特权，这在国际法上是非法的。

（4）国际地役，即为了他国利益，依据条约对一国领土实行具有永久性的特定限制。如允许他国在自己领土内通行，或不准他国在某些地点设防等。这往往是用以掩盖帝国主义奴役他国的理论。真正的国际地役必须是由有关国家通过自愿、平等的条约来实行。

第二节　国家边界

一、边界的概念

边界或国界，是国家领土或领土主权的界线。它包括地面（水、陆）界线，沿地面界线设定的垂直面而构成的领空和地下层的界线。

实际的边界线，有地形界线（以山脉、河流为界线）、几何界线（由一定的点与点连接的直线而成的界线）、天文界线（以经、纬线为界线）三种形式。

国界的划定要通过条约来进行，单方无权变更，否则就是侵略。

按照国防惯例，两国签订边界条约时，常常参考如下的因素：山脉的分水岭，河流、海峡的航道中线和一般中线，桥梁及湖泊、内海的中线等等。但这仅限于参考，并非必须这样做。

二、边境制度

边境制度指国家在边界线附近地区采取的管理制度。这属于国内法的问题。但是，如界标的设置与保护，边界河流的通航、渔业与水利资源的利用，边民的往来等等，都需要同有关国家协商解决。

第三节　内　水

一、河流

（1）内河，即流经一国的河流。它属于该国独立的绝对权利，他国无权航行。

（2）界河，即流经两国之间、作为两国分界线的河流。它分属两国，其使用由两国商定。有的界河虽通往公海，但也可以不对第三国开放。

（3）多国河流，即流经两个以上国家的河流。它的沿岸国仅对流经其领土的部分享有主权，但需考虑到其他沿岸国的利益。一般是允许沿岸国航行。

（4）国际河流，即经国际条约规定向一切国家商船开放的河流。各沿岸国对流经其境内部分享有主权，而整个河流管理则由沿岸国成立的委员会来进行。如欧洲的多瑙河、莱茵河（它的管理允许非沿岸国参加），非洲的刚果河、尼日尔河，亚洲的湄公河，拉丁美洲的亚马孙河，等等。

二、通洋运河

1. 苏伊士运河。它属埃及主权管辖之下。1957 年埃及政府发表宣言，重申尊重 1888 年君士坦丁公约关于该运河自由航行的原则。这个条约规定该运河"中立化"，无论平时、战时对一切商船兵船开放，永不封锁，河内不得停泊军舰和修建要塞。

2. 巴拿马运河。1977 年在巴拿马人民斗争之下，占据运河的美国政府同巴拿马政府订立关于运河的新条约，1979 年 10 月起生效。按照该条约，承认巴拿马对运河的领土主权，以领土主权者资格授权美国在条约生效期间对运河进行管理。但是巴拿马需越来越多地参与运河的管理、保护和保卫，在运河区悬挂巴拿马国旗，巴拿马对运河区的司法、移民、海关、邮局等行使管理权。巴拿马方面则宣布，运河永久中立，平时或战时都保证运河安全，一律平等地向各国船只开放。从 2000 年起，巴拿马单独管理运河。

三、湖泊、内陆海

湖泊和内陆海（咸水湖）如为一国陆地所包围的，其地位同内河。如为两个以上国家陆地所包围，分别为各该国的内水，由沿岸国协商规定对它的利用问题。

黑海是一个非典型的内陆海。1936 年蒙特勒公约规定：一切国家商船均可自由航行，对非沿岸国的军舰停留的时间、舰种、吨位作了限制。

第四节　极　地

一、扇形极地理论

所谓扇形极地理论,是这样一种主张:以南、北极为顶点所放射出来的,同相接触的第一批国家领土东西两端相交的经线和纬线包围的扇形面地区,归属各该国家领土的一部分。

这一理论是本世纪初由英国提出的、不同于先占原则的原则,据以解决南极归属问题。法国、澳大利亚、新西兰、挪威也追随了英国的主张。后来,苏联、加拿大两国又依扇形理论确立它们在北极的权利。但是这种理论并没有得到国际公认,尤其在解决南极地区的法律地位问题上,已经遭到了否定。

二、北极

极圈内的北极地区的岛屿,为苏、美、加等国占有。

按国际海洋法规定,北冰洋应是除沿岸国的领海以外,其余部分属公海,与其他几大洋的地位相同。

三、南极

南极是块资源丰富的大陆。南极地区领土归属问题,除扇形理论外,还有根据地理位置接近而主张领土主权的理论。阿根廷、智利提出"先占"原则,巴西、秘鲁、乌拉圭、南非都提出过领土要求,苏、美也声明在那里保有权利。

1959 年在华盛顿召开南极会议,有英国、新西兰、澳大利亚、法国、挪威、阿根廷、智利,这些对南极主张领土权利的七国,以及美国、苏联、日本、南非、比利时共十二国签订了《南极条约》,于 1961 年 6 月 23 日生效,有效期三十年。条约向所有联合国会员国开放,或经全体缔约国同意邀请的任何国家签署或加入。

《南极条约》适用于南纬六十度以南地域。该条约对南极地区法律制度的主要规定是:第一,南极地区专用于和平的目的,非军事化,并为此对南极大陆实行监督。第二,冻结各国对南极的领土主权要求,以及新的领土主权要求。第三,缔约国对南极地区有科学考察的自由,并进行合作。第四,成立条约最初缔约国组成的共同协商会议,每两年开会一次。会上讨论涉及共同利益事项、交换情报、制定促进科学合作方案与措施等。

后来,波兰、捷克、丹麦、荷兰、罗马尼亚、民主德国、巴西等也加入了条约。

1980 年 11 月在澳大利亚又签署了保护南极地区海洋生物公约。

随着开发南极资源问题迫切性的增强,国际间围绕南极问题的斗争也趋于加强。

第五节　海　洋

海洋法是有关各种海域的法律地位和各国在各种海域从事航行、资源开发与利用、海洋科研等活动,以及海洋环境保护的原则、规则、制度的总和。

1958 年以来,联合国召开过三次海洋法会议。最后于 1982 年通过了《海洋法公约》,有包括我国在内的一百多个国家和组织的代表签字,海洋法涉及的主要问题如下:

(一)领海

领海,指领海基线和领海线之间的海域。它属于国家领土的延伸部分。

领海宽度,各国主张不一,从 3 海里到 50 海里。多数国家(包括我国)主张 12 海里。

领海基线有两种划分法。第一,正常基线,即沿岸的低潮线。第二,直线基线,即沿海岸和近岸岛屿的最外缘点连接成的一段段直线。现今采用直线基线的国家在增多。

领海线是领海外部界线,采用与基线平行的划法。

主要的领海制度,是外国船舶的"无害通过权"。当然,这应当是国家间彼此相互的。对于外国军舰能否"无害通过"有争议,我国政府声明,外国军舰没有在我国领海的"无害通过权";领海上面的空间(领空),不适用"无害通过"原则。

(二)毗连区

毗连区,指沿海国为了特定目的、在毗连领海的公海上划出一定的宽度的区域,并在其中行使某种管辖权。

1958 年《领海及毗连区公约》和 1982 年海洋法公约规定了毗连区制度。

毗连区宽度不超过领海宽度。1958 年公约规定是从领海基线算起不超过 12 海里,1982 年海洋法公约规定不超过 24 海里。

一般地,对毗连区(不包括上空)行使管制,主要是为了维护本国主权和法律秩序,对违法者进行追究和惩罚。

(三)大陆架

大陆架作为一个地质地理学的概念,指海床从海岸起逐渐向外倾斜,直到大陆坡为止的海底平坦区域。

1958 年大陆架公约和 1982 年海洋法公约规定,大陆架(包括岛架)指从领海基线向外自然延伸至覆水深度 200 公尺处海域的海床和底土。大陆架的标准是,以领海基线起到大陆边(包括大陆架、大陆坡、大陆基)外缘,距离不到 200 海里的,扩展到 200 海里。如果超过 200 海里,不应超过 350 海里,或不超过连接 2500 公尺深度各点的等深线 100 海里。

1958 年大陆架公约和 1982 年海洋法公约关于大陆架的规定是:第一,沿海国对大陆架(不包括覆水)拥有排他性专属权利,即对大陆架资源的权利范围包括对海床和底土的矿物、其他非生物资源及属于定居种生物的收益权。第二,海岸相对或相邻国家间的大陆架界限问题。1958 年大陆架公约规定是协商原则,无协议的采用等距离原则。但 1969 年国际法院对于某一案件的判决中提出要根据当事国领土自然延伸的"公平原则"。1982 年海洋法公约仍主张双方协议。

我国大陆架,在东海最宽达 400 海里,在南海占海底二分之一以上。我国主张自然延伸的公平原则。

(四)专属经济区

专属经济区,按 1982 年海洋法公约规定,指领海以外邻接领海的一个区域,其宽度是从领海基线起不超过 200 海里。

沿海国在本区域的权利,包括勘探和开发,养护与管理海床、底土及覆水的生物、非生物,自然资源、风力、海水、海流能源的利用,以及为此而搞人工设施、科研、环保的活动。但要顾及国际公约规定的他国权利。

在专属经济区域内,一切国家有航海、航空和铺设海底电缆管道的自由。

专属经济区含毗连区。

我国目前尚未就专属经济区问题作出宣布。

(五)海湾

海湾,指海洋深入陆地而形成的、形状大于半圆的水区。领湾属于内海,而不是公海。

通常,湾口不超过领海宽度一倍的,被认为是沿海领湾;超过一倍的,假若一段历史以来(如一百年)一直属于该国领湾的,叫"历史性海湾"。1958 年《领海及毗连区公约》认定,湾口为 24 海里的属于领湾。

我国较大的领湾有广州湾、杭州湾、胶州湾,渤海湾口不超过二十四海里,又是历史性海湾,因而属于我国的领湾。

有些国家大大放宽湾口,如加拿大的哈得逊湾口、苏联的大彼得湾口,分别为 50 海里和 108 海里,但也被宣布为领海。

(六)海峡(参照海湾)

(七)公海

公海,指除各国主权管辖以外的海域。它对所有国家开放。

公海制度是建立在"公海自由"原则之上的。公海自由包括航行自由、上空的飞行自由、铺设海底电缆和管道自由、建造国际法允许的人工岛屿及其他设施的自由、捕鱼自由、科研自由。公海自由禁止滥用,即要求用于和平目的,不侵害别国权益,不得违反国际法原则。

国家对公海的管辖权,包括:第一,保卫船舶国籍,确定悬挂本国国旗的规则。第二,对悬挂本国国旗的商船享有专有管辖权。第三,对于海盗、贩卖奴隶、从事非法广播或干扰广播、无国籍或悬挂外国国旗但疑为本国的船只等船舶享有登临检查权。第四,对违法船只的紧追权,以迫使它被拿获。

（八）国际海底

国际海底,指国家管辖范围以外的海床、海底及其底土。

按国际惯例,国际海底及其资源是人类的共同财产,任何国家不得对其行使主权,任何国家或自然人或法人不得将国际海底的任何部分据为己有。国际海底的法律规则,不影响覆水域及其上空的法律地位。

（九）防止海洋污染

第六节　国际航空法和外层空间法

一、领空的高度

领空,即国家领土(包括领海)的上空,除外层空间以外的空间。领空本身是国家领土的组成部分,属于国家主权的管辖。

目前的最大课题是确定领空的高度。现状是大量人造宇宙飞行器在 80 至 370 公里的高空运行。但对于领空的高度仍有很大的分歧。这些主张有:第一,海平面上 10 公里处的,大气对流层外缘作界限。第二,30 至 40 公里处的,飞机依靠大气可以运行的高度。第三,110 公里左右处的,人造卫星不依靠大气可以运行的最低高度。第四,几十公里至 16000 公里处的,空气存在的最低限度。第五,一些赤道国家 1976 年发表波哥大宣言主张的 36000 公里以内空域,即以同步轨道为领空界限。

二、反空中劫持

反空中劫持的国际规则,是随着此种行为的急剧增加而引起的。关于反空中劫持的国际公约已有三个。

（1）1963 年东京《关于航空器内的犯罪及其他某些行为的公约》。

该公约的主要精神是:第一,航空器登记国有权对该航空器内发生的危及航空器及其所载人员或财产安全的犯罪行使管辖权,而各缔约国均要对此给予必要的协助。对于这种罪行的处置,要按照各国国内法进行。第二,公约承认,这种罪行既是发生在发生地上，也是发生在航空器登记国的领土上，从而为引渡罪犯提供了根据。但另一方面，又把排除政治性犯罪作为一般原则。

（2）1970 年海牙《关于制止非法劫持航空器的公约》。

该公约规定：第一，非法劫持航空器罪犯的定义，即在飞行中的航空器内的任何人，用武力或武力威胁及其他恐怖手段，非法劫持航空器或企图这样做的人及其从犯。第二，管辖权，包括航空器的登记国，降落地国，航空器承租人的所在国，嫌疑犯正停留其上而又未将他引渡出去的国家。第三，如果不引渡，必须起诉。第四，对于政治性犯罪是否引渡，由有关国家的法律确定。

（3）1971 年蒙特利尔《关于制止危害民用航空安全的非法行为的公约》。

该公约是海牙公约的补充，规定了危害航空器安全的范围，其中包括损害"使用中"的航空器和传送虚假情报来危及航空器安全的行为；从时间上说，包括自起飞前的准备工作开始，至降落后二十四小时为止。

上述三个公约的基本精神是一致的，都表示了对空中劫持行为的严重关注。

我国于 1978 年加入东京公约，1980 年加入海牙公约和蒙特利尔公约。

三、外层空间（宇宙空间）法

关于外层空间的公约已有多项，其中比较重要的是 1963 年联大通过的《外层空间活动法律原则宣言》，它被称为"外层空间宪章"。

这个宣言的主要精神是：为全人类利益来利用外层空间；一切国家有平等的探测和利用的权利；任何国家均不得把外层空间据为己有；探测和利用要符合国际法，符合维护国际和平和安全原则；各国政府或非政府团体对其外层空间活动承担责任；对于可能导致损害的外层空间活动，要事先商议；向外层空间发射的物体的所有权不变，物体和其残部降落到登记国境外，有关国家要将其返还登记国；对发射造成的他国损害，负责赔偿；给予处于危难状态的宇航员以尽可能的援救，并送还登记国；不将载有核武器或其他大规模毁灭性武器的人造卫星或航天器放入外层空间。但是，这些国际公约，目前还不能制止超级大国在外层空间中的学习升级，在其他许多方面也有待改善。

第五章 国际外交关系、国际条约和国际组织

第一节 国际外交关系

国际外交关系,指国家之间的交往关系。外交关系体现着国家的对外政策,是国内关系的延伸,因此,不同性质的国家就有不同性质的对外关系或外交关系。

外交活动是通过国家的外交机关实现的。外交机关有两类:第一,国内外交机关,包括国家元首、政府领导人、外交部;第二,派驻国外的外交代表机关,包括驻外使馆、特别使团、派往国际组织的代表团。

一、外交代表机关和外交代表

常设驻外代表机关是使馆。使馆是根据两国的协议设立的。它分为大使馆、公使馆和代办处三个级别。

使馆所担负的职务,主要是:在接受国中,代表派遣国,保护派遣国及其国民的合法利益;与接受国政府办理交涉,以一切合法手段了解接受国的状况和发展情形;促进两国间的友好,发展各方面的合作关系。此外,经接受国的同意,兼行领事职务,负责暂时地保护第三国的利益等。

通常,使馆人员的组成如下:第一,馆长。他由大使、公使或代办充任,代表派遣国。第二,外交职员。包括参赞,一、二、三等秘书,各种专员,陆、海、空军的正副武官。馆长和外交职员属于外交官,持有外交护照。第三,行政技术职员。如译员、会计、无线电技术员、打字员。第四,事务人员。如司机、厨师、传达员。行政技术职员和事务人员不属外交官,持有公务护照或普通护照。

驻外外交代表采用大使、公使、代办三级中的哪一级(格)以及派谁充任,由两国商定。现时多采用大使级这一格。使馆馆长不在的时候,由临时代办来代表。外交代表到达驻在国首都以后,要向那个国家的元首呈递国书(委任状)。而代办,是向外交部长递交委任证书。使馆的其他外交官,一般由派遣国自由任命。接受国有权随时对外交官表示不受欢迎。

使馆人员的职务终止的原因:第一,派遣国召回。第二,派遣国撤回使馆。第三,两国断交。第四,两国中的一国,因革命或政变等而建立新政府。第五,被接受国宣布为不受欢迎或不能接受的人。

同国家驻外外交机关相关的,还有外交团。外交团指驻一国首都的全体使馆馆长的集合体。外交团团长,根据国际惯例,由执行职务最早的一国馆长担任。外交团一般仅起礼仪方面的作用,国际法不允许外交团向东道国施加政治压力。

为了执行职务的需要,在两国对等的基础上,赋予使馆及外交官一定的外交特权。其内容有:第一,使馆的馆舍、交通工具及文件档案不受侵犯。第二,通讯自由。第三,在接受国允许的范围内,有旅行的自由。第四,外交官的人身与住宅不受侵犯。第五,行政和司法上的管辖豁免,捐税、刑事案件、民事案件(不包括外交官私人性的民事活动)和劳务的豁免。第六,在使馆、馆长官邸和交通工具上,使用本国的国旗、国徽。

与外交官同一户口(指接受国户口)的配偶及其未成年子女,也享有外交特权和豁免权。至于其他人员,各国规定不一。

二、领事

领事,指根据国际惯例和国家间的协议,一国派驻他国的一定地点,以便在该区域内执行领事职务的人员。

领事有四个级别,即总领事、领事、副领事、领事代理。我国只派前三个级别的人员。

领事馆分为总领事馆和领事馆两种。总领事馆管辖几个领事区或某一个重要的领事区。总领事馆馆长和领事馆馆长,分别由总领事和领事担任。

领事的职务:第一,在领事区内保护派遣国及其国民的利益。第二,增进两国友好,开展两国间的商业、经济、文化、科学交流。第三,以合法手段调查接受国的情况。第四,援助派遣国的国民和入境的属于本国国籍的船舶,及在本国登记的航空器及其人员,并有权对其进行检查和监督。第五,办理公证、签证以及办理本国侨民的出生、死亡、婚姻登记等户籍事项。第六,经接受国同意,可接受第三国的委托,代为照顾和保护其利益。

领事特权和豁免权,其中包括:领事馆特权,即馆舍不受侵犯、档案文件不受侵犯、通讯自由、免缴捐税、使用本国国旗和国徽。领事官员特权,即人身不可侵犯、司法和行政的管辖豁免(不包括私人行为)、免缴捐税(间接税和遗产税例外)和免除检查、与本国国民接触的便利。

三、外交官和领事官员的义务

(1)尊重接受国的法律和风习。

(2)不得以任何方式干涉接受国的内政。

(3)使馆、领馆不得作为其他用途。

(4)使馆只与接受国官方洽商公务。

(5)外交代表和职业领事,不得以私人利益从事任何专业与商业活动。

第二节　国际条约

一、国际条约的概念及其种类

条约,指国家及其他国际法主体之间确定彼此权利和义务而达成的书面协议。条约是国际法主体相互交往的基本的法律形式。

条约种类很多,有条约、协定、协定书、换文、宪章、规约、盟约、宣言、共同声明等。

条约的结构,通常包括三个部分:序言,说明缔约的宗旨和目的等;主要条款;最后条款,主要是有关条约各种程序事项。有时条约还有附件。

二、条约的缔结

(一)缔约的资格

任何主权国家都有缔结条约的资格。一国的地方政权,非经国家的授权,不得对外缔结条约。

国家的缔约能力通常是由其中央权力机关和行政机关派出的代表来行使的。在我国,由全国人民代表大会常务委员会、国家主席、国务院来代表国家同外国缔约。

(二)缔约的程序

第一,谈判。这是商议和确定条约文件的活动。双边条约要双方一致同意。多边条约,可以规定为一致同意;无规定时,由与会国的三分之二的多数通过。当事国的同意,必须是"自由同意";由于错误、诈骗、对对方代表行贿及用威胁等手段强加给对方的条约是无效的。

第二,签字。这是具有重要法律后果的行为,所以通常要郑重地举行一定的仪式。签字有三种情况:一是草签,由各国代表在文本上签署姓名的头一个字母(中文是姓),表示条约草案已取得一致并经双方认证,但不具有法律效力;二是待核准的签署亦称暂签,由各国代表签署全名;三是正式签署。

第三,批准。一些重要的条约,往往需要经过当事国的有权机关的批准(多是议会批准,我国是全国人民代表大会常务委员会批准)。批准,就是对于已经签署的条约的确认。条约是否需要经过批准程序,要记入条约之中。需要批准的条约,在批准后才生效。

第四,交换批准书。一些重要的条约经过批准后,当事国相互间还需交换批准书,方正式生效。

（三）条约的加入

条约的加入，指没有在多边条约或国际公约上签字的国家，事后参加该条约或公约并接受其约束的国际法行为。加入只能是加入开放性的条约。我国加入国际条约，由全国人大常委会决定。新中国成立以来，我国已加入了几十个国际条约。

（四）条约的保留

条约的保留，指一个国家在签署、批准和加入多边条约或国际公约时所作的单方面的声明，目的在于摒除或更改条约中若干规定对该国的法律效果。

保留是一个主权国家的自主权利。但保留会影响到条约的执行，所以又需要有一定的限制。一般地说，对于条约的宗旨和目的不得保留。另外，缔约国亦得对条约保留问题作出规定。

保留以及他国的明示接受保留或明示反对保留，均以书面方式提出，并交送缔约国或当事国，或交条约保存国通知有关国家。撤销保留或对保留的反对，也须采取书面形式。

三、条约的效力

条约的效力问题，包括下列几个环节。

（一）条约的生效

这通常是在条约中载明。其情况可能是：自签字之日起生效；自批准之日起生效；自互换批准书之日起生效；自条约规定的某个特定的日期起生效。

条约有效的期限，长短不一，期满之后还可以延长。至于无限期的条约，在另订新条约之前，一直保持效力。

（二）条约对缔约国的效力

这主要是表现为"条约必须得到遵守"的传统的国际法原则。但奴役性的不平等条约例外。

（三）条约对非缔约国的影响

一般地说，条约对于第三国没有效力。但有些条约却有可能为第三国设定某些权利和赋予义务。如，条约赋予双方以最惠国的待遇，就会使此前同一方当事国有最惠国协定的国家也随之享有新的优惠待遇。又如，1888年关于苏伊士运河公约规定对一切国家开放，就直接影响非缔约国的利益。

（四）条约时效的终止

其情况是：条约期满；条约义务执行完毕；被新条约代替；缔约国的协议；退出条约；出现条约解除的条件；条约执行的不可能；无效的条约；等等。

四、条约的解释

为了适用条约,就需要对它作出解释。条约的有权解释是当事国协议所作的解释,或经过当事国同意的国际组织(如国际法院、专门的委员会等)所作的解释。

条约解释应当遵循一定的规则。如,以国际法的基本原则为指导,以条约的宗旨和目的为根据,全面地用通常的意义作解释;对于不同文本,应作同一的解释;援用谈判记录、历次草案等补充材料进行解释,按照条约中已载明的用语条款来解释;等等。

第三节 国际组织·联合国

国际组织,指国家间为了一定的目的,依据条约而建立起来的常设机构。从不同的角度上,可以对国际组织进行不同的分类,如:政治性的与专业性的;政府间的与非政府间的;区域性的与全球性的;同联合国有关的与同联合国无关的;等等。现代以来,最大的世界性的政治性国际组织,一是1919年至1946年的国际联盟,二是联合国。

联合国是在第二次世界大战中,由联合国家酝酿成熟起来的。其中包括1942年元旦36国(中、苏、英、美在内)的《联合国家宣言》,1943年莫斯科会议的《美、英、苏、中关于普遍安全的宣言》,1944年华盛顿敦巴顿橡树园会议的《关于建立普遍性国际组织的建议案》,1945年2月雅尔塔决议,特别是在1945年4月召开的有50个国家参加的旧金山会议上制定的《联合国宪章》。在旧金山会议上,董必武同志作为中国的全权代表之一,在联合国宪章上签了字。同年10月24日宪章正式生效。

一、联合国的宗旨和原则

联合国的宗旨是维护世界和平和正义,发展各国人民之间的友好关系和国际合作。联合国及其会员国要遵循的原则是:各会员国主权平等;诚实履行宪章义务;以和平方法解决国际争端;不以武力或武力威胁侵犯他国领土和独立;以行动来协助联合国;促使非会员国也能遵循上述诸原则;不干涉他国的内政。

二、联合国的六大机构

(一)大会

大会是审议和提出建议的机关,它由全体会员国组成。

大会的职权有:第一,审议维护国际和平与安全方面的原则,并向安全理事会提出建议。第二,讨论会员国和安理会向它提出的和平安全问题。第三,向安理会提出有关危及国际和平安全的情势,并提出相应措施的建议。第四,就促进政治性国际合作问题,编纂国际法问题,经济、社会的国际合作问题,实现人权和基本自由问题,发动研究和提出建议。第五,接受并审议安理会及其他机构的报告,选举联合国各种机构的成员,接纳会员国、中止会员的权利或开除会员国。第六,国际托管,审查和批准联合国预算,分配会员国的经费,审查各机构的行政预算。

大会于每年9月的第三个星期二开会,至12月25日(圣诞节)结束。必要时可召开特别会议或紧急特别会议。大会对于重要问题的表决,需由三分之二出席并投票的会员国票数通过;其他问题以简单多数票通过。

(二)安全理事会

安全理事会是联合国维护和平与安全的行动机构,是占首要地位的政治机关。

安全理事会由中、苏、美、英、法五个常任理事国和十个非常任理事国共十五个理事国组成。非常任理事国经大会选举产生,任期二年,每年改选五个,不得连选连任。

安理会的职权。第一,在和平解决国际争端方面:促使会员国采取和平方法解决争端;调查争端,提出解决争端方法的建议;接受会员国、非会员国及大会秘书长提请注意的和平与争端事宜。第二,在维持和平和制止侵略方面:认定侵略行为的存在;提请当事国遵行自己提出的、为了防止情势恶化的措施;建议和决定经济制裁、停止交通、中断外交关系等措施并促请会员国予以执行,必要时采取军事示威、封锁等行动,直至要求会员国提供维持和平的军队。第三,其他方面:拟定军备管制方案;行使托管权;保证国际法院判决的执行;与大会平行投票选举国际法院的法官,向大会推荐联合国秘书长,建议大会中止会员国的权利、开除会员国。

安理会除定期开会以外,如有任何一个理事国要求,将随时举行会议。会议主席由理事国轮流担任。安理会决议要以九票表决通过。但实质性问题(非程序性问题)必须包括五个常任理事国的同意票。这即是所谓"大国一致原则"或"大国否决权"。如果理事国是争端的当事国的时候,它不得投票。另外,对于是否属于程序性问题的表决,常任理事国也有否决权,这就使常任理事国有了"双重否决权"。如果常任理事国弃权,决议可以通过。常任理事国的否决权是非常重要的。

(三)经济及社会理事会

经济及社会理事会是在联合国大会的的权力之下,协调联合国及其各专门机构进行经济和社会合作事业的机关。它的职权范围很广泛。

(四)托管理事会

托管理事会是联合国负责对托管地的行政管理进行监督的机构。

(五)国际法院

国际法院是联合国的司法机关。

国际法院以国家为当事国,其管辖是建立在当事国自愿的基础上的。如果当事国不履行国际法院的判决,他方当事国可向安理会申诉。

国际法院应承担联大、安理会及其他专门机构的法律咨询职能。

（六）秘书处

秘书处是联合国常设的行政机构。它的首长是秘书长,并有副秘书长若干人。秘书长由安理会推荐,大会任命;任期五年,可连选连任一次。他同时也以秘书长身份（资格）在联合国的其他五大机构中行使职权。所以,秘书长的职权很广泛。秘书长要向大会报告工作,委派联合国的职员,并可以就威胁和平与安全事件提请安理会注意。

除上述六大机构以外,同联合国有关的专门机构共有十七个,即:国际电信联盟,国际劳工组织,世界卫生组织,世界气象组织,世界知识产权组织,国际货币基金组织,国际复兴开发银行（世界银行）,国际开发协会,国际金融公司,万国邮政联盟,联合国粮食及农业组织,联合国教科文组织,国际民用航空组织,国际海事组织,国际农业发展基金,关税及贸易总协定,国际原子能机构。

第六章　和平解决国际争端的方法

和平解决国际争端是现代国际法的一项重要原则,是世界人民的愿望,它对于维护国际和平与安全有重大意义。在当前,国际争端的最大渊薮是两个超级大国推行的霸权主义。

和平解决国际争端,包括下列的方法。

第一节　政治解决方法

一、直接谈判

这是最基本的和平解决争端的方法。直接谈判属于一种协商的性质。它可以是双边的,也可以是多边的或国际会议的形式;可以是口头的,也可以是书面的形式。直接谈判可能的结果是:使争端获得解决,达成司法解决的协议;破裂。

二、斡旋和调停

这是在第三者,如非当事国、他国首脑、国际组织的参与下促使当事国进行谈判,和平解决国际争端。

斡旋指第三者仅仅促成当事国的谈判,而它自己不参加谈判。

调停指第三者除促成当事国谈判外,它自己还要参与谈判过程,从中调停,使之达成协议。

三、调查委员会和和解委员会

这两者都是根据有关的国际公约,根据争端当事国的特别协定而建立的和平解决争端的制度。

调查委员会的任务,是查明争端的事实,并就事实真相问题提出报告,交给争端当事国自己解决争端。

和解委员会的任务,是除了调查争端的事实以外,还设法使争端当事国达成和解的协议。

第二节　法律解决方法

一、仲裁

仲裁是根据争端当事国的协议,自愿地把争端交给它们选任的仲裁者作出裁决并服从裁决的一种解决争端的方法。

国际仲裁是一种自愿管辖。仲裁者可以是一个国家的首脑人物或法律专家,也可以是由数人组成的仲裁法庭。仲裁法庭可以是当事国任意商定的,也可以是根据国际公约的原则性规定而设立的法院(海牙常设仲裁法院)。

二、国际法院

这就是指前述 1946 年在海牙成立的联合国国际法院。它在行使司法职能时,处于完全独立的地位。国际法院由十五名不同国籍的法官组成,法官任期九年,可连选连任。每年改选法官总数的三分之一。

国际法院仅以国家为诉讼当事者,其管辖的根本原则是当事国需自愿同意。它所适用的法律有国际条约、国际习惯和各国承认的一般法律原则。它的判决为终审,不许上诉。如果一方当事国不履行判决,对方可向安理会申诉。

第三节　联合国在和平解决国际争端方面的作用

一、联合国大会在和平解决国际争端方面的作用

联合国大会在和平解决国际争端方面的作用,表现在它的如下职权上:

(1)它根据任何会员国或非会员国、安理会以及秘书长的提请,通过大会或特别会议、紧急特别会议,对于争端或情势进行讨论。

(2)讨论后,可向会员国或安理会或二者提出建议,也可提请安理会注意。

(3)有权为此而建立辅助机构进行调查。

但是,当安理会正在就争端或情势问题执行职权时,不经安理会的请求,大会不能就这项争端或情势提出任何建议。另外,大会也没有这方面的行动权。

二、安全理事会对于和平解决国际争端方面的作用

由于安全理事会对于维护国际和平与安全负有主要责任,因此它对和平解决国际

争端享有广泛的权力。这表现在,它可以对任何争端进行调查,而且有执行的行动权。

安理会可以对下列两类争端采取行动。

(1)对于足以危及国际和平与安全的争端,安理会可要求争端当事国采用谈判、调查、调停、和解、仲裁、司法等方法解决争端。而且,安理会也可以亲自进行这些方式中的某些活动(如调查、调停、斡旋、和解)。

(2)对于构成侵略行为的情势,安理会可以采取行动的方法,包括建议的方法、武力以外的方法,直至军事行动的方法。

在了解联合国(大会、安理会)在和平解决国际争端方面作用问题上,必须同当时的国际政治力量对比关系紧密结合起来。最后,还要指出,除解决国际争端的和平方法以外,还有非和平的或强制的方法。这主要有:

①反报。即一个国家受到虽不违法,但却属于不礼貌、不友好或歧视性的对待,可以对加害国采取相同的或相类似的行动。

②报复。即受害国采取在通常情况下属于违法的强制手段,如停止履行条约义务、扣留财产、冻结资财等。

③次于战争的方法。如,平时封锁、武装干涉等。

④战争,即最高手段。

对于这些解决国际争端的强制方法,应当从政治的、阶级的性质上予以分析。